प्रकाशवती पाल

प्रसिद्ध क्रान्तिकारी और लेखक यशपाल की क्रान्तिकारी पत्नी प्रकाशवती पाल का जन्म 31 जनवरी, 1914 को लाहौर के खत्री परिवार में हुआ। उनकी गणना ऐसे क्रान्तिकारियों में होती है जिन्होंने देश को स्वाधीन कराने में अपने जीवन के हर पल को अर्पण किया। जिनका क्रान्तिकारी गतिविधियों से परिचय विद्यार्थी जीवन से ही हो गया था। लाहौर में विदेशी कपड़ों की होली में अपने गोटे-किनारी लगे कपड़े जला दिए और लाहौर कांग्रेस में वालंटियर बनकर आज़ादी की लड़ाई में भाग लिया। फिर व्यग्र हो उसी दौरान परिवार को छोड़ ब्रिटिश सरकार को चोट देने के लिए क्रान्तिकारी दल में शामिल हो गईं। लगातार आर्थिक सहायता भी दी। यशपाल और चन्द्रशेखर आज़ाद से सफल निशाना लगाने की शिक्षा पाई।

देहली कॉन्सपिरेसी केस में वह मुख्य अभियुक्त थीं। ब्रिटिश सरकार का इनाम उनके सिर पर था। सन् 1934 में प्रकाशवती दरियागंज, दिल्ली में गिरफ़्तार हो गईं। सन् 1936 में बोली जेल में यशपाल से एक रुपया चार आना में विवाह कर, पढ़ाई में व्यस्त हो दाँतों की सर्जन बन गईं। मार्च 1938 में यशपाल के रिहा होने पर 'विप्लव' पत्रिका के प्रकाशन में सहयोग दे सफल बनाया। यशपाल को आर्थिक चिन्ताओं से मुक्त कर प्रकाशन का काम सँभाल लिया। जीवन-भर यशपाल के साथ सुखी दाम्पत्य जीवन जीकर उन्होंने साहित्य-सृजन में बहुमूल्य योगदान किया।

लाहौर से लखनऊ तक

(संस्मरण)

प्रकाशवती पाल

लोकभारती पेपरबैक्स

विप्लव कार्यालय, लखनऊ
की ओर से

लोकभारती पेपरबैक्स में
पहला संस्करण : 2024

लोकभारती पेपरबैक्स : उत्कृष्ट साहित्य के लोकप्रिय संस्करण

लोकभारती प्रकाशन
पहली मंजिल, दरबारी बिल्डिंग, महात्मा गांधी मार्ग,
प्रयागराज-211 001
द्वारा प्रकाशित

शाखाएँ : 1-बी, नेताजी सुभाष मार्ग, दरियागंज, नई दिल्ली-110 002
अशोक राजपथ, साइंस कॉलेज के सामने, पटना-800 006
1, अनमोल सोराबजी संतुक लेन, धोबी तलाव, मरीन लाइंस, मुम्बई-400 002

वेबसाइट : www.lokbhartiprakashan.com
ईमेल : info@lokbhartiprakashan.com

बी.के. ऑफसेट
नवीन शाहदरा, दिल्ली-110 032
द्वारा मुद्रित

मूल्य : ₹299

LAHORE SE LUCKNOW TAK
by Prakashvati Pal

ISBN : 978-81-19996-11-7

समर्पित हैं–
मेरे यह संस्मरण
प्राण प्रिय साथी को
जिसका दामन थाम
जीना सीखा
और
जीवन जिया

दो शब्द

कमलेश्वर का पत्र······गंगा पत्रिका के लिए संस्मरण भेजें। पत्र ने उत्साह भरा। प्रयास किया। कमलेश्वर का फिर पत्र······कुछ और विस्तार से। बस कलम पकड़ी तो बहुत कुछ याद आने लगा। हिम्मत बंधी। सोचा······सारा जीवन तो तूफान में उठी लहरों की तरह बीता है। तूफान आता है फिर लहरें शांत होती हैं। पर जीवन में आये तूफान की लहरें कभी न थमीं। आवेग कम अधिक जरूर हुआ।

इस उतार चढ़ाव में बहती-थमती, बहावों के अनुभवों को समेटे, मजबूत किनारा पकड़े रही जो समतल नहीं था। भावोवेश में सब कुछ उगल कर कागज काले करती गयी। प्रेरणा देने के लिए आभारी हूं कमलेश्वर की और सहयोग के लिए बेटे आनन्द और अपने एडवोकेट रजत कृष्ण की।

३ दिसम्बर, १९९४ प्रकाशवती पाल

जब हम मिले

जीने का प्रयास संग-संग

जीवन जिया

बेटी किरण

बेटा-आनन्द

पौत्र-अनिरुद्ध

पौत्री-वन्या

पुत्रवधु मीना

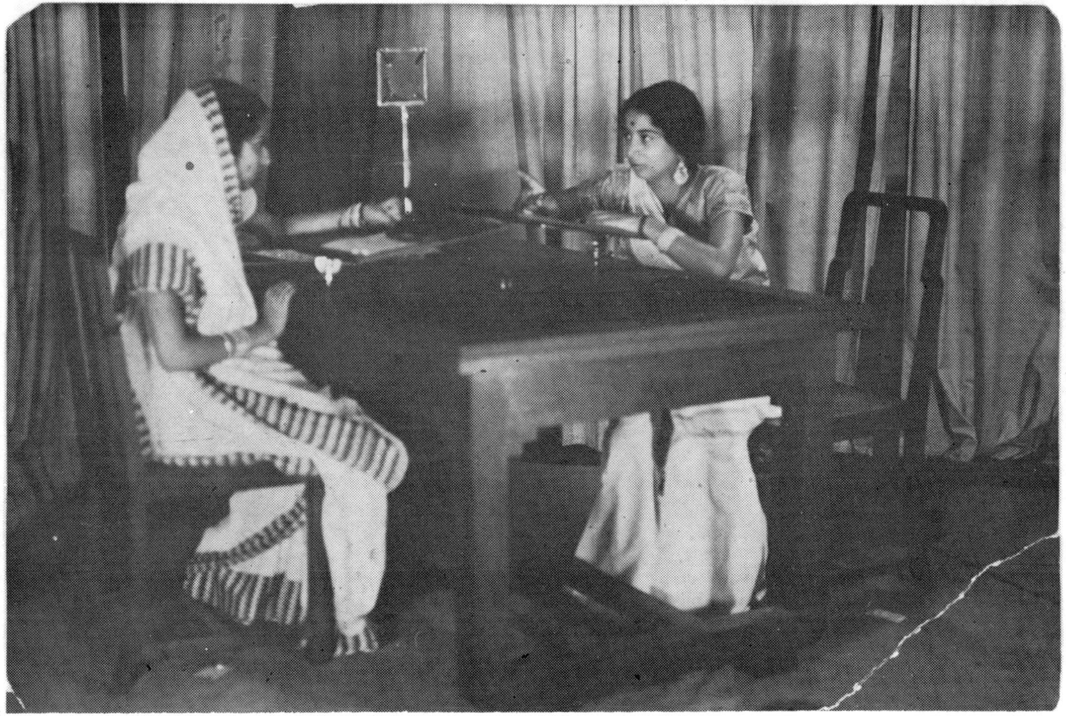

दिल्ली रेडियो स्टेशन, १९३६   प्रकाशवती व लक्ष्मी खन्ना

विप्लव-१९३८

विप्लवी ट्रेक्ट-१९४०

विप्लव १९३९

ओस्त्रवा में आस्ट्रेलियन डेलीगेट के साथ प्रकाशवती

लेनिनग्राद में प्रकाशवती व नताशा तोलस्ताया

इलाहाबाद में पांच मास—चार मित्र

जगजोत स्वरूप माथुर, हरिवंशराय बच्चन, श्रीकृष्ण सूरी, प्रकाशवती

लेखक संघ, मास्को भवन में

प्रकाशवती और यशपाल-१९५५

साठवें जन्म दिवस के अवसर पर इलाहाबाद में यशपाल जी का अभिनन्दन ५ जनवरी १९६४
यशपाल जी के दोनों ओर बैठे—श्रीमती महादेवी वर्मा, सी०बी० राव, इलाचन्द्र जोशी

यशपाल जी की साठवीं वर्षगांठ – श्री सुमित्रानन्दन पंत अभिनन्दन पत्र पढ़ते हुए

राष्ट्रपति भवन में हरिवंश राय बच्चन, यशपाल और प्रकाशवती सोवियत लैण्ड नेहरू पुरस्कार—१९७१

प्रधानमंत्री सर शिवसागर रामगुलाम के निमंत्रण पर मारिशस में एक माह

समस्त लेखक सम्मेलन कोडंगलूर (केरल)
मंच पर यशपाल और शंकर कुरुप

एर्नाकुलम में सामूहिक आरती और जुलूस

महिला मण्डल-उज्जैन द्वारा प्रकाशवती का स्वागत

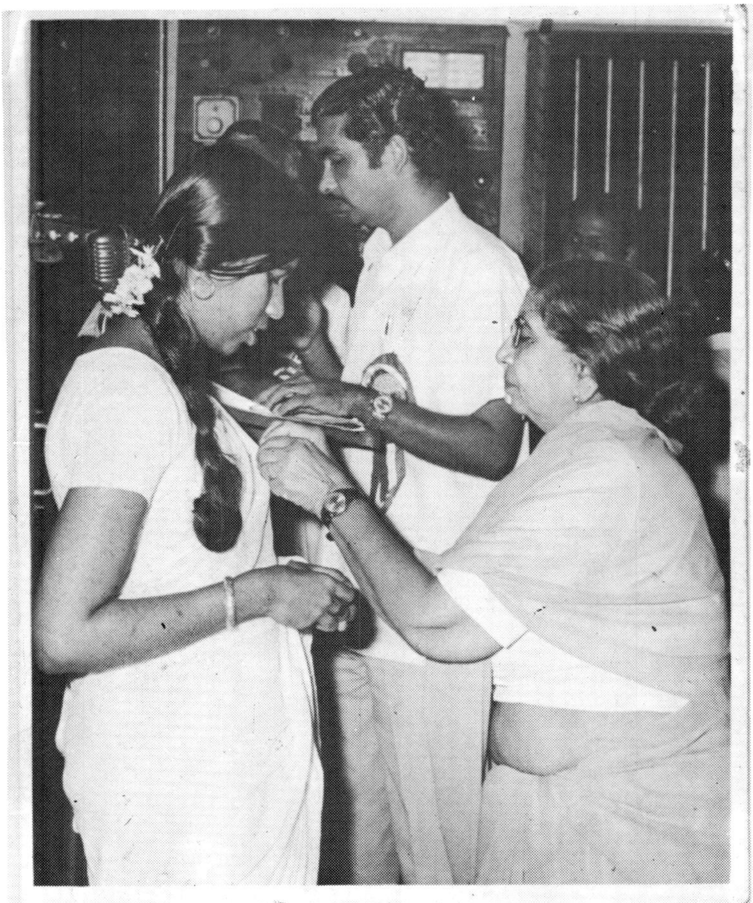

त्रिवेन्द्रम में हिन्दी के विशिष्ट स्नातकों को

स्वर्ण पदक पहनाती—प्रकाशवती

अप्रैल, १९७९ साथी प्रेस और विप्लव कार्यालय की तबाही

विषय क्रम

लाहौर से लखनऊ तक

लाहौर मेरे बाबुल की गलियां

विभाजन के ४५–४६ वर्ष बाद आज भी कभी कहीं लाहौर के जाने–पहचाने मित्र मिल जायें तो तुरन्त क़हते सुनेंगे—साहिब, लाहौर–लाहौर ही था। लाहौर तो उत्तर भारत का पेरिस था। यह सही है कि एक शहर जैसा दूसरा शहर नहीं हो सकता पर यह भी सही है कि लाहौर जैसा दूसरा शहर लाहौर नहीं हो सकता।

लाहौर की अपनी संस्कृति थी। पूरे मुहल्ले में भाईचारा, दुख–सुख के साथी–हमदर्द मुझे याद हैं। मुझे याद है—हमारी गली में लगभग दौ सौ घर होंगे। व्यापारी, नौकरीपेशा, वकील, डाक्टर, क्लर्क, कारीगर, सभी वर्ग के लोग थे। पुरुष अपने कामों पर चले जाते और बच्चे स्कूल। घरों की स्त्रियां घर के काम–काज के बाद अपने–अपने मकानों के चबूतरों पर गली में आ बैठती थीं। कोई चरखे पर पशम कातती थी तो कोई कढ़ाई कर रही होती। कुछ तरबूज़–खरबूज़े के बीज छीलती नज़र आतीं तो कुछ मसखरी स्त्रियां आते–जाते अगन्तुकों या जवान लड़कियों की चाल–ढाल की नकल उतार कर हंसती–हंसाती थीं। कोई न कोई खोंचेवाला मौसम के अनुसार अपना खोंचा लेकर घूमता रहता और मुहल्ले के बच्चे उसे घेरे रहते। गरम मसालेदार चने, गरम रेत में भुने भुट्टे और नत्थू की देशी ढंग से बनायी खोये–मलाई वाली कुल्फी।

हम बच्चे दुपहर बाद गली में इकट्ठे हो जाते। पशम कातने वाली के पशम के फाहे बनाते, पशम से मोटे बाल निकालते, खरबूज़े–तरबूज़ के बीजों से गिरी निकालने में मदद करते। इन मुहल्लों में जीवन था। अमीर, गरीब ज़रूरतमंद सब तरह के लोग थे। औरतों, बच्चों में लड़ाइयां होती थीं तो फिर मेल भी हो जाता था। एक दूसरे के सुख–दुख में शरीक होते थे। आपसी एक पहचान थी जिसे मुहल्ले का व्यक्ति नज़र अंदाज़ नहीं कर सकता था। आंखों का लिहाज़ बहुत कुछ करा सकता है, और कराता था। इंसान को इंसान बना कर रखता था। लाहौर का यह जीवन विभाजन के साथ ही

समाप्त हो गया। अब न वह लाहौर है न वह माहौल है। वर्षों की पहचान के न वे लोग हैं न परिवार हैं। सब कुछ बेगाना हो गया है। मज़हब के नाम पर बंट गये, पहचान समाप्त हो गयी।

आप पूछेंगे क्या विभाजन से समस्या हल हो गयी। नहीं, हल नहीं हुई बढ़ गयी। आज भी ममता भरी आंखें उधर की लाइन के पार से झांकना चाहती हैं और इधर की ममता भरी आंखें लाइन के उस पार झांकना चाहती हैं। बेबसी के सिवाय हाथ में कुछ नहीं आया। इंसान का दिल पत्थर बन कर रह गया।

आज जब मुझे लाहौर की याद आती है, वहां की गलियों–बाज़ारों की पहचान मेरी आंखों के सामने घूम जाती है और मुझे बेचैन कर देती है। मेरी हमजोली की सहेलियां और पहचाने चेहरे, गलियों में की गयी धमा–चौकड़ी, उछल–कूद, हंसी–खुशियों के फव्वारे और अपनेपन का माहौल। वह तिमंज़ले पर हद बांटने वाली दीवारें—जिनके इस पार और उस पार खड़े होकर बुझारतें बूझते थे और प्यार–मुहब्बत की निगाहें एक दूसरे पर डालते थे। पहचान बढ़ती थी। सब कुछ ही तो छूट गया। अब न वह लाहौर लाहौर है और न वह माहौल। मुझे याद है मुहल्ले की स्त्रियों की उदारता। उदारता के साये में मिलने वाली ज़िंदगी। किसी गरीब स्त्री–बच्चे की मदद, उसके खाने का प्रबन्ध, कपड़ों की व्यवस्था बारी–बारी से घरों में से ही हो जाती थी। यहां तक कि पैसा–पैसा इकट्ठा कर ज़िन्दगी जीने के लिये कपड़ा सीने की मशीन भी आ जाती थी। आपसी सहानुभूति और मदद से समस्यायें हल हो जातीं।

शादी–ब्याह के दिनों में हम सब छोटे–बड़ों की बड़ी मौज होती थी। बालूशाही, कलाकंद, नमकीन फीकी मट्ठियों से टीन भर जाते थे। लाहौर के बाहर ऐसी बड़ी–बड़ी मट्ठियां कभी–कभार ही खाने को मिली हैं। इस मिठाई का मज़ा पहचान के सब घर उठाते थे। आपस में बांट खाने का अजीबोगरीब रिवाज़ था।

लाहौर के मुहल्लों की स्त्रियों और बच्चों के जीने का ढंग अपना ही था। बुजुर्ग औरतों में लहंगे का रिवाज़ था। २६ और १६ नंबर की महीन कलफ लगी मलमल के दो जुड़े दुपट्टों को ओढ़ कर स्त्रियां आपस में मेल–मिलाप, ब्याह–शादी और सगे–सम्बन्धियों में जाती थीं। परदा केवल अपने नज़दीक के बाज़ार–मुहल्लों वालों से करने के बाद घूंघट ऊपर उठ जाता था। ब्याह–शादी के जोड़ और दूसरे अनुष्ठान स्त्रियां स्वयं ही तय कर अन्तिम फैसले के लिये पुरुषों से राय ले लेती थीं।

गलियों में शादी का जशन और गाना–बजाना एक मास पहले से ही शुरू हो जाता था। मुहल्ले भर को निमंत्रण, आधी रात तक ढोलक पर गाना–बजाना और नाचना। इन बैठकों में मुक्त ढंग से गाना–बजाना मर्दों की नज़र बचाकर होता था। कभी–कभी जवान पुरुष छिपकर इस रस का मज़ा लेते थे। स्त्रियां काफी चौकसी रखती थीं। मिठाई–शर्बत

से मेहमानों की खूब खातिर होती थी। प्यार भरे लम्बे गीत रात बारह बजे के बाद प्रातः चार बजे तक गाये जाते थे। अब यह गीत गानेवालियां समाप्त हो गयीं और गीत तो अब स्वप्न की बातें हैं। लाहौर की स्त्रियों में खुशी मनाने की दुनिया यह अपने ढंग की थी। कौन ऐसा घर होता होगा जो बेटी की शादी में नेग-शगुन का क्लीरा न देता हो। मुहल्ले की बेटी सब की बेटी।

मुझे अपने बचपन की बातें खूब याद हैं। गलियों में सहेलियों के साथ खेलने, पढ़ने की भी यादें हैं। मां का अनुशासन भी याद है। इसके अलावा घर का काम कितनी लगन से करती थी इसकी भी खूब याद है।

मैंने पिता के दरवाज़े पर भैंस सदा खड़ी देखी। मेरे पिता को भैंस पालने का बड़ा शौक था। घर का नौकर भैंस का तथा ऊपर का काम करता था। भैंस का गोबर छत पर डाल दिया जाता था। गोबर थापना हम लड़कियों के जिम्मे था। हर हफ्ते तिमंज़ले की कच्ची छत गोबर मिट्टी से लिपती थी। हम लोग कई बहन भाई थे। हम दोनों बड़ी लड़कियों को काफी काम करना पड़ता था। प्रातः स्कूल जाने से पहले मक्खन निकाल कर मट्ठा तैयार करना, स्कूल से आकर बारी-बारी से रात का भोजन बनाना।

हम सब मुहल्ले के कई परिवारों की लड़कियां इकट्ठी होकर स्कूल जाती थीं। स्कूल से लौटते समय मैं एक पैसे के दो गरम-गरम आलू, गोभी या बैंगन के पकौड़े या लाहौर के मशहूर अचार-मुरब्बे वाले वधावासिंह की दुकान से शलजम के मसाले भरे अचार का एक टुकड़ा एक पैसे में ले आती थी। अचार की खुशबू से मुंह में पानी भर आता था। घर में आकर अपने आप ही रसोई से सुबह की पकी रोटी लेकर खिड़की में झांकती हुई खा लेती थी। मां को पता नहीं चलता था स्कूल से आकर क्या खाया क्या नहीं खाया। मां जानती थी कि हम बहनें अपने खाने और पढ़ाई की चिंता स्वयं कर लेती हैं। आजकल के बच्चों और उनके माता-पिता की तरह पढ़ाई और उन्हें खिलाने-पिलाने की सिरदर्दी नहीं करनी पड़ती थी। आजकल तो बच्चों की कापियों का बोझ देखकर मां-बाप का वैसे ही दिल बैठने लगता है।

स्कूल का काम निपटा मैं हमउम्र लड़कियों के साथ मुहल्ले में खेलने निकल जाती। सबसे प्यारा खेल 'फूलों में हम आते हैं ठन्डी मौसम में', फिर छोटे रबड़ के गेंद का क्रम टूटे बिना खेलते हुए थाल डालती थीं। यह छोटे-छोटे प्यार भरे गीतों के टुकड़े होते थे। गेंद के क्रम टूटने पर दूसरी लड़की खेलती थी फिर लुकनमीटी। हम कई लड़कियां अपनी लम्बी गली के घरों में छिप जातीं और एक लड़की छिपे चोर को पकड़ लाती। किसी एक को पकड़ना ज़रूरी होता था। फिर बारी पलट जाती। बारी-बारी से चोर पकड़ना पड़ता।

मैंने चरखा भी काता। पंजाब में औरतें चरखा घर-घर में कातती थीं। महात्मा

गांधी ने पंजाब में चरखा कातना नहीं सिखाया। चरखा कातना आदत थी और रिवाज़ भी था। मुहल्ले की औरतें घर के काम से फुरसत पा पूनियों के जोड़ मिला कर होड़ में सूत कातती थीं। घर के लिये खेस–दरियां बुनवाकर रखती थीं। मैंने नयी–पुरानी दोनों तरह की रुई काती। कपास को बेलन में बेलकर रुई और बिनौले भी अलग किये। उस समय मुहल्लों में किरोशिया से लेस, चादरें, मेज़पोश बुनने का रिवाज़ था। स्वैटर बुनते मैंने कभी न देखा था। चादरों और मेज़पोशों में फूलों और जानवरों के डिज़ाइन डाले जाते। काला, सफेद धागा मिलाकर भी किरोशिये से बुनाई होती थी।

पंजाब में लड़कियों के स्कूलों में सिलाई का काम बहुत होता था। आठवीं श्रेणी की लड़की कढ़ाई, बुनाई, कटाई में निपुण हो जाती थी। जैसे हर साल सिलाइयों पर रेशमी मोज़ा बुनना, निवाड़ और नाड़े बुनना, सलमे–सितारे और गोटे का काम। कच्चे रेशम से बाग–फुलकारी के अलावा तारें गिनकर बढ़िया कशीदाकारी का काम। जाली के ऊपर बीसों तरह की बेलों और फूलों के डिज़ाइनों को काढ़ना। काज बनाना, थेगली लगाना, तुरपन–बखिया सीखना। सलवार और कलीदार कुरता हाथ की तुरपन और बखिया से तैयार करना और काटना आज भी नहीं भूली हूं। मुझे यह सब आज भी याद है। मेरी पोती वन्या की समझ में नहीं आता कि यह सब कैसे सम्भव हो सकता है। वह अपनी ढेरों कापियों–किताबों और कई विषयों की पुस्तकों में डूब जाती है। सिर उठाने की फुरसत ही नहीं मिलती। सिलाई–कढ़ाई तो दूर की बात है।

मुझे याद है हमारे घर में बिजली नहीं थी। हमारी गली में जब बिजली आयी तब मैं ग्यारह–बारह वर्ष की थी। मेरी छोटी बहन पैदा हुई थी और मेरे पिता ने घर पर बिजली की तार खिंचाई थी। भादों का महीना था। वह एक टेबलफैन खरीद लाये थे। पहले तो बैठक में हाथ से खींचने वाला चटाई का पंखा था। घर के बच्चे हवा के लिये बारी–बारी से खीचंते थे। छत से रोशनी के लिये लैम्प टंगा था। शेष काम हरीकेन लैम्प से होता था।

हम सब बच्चे हरीकेन लैम्प की रोशनी में पढ़ते थे। घर के चूल्हे में लकड़ियां और कंडे जलते थे। धुएं से आंखें फूल जाती थीं। शाही मुहल्ले के नये मकान में आने पर कुछ चैन मिला। रसोई दुमंज़िले पर थी और धुआं निकालने का प्रबन्ध था।

रात को जब माता–पिता और छोटे भाई–बहन अपने सोने के कमरे में चले जाते थे हम बड़े भाई–बहन पढ़ते थे, गप्प लगाते थे, और खूब गंडेरियां चूसते, रियोढ़ी–गजक और चिलगोज़े छीलकर खाते। उस समय चिलगोज़े बहुत सस्ते थे। मूंगफली की तरह सस्ते। अंगूर ६ आने का किलो। बादाम, पिस्ता, किशमिश बहुत सस्ते। पढ़ाई के साथ बड़ों की, गली–मुहल्ले के लोगों की नकलें उतारते और खूब मज़ा करते। रात को सब बहन–भाई इकट्ठे होते और हंसी–खुशी के फव्वारे छूटते।

गर्मियों में पूरा परिवार तिमंज़ले की छत पर सोता था। मकानों की दीवारें

एक साथ मिली होती थीं। रात या दिन में जब चाहें एक साथ सात–आठ घर फांदकर जा सकते थे। सन् १९५६ में दो रातें रोम के एक फर्स्ट क्लास होटल में रहने का मौका मिला। होटल की खिड़की से झांका तो लगा मैं लाहौर में हूं और अपने मुहल्ले की गली में। यह गुमटी बाज़ार के पास की गली थी। ऊपर खुली छत पर लाहौर के मकानों जैसी रौसें (ऊंचे बैठने के चबूतरे), मकान भी एक के साथ दूसरा सट कर बना था और कई मकान फांद कर जा सकते थे। यह सब आश्चर्यजनक था। उस दिन मुझे लाहौर की अपनी इस गली की बड़ी याद आयी। खुली छत पर बनी रौसें भी लाहौर–अमृतसर में ही मिलेंगी, अमृतसर में कहीं–कहीं पर लाहौर में बहुत रिवाज़ था। शाम के समय औरतें, बच्चे इन्हीं रौसों पर जम जाते थे। आमने–सामने के घरों की औरतों में खूब गप्पबाजी होती थी और पकी सब्ज़ी–भाजी की अदला–बदली भी।

गर्मियों में खुली छत के पास की छोटी दीवारें बड़ी गर्म होती थीं। बिजली के पंखे न होने से खुले आसमान के नीचे खुली छत पर ही सोना पड़ता था। दीवारों से आग बरसती थी। तिमंज़िले पर नल तो था नहीं। बिलकुल नीचे से पीतल के बड़े–बड़े बर्तनों में पानी भर कर हम भाई–बहन ले जाते थे और उन छोटी बड़ी दीवारों पर छिड़क कर ठंडा करते थे ताकि रात को चैन से नींद आ सके।

एक और बेतकुल्लफी गली–मुहल्ले में थी। मुहल्ले में जिन के पास भैंस होती उनके घर पर मट्ठा पीने वालों का जमघट लग जाता था। सुबह से ही लोटों की लाइन शुरू हो जाती थी। जिस क्रम से लाइन लगती थी मट्ठा लोटों में डालना होता था। शाही मुहल्ले के मकान में रोज़ रावी स्नान से लौटती स्त्रियां दुमंज़िले पर चढ़ आतीं और मट्ठे की मांग करतीं। पहचान की ज़रूरत की आवश्यकता नहीं होती। अधिकार से ऊपर चढ़ आतीं और मट्ठा समाप्त हो जाने के कारण खाली हाथ लौटना पड़ता।

मेरी मां का परिवार बहुत बड़ा है। हम दस भाई बहन, मेरी मां की ननदें, देवरानियां उनके परिवार, मेरे बाप की विधवा भाभियां। सब लोग आते–जाते रहते थे। घर खूब भरा–पूरा, बहुत चहल–पहल होती थी।

घर का नौकर पहाड़ी, कभी बनारस–गोंडे का रहने वाला होता। हम बच्चे इन्हें भइय्यन कह कर पुकारते थे। कोचवानी और चौकीदारी ही इन पूर्बियों का काम था। शहर में कहीं–कहीं तब पान की दुकानें थीं। यह दुकानें पूर्व के भइय्या ही करते थे और यहीं इनके रहने और इकट्ठा होने के अड्डे थे। यहीं से घर के लिये नौकर भी मिलते थे। हम लोग स्कूल जाते समय इन दुकानों से शरारत में सुपारी मांगा करते। होली के समय यह सब पूर्बिये इकट्ठे होकर ढोल–मंजीरे पर फाग गाते, अबीर उड़ाते टोलियों में निकलते थे।

यह सब कुछ और यह सब माहौल कुल पचास–साठ वर्ष पहले की बातें हैं लेकिन

लगता है युग बीत गये। हमारे बच्चे यह सुन कर विश्वास नहीं करते। उन्हें यह सब स्वप्न सा लगता है। दिन, सप्ताह, वर्ष गिनते बच्चे जवान, जवान बूढ़े हो गये। इतने हादसे, इतनी बातें कल की गुजरी जान पड़ती हैं। सत्रह–अठारह वर्ष की उम्र में हमजोलियों के साथ देश को आज़ाद करने की धुन ने सताया और घर–परिवार छोड़ नयी ज़िन्दगी में जीना आरम्भ किया।

सन् १९२९–३० का वर्ष सरगर्मियों का वर्ष था। साइमन कमीशन का बहिष्कार और लाठियों के प्रहार से नवम्बर, सन् १९२८ में लाला लाजपतराय की मृत्यु। १७ दिसम्बर सन् १९२८ में सांडर्स वध के बाद सरदार भगतसिंह और दत्त ८ अप्रैल, १९२९ दिल्ली एसेम्बली में बम फेंक चुके थे। देश के नवयुवकों में ब्रिटिश सरकार के उत्पीड़न से मुक्ति के लिंये उत्साह तो भरा ही था, देश का बच्चा–बूढ़ा भी यह समझने लगा था कि अब समय आ गया है देश को आज़ाद कराने का। लाला लाजपतराय की मृत्यु, भगतसिंह और दत्त के मुकदमें, विदेशी कपड़ों का बहिष्कार और विदेशी कपड़ों की होली, डांडी मार्च और नमक सत्याग्रह के कारण देश भर में गिरफ्तारियां, लार्ड इरविन की ट्रेन के नीचे बम विस्फोट, यतींद्रनाथ दास की आमरण अनशन के कारण मृत्यु। लाहौर कांग्रेस में पूर्ण आज़ादी का प्रस्ताव ३१ दिसम्बर, १९२९ को रात बारह बजे पास हो गया। बस एक के बाद एक तूफान आता गया। जल्द से जल्द अंग्रेज़ी राज से छुटकारा पाने की बेचैनी बढ़ती गयी।

देश के नौजवान लड़के–लड़कियों ने देश पर मर मिटने का आह्वान किया।

मैं उस समय लाहौर में एक आर्य कन्या पाठशाला में आठवीं कक्षा की परीक्षा पास कर, पंजाब विश्वविद्यालय की रत्न परीक्षा की तैयारी कर रही थी। बहन प्रेमवती हमारी अध्यापिका थीं। यशपाल जी की रिश्ते की बहन प्रेमवती, श्री भगवतीचरण वोहरा, दुर्गा भाभी और यशपाल से सम्पर्क के कारण हम लड़कियों को भी क्रान्तिकारी सरगर्मियों में भाग लेने के लिये प्रोत्साहित कर रही थीं। हमारी मित्र स्वदेश कुमारी, लाला पिंडीदास देशभक्त की लड़की थी। सारा परिवार खद्दर पहनता था। लाला जी पुराने क्रान्तिकारी, जेल में लम्बी सज़ा काट चुके थे। दूसरी मित्र थी रुक्मिणी पंजाब के कांग्रेसी लीडर डाक्टर गोपीचन्द भार्गव की लड़की और तीसरी थी प्रेम की बहन विमला। विमला, उसकी बहन और प्रेम लाहौर के प्रसिद्ध डाक्टर भगतराम की देखभाल में पढ़ रहे थे। इनके माता–पिता नहीं थे। प्रेम का परिचय दुर्गा भाभी, यशपाल, भगवतीचरण वोहरा से था और वे छोटे–मोटे काम क्रान्तिकारियों के किया करता था। इस समय लाहौर के किला गुज्जरसिंह में १४ अप्रैल, १९२९ को बम फैक्ट्री पकड़ी जा चुकी थी। हम सब लड़के–लड़कियां जोखिम के सामान घरों में छिपाती फिरती थीं। क्रान्तिकारियों के मुकदमों के लिये रुपया भी इकट्ठा करती थीं। इस समय पार्टी को रुपये की सख्त

ज़रूरत थी। मेरी हालत तो यह थी कि जितना भी रुपया-पैसा मुझे घर से मिलता था वह तो देती ही थी, मां के बक्से से सौ रुपये के नोटों की गड्डियों में से नोट खिसका लेती। इसी बक्से में कुछ सोने के टुकड़े भी रहते थे, जो मैंने चोरी किये। पार्टी की ज़रूरत समाप्त ही न होती थी।

यहां मैं यह बता दूं कि मेरे पिता अच्छे-खासे समृद्ध व्यक्ति थे। उस समय भी वह लाहौर और शेखूपुरा में कई मकानों के मालिक थे। हमारा शाही मुहल्ले का मकान बहुत बड़ा था। दो हिस्सों में किरायेदार और दो हिस्सों को एक बनाकर हमारा परिवार रहता था। मां का एक संदूक था, जिसे मैं या मेरी मां ही खोलती-बन्द करती थीं। इसी बक्से से मैं रुपया और सोना चोरी कर पार्टी को देती थी। इस चोरी को मैं चोरी नहीं समझती थी। देश-सेवा के काम में सब कुछ अर्पण कर रही थी। मैंने अपने गले से सोने की चेन और पेंडेंट भी दे दिया। मेरी मां बहुत परेशान रही कि चेन कहां गयी, पर मैं यही कहती रही कि खो गयी है।

हमारा परिवार रूढ़िवादी होते हुए भी उदार था। परदा नहीं था। लड़के-लड़कियों को पढ़ाने में विश्वास रखते थे। मगर लड़कियों की उच्च शिक्षा के हामी नहीं थे। घूमने-फिरने या अकेले आने-जाने पर कोई रोक नहीं थी। मैं काफी दूर रहने वाली अपनी सहेलियों के यहां मां को सूचना देकर शहालमी दरवाज़े के बाहर माल रोड, ग्वालमंडी में स्वदेश, दुर्गा भाभी के घर आया-जाया करती थी।

विदेशी कपड़ों की होली

बचपन में सबसे पहले मैंने विदेशी कपड़ों के बायकाट और विदेशी कपड़ों की होली जलाने में भाग लिया। हमारे मुहल्ले की औरतों ने रात को मीटिंग की और बहुत से विदेशी कपड़े इकट्ठे किये। मैंने भी मां से सलमें-सितारे से कढ़ी विलायती कपड़े से बनी कमीज़ जलाने के लिये लाकर उस कपड़ों के ढेर पर डाल दी। मैंने लाला लाजपतराय की शव-यात्रा को देखा था, यतीन्द्रनाथ दास के आमरण अनशन के कारण हुई मृत्यु के शव को कलकत्ते ले जाते देखा था, और इस समय भीड़ के अपार समुद्र को भी देखा। कपड़ों की होली के जुलूस में काफी दूर मैं साथ-साथ गयी। बहुत कुछ समझ में न आने पर भी ऐसा लगता था जैसे मैं भी इस कार्य में भाग लेने वालों में से एक हूं। अदम्य उत्साह था।

सन् १९२९ में लाहौर में कांग्रेस अधिवेशन होने वाला था। लाहौर कांग्रेस के लिये लड़कियों को भी वालंटियर बनाने के लिये प्रोत्साहित किया जा रहा था। मैं भी ट्रेनिंग के लिये भरती हो गयी। पंजाब की जुतशी बहनें—श्यामा और मन्नो (अब मनमोहनी सहगल) इस ट्रेनिंग की इंचार्ज थीं। माल रोड पर रोज़ जाना पड़ता था। पंजाब

की प्रसिद्ध कुमारी लज्जावती, जो कन्या महाविद्यालय जालन्धर में प्रिंसिपल भी रही थीं कांग्रेस की प्रसिद्ध कार्यकर्त्री थीं। उनकी छोटी बहन शिवा भी हमारे साथ थी।

सन् ८५ में एक सेमिनार में पचपन वर्ष बाद उस मनमोहनी जुत्शी को—मनमोहनी सहगल के रूप में देखा। अब वह जवान नहीं मेरी तरह बूढ़ी हो गयी थी। अपनी याद दिलायी। दोनों को एक दूसरे से मिलकर बेहद खुशी हुई।

यशपाल जी से पहली भेंट

क्रांतिकारी पार्टी में लड़कियों के घर छोड़कर काम करने या जो घर में रहकर भी सक्रिय भाग ले सकें, की आवश्यकता महसूस हो रही थी। मेरे पास भी इस सम्बन्ध में संदेश आया। मैंने घर छोड़कर देश और पार्टी का काम करने के लिये हामी भर दी। इस सम्बन्ध में पांच मिनट के लिये साथी प्रेम मुझे यशपाल जी के सामने ले गये। इस भेंट के अवसर पर यशपाल जी के सामने मैं सिर झुकाये ही खड़ी रही। मुझसे दो प्रश्न पूछे गये। पहला था, क्या आप क्रान्तिकारी कार्यों में भाग लेने को तैयार हैं ? उत्तर में मैंने हामी भर दी।

दूसरा प्रश्न था, क्या आप घर–बार छोड़कर आ सकती हैं ? मैंने इस बार भी हामी भर दी पर नज़रें ऊपर न उठा पायी। किसी अजनबी और जवान आदमी से अकेले में भेंट करने का यह पहला अवसर था। इस भेंट के कुछ दिन बाद यदि मुझे यशपाल जी को पहचानने के लिये कहा जाता तो मैं कतई पहचान नहीं पाती। मैंने उन्हें ठीक से देखा ही नहीं था। उनके प्रश्नों पर घर छोड़ने के लिये हां कर दी।

इस भेंट के बाद हमारे साथियों के पास ढेरों क्रान्तिकारी साहित्य पढ़ने के लिये आने लगा। रूसी क्रान्ति के सम्बन्ध में वहां के वीरों की गाथाएं पढ़ने को मिलीं। आयरलैंड की लड़ाई के सम्बन्ध में साहित्य पढ़ा। विदेशों में बैठे भारतीय क्रांतिकारियों की गाथाएं पढ़ीं। रासविहारी बोस, राजा महेन्द्रप्रताप, मदन धींगड़ा के लंदन में कारनामे पढ़े। मेरी एक सहेली लीलावती लाहौर में मेरे साथ पढ़ती थी। उसके पिता महाशय रत्नचन्द उर्फ रत्तो अमृतसर के रहने वाले थे जो लम्बी सज़ा काट रहे थे। अपने पिता के बारे में उसने मुझे बहुत कुछ बताया। ऐसे संस्मरण जोश भरने वाले होते थे।

मेरे पास हमेशा रुपये और कपड़ों का प्रबंध करने के संदेश आते रहते थे। एक दिन एक हज़ार का नोट मेरे हाथ लग गया। यह नोट अपने पत्र के साथ लिफाफे में बंद कर प्रेम के पास भेज दिया। मेरी सहेली विमला यह पत्र अपने भाई प्रेम की मार्फत भिजवाती थी। प्रेम ने यह लिफाफा सड़क पर जाते समय खोला जो उसे नहीं करना चाहिए था। उसने पत्र पढ़ा। उसका कहना था, नोट गिर गया। हैरानी यह थी कि पत्र

खोला क्यों गया और खोला गया तो इतनी बेपरवाही कि नोट लिफाफे से गिरा दिया और उसे इसका पता न चला। मुझे और पार्टी से सम्बन्धित साथियों को यह बात समझ में न आयी। साथियों पर विश्वास तो करना ही पड़ता है। मुझे दुःख हुआ। बाद में इस बात का बतंगड़ भी बना।

लाहौर कांग्रेस दिसम्बर, १९२९ में हुई थी और मैं उसमें वालंटियर थी। पंडित नेहरू के स्वागत के लिए सब वालंटियर रेलवे स्टेशन तक गये और सारे शहर में घूमने के बाद उनका जुलूस रावी के किनारे पहुंचा। यह काफी लम्बा फासला था। न जाने मुझ में इतनी शक्ति कहां से आ गयी थी। मेरे घरवाले खुश नहीं थे। पर उन्होंने मुझसे कुछ कहा भी नहीं।

घर से पलायन

माह अप्रैल, १९३० में मेरी सगाई की रस्म पूरी कर दी गयी। शायद बैसाखी का दिन था। लाहौर के खत्रियों में यह रस्म एक दिन में पूरी नहीं होती। औरतों में आना-जाना लगा रहता है। मैं अपनी बहनों में सबसे बड़ी थी। हमारे घर में बहुत से मेहमान शहर और बाहर से आये हुए थे। मुझसे छोटा मेरा भाई उर्दू-अंग्रेज़ी पढ़ता था। अब उसने हिन्दी भी सीख ली थी। कभी-कभी शरारत से चुपके-चुपके मेरी अलमारी का ताला खोल लेता था। कलमें-पेन्सिलें ले जाता था। सगाई के दूसरे दिन उसके हाथ में एक पत्र आ गया। उस पत्र में पार्टी की ओर से पूछा गया था कि मेरा घर छोड़कर काम करने के लिये कब तक आने का इरादा है। साथ में एक पत्र मेरी मित्र स्वदेश का भी था। पत्र निकाल कर मेरे भाई ने पिता को सुनाया। पिता बहुत शांत स्वभाव के थे, इस बात पर आग बबूला हो गये। उनका चेहरा गुस्से से लाल हो गया और मुझ पर बरस पड़े। मैंने आज तक कभी अपने पिता से डांट नहीं खायी थी। उन्होंने बड़े गुस्से में मुझसे कहा, "तुम्हें जहां जाना हो, चली जाओ।" मेरी समझ में उस समय कुछ न आया। मेहमानों के सामने मैं बिना कारण यह लांछन सहन न कर सकी। अपने शाही मुहल्ले के मकान के तिमंज़िले पर चढ़ गयी। अपने ही मकान के पड़ोसी किरायेदार के मकान में कूद गयी। किरायेदारिन से सामना हुआ। वह मुझे देख हैरान थी। आने का कारण और कुशल पूछा। मैं नीचे की ओर जाती सीढ़ियों से नंगे पांव उतर गयी। घर से थोड़ी ही दूर पर चौराहे के पास टांगे का अड्डा था। नंगे पांव ही टांगे पर बैठ तुरंत ग्वालमंडी की ओर चलने के लिये कहा। टांगे वाला अकेली लड़की के हुक्म पर चल पड़ा। मैंने अपने नंगे पावों को खद्दर की साड़ी से ढंक लिया था। मन की हालत ऐसी थी कि मुझे पता ही नहीं चला कि कब दुर्गा भाभी का मकान आ गया।

मैं दुर्गा भाभी के मकान में पहुंच गयी। भाभी उस समय गुसलखाने में स्नान कर

रही थीं। मेरी आवाज़ सुनते ही वह तुरंत बाहर निकलीं और प्रेम को बुलाने के लिये किसी को भेजा। उसी क्षण भाभी ने मेरे कपड़े बदलवाये। प्रेम के आते ही मुझे टांगे पर बैठा दिया, हल्का सा घूंघट निकलवा, किला गुज्जरसिंह में, जहां साथी इंद्रपाल ने मकान अपने नाम ले रखा था, पहुंचा दिया। यह सब ड्रामा इस खूबसूरती से अपने आप हो गया, जैसे यह सब होना ही था।

इंद्रपाल के मकान पर पहुंच कर चौबीस घंटे तक तो मैं अपना सिर ही न उठा सकी, न बात कर सकी। लगता था भाग्य ने जादू की छड़ी घुमाकर मेरे जीवन में एक ज़बर्दस्त मोड़ ला दिया हो। मैं अपने पिता को दोष कैसे देती ? ऐसी स्थिति में कोई भी पिता अपनी बेटी की ऐसी हरकत को गलत समझ कर उल्टा-सीधा व्यवहार कर बैठेगा। मेरे पिता मुझे बहुत प्यार करते थे। सही बात उन्हें कैसे पता चलती। उन्होंने मौका ही नहीं दिया और बेइज्ज़त कर दिया। बाद में यह भी सुना कि मेरी मां इतनी दुखी हुयीं कि अढ़ाई वर्ष तक घर से बाहर न निकलीं।

संयत होने और सम्हलने में मुझे कुछ समय लगा। समझने का प्रयत्न कर रही थी कि अकस्मात् यह सब कैसे घट गया। दूसरे दिन दोपहर बाद यशपाल जी ने कई प्रश्न किये। क्या पढ़ा है, कितना पढ़ा है। घर क्यों छोड़ा है ? वापस घर लौटकर जाने का इरादा हो तो भी इत्मीनान से विचार कर लेना चाहिए।

मेरा एक ही उत्तर था—मैं वापस नहीं जाऊंगी। यह उत्तर सुनकर यशपाल जी ने राय़ दी कि मैं अपने माता-पिता को पत्र लिखकर सूचना दे दूं कि मैंने घर क्यों छोड़ा है और मेरा इरादा क्या है। मैंने एक पत्र अपने माता-पिता के नाम लिखकर शहर के दूसरे हिस्से से पोस्ट करवा दिया।

यशपाल जी कहीं बाहर चले गये थे, दो-तीन दिन बाद आये। श्री सम्पूर्णसिंह टंडन, सुखदेवराज और भगवतीचरण जी भी इस मकान में आते थे। रात के समय कभी-कभी दुर्गा भाभी भी आती थीं।

यशपाल जी की पिस्तौल और मैं

यह मकान इंद्रपाल ने किराये पर ले लिया था और यह मकान यशपाल जी की माता प्रेमदेवी की सहेली धनदेवी का था। अभी बिल्कुल नया बना था। इंद्रपाल की शादी भी अभी कुछ दिन पहले ही हुई थी। वह इस मकान में किताबत करता था। घर से आने के बाद मैं घर के काम में हाथ बंटाती रहती थी। मुझे धनदेवी की नज़रों से बच कर रहना था। एक दिन यशपाल जी ने छर्रे वाली पिस्तौल चलाकर एक छर्रा मेरी बांह पर मार दिया। उनका ख्याल था मैं हो-हल्ला करूंगी, पर मैं वहां से हिली तक नहीं। इंद्रपाल यशपाल जी की इस हरकत पर बहुत नाराज़ हुआ।

यशपाल जी के भूमिगत होने पर उनकी मां को बहुत कष्ट उठाना पड़ा था। बहन प्रेमवती बीमार होकर पहाड़ चली गयीं। लाहौर में वच्छोवाली का मकान छोड़ दिया था। अंग्रेज़ सरकार का आर्डर था—क्रांतिकारियों को शरण देने वालों के खिलाफ सख्त कार्यवाही होगी। इस घोषणा के डर से यशपाल परिवार को लाहौर में रहने के लिये मकान मिलना मुश्किल हो गया था। धनदेवी ने माताजी को अपने मकान में कमरा दे दिया और छाती ठोंककर कहा, देखूंगी कौन माई का लाल मेरे सामने बोलने की हिम्मत रखता है। उसने माताजी को भी रखा और क्रान्तिकारियों को भी कमरा किराये पर दिया।

सुखदेवराज और सम्पूर्णसिंह दिन में आते-जाते थे। सुखदेवराज जब भी आता प्रायः उसके साथ नई साइकिल होती। पता चला कि किसी कालेज से उड़ा लाता है। सम्पूर्णसिंह गम्भीर व्यक्ति थे। मीठी हंसी और बड़ी-बड़ी आंखों वाले। उनके व्यवहार में शालीनता थी। सुखदेव की हरकतों और बातचीत में हल्कापन रहता था। यशपाल जी की फरारी की बाबत मुझे उनकी बहन प्रेमवती से पता लग चुका था। वच्छोवाली में प्रेमवती के घर की तलाशी होते मैंने देखी थी। यशपाल जी की मां, मौसी, बहन सब इसी मकान में रहते थे। यशपाल जी भी फरारी से पहले इस मकान में शायद आते-जाते थे। हम लड़कियां प्रेमवती से मिलने कई बार उनके घर जा चुकी थीं।

सम्पूर्णसिंह से बातचीत करने पर पता चला कि उसकी मां मुझे जानती है और मैं भी उसकी मां को पहचानती थी। वह जब भी आता, अपनी मां से बढ़िया मिठाई बनवा कर लाता। सुखदेवराज से मेरी कोई बातचीत नहीं होती थी। वह हर समय मेरे आसपास मंडराया करता था। भगवती भाई बड़े प्यार से मिलते थे और मैं उनका आदर करती थी। वे बड़े शांत, गम्भीर व्यक्ति थे। बहुत कम बोलते थे। भाभी रात के समय आतीं तो बातचीत होती।

'वाटरमैन' पेन और पहली नज़र

माता-पिता को पत्र लिखने के लिये यशपाल जी ने 'वाटरमैन' पेन दिया था। मुझे तब तक पेन से काम करने का विशेष अभ्यास न था। उस समय विद्यार्थियों में पेन से लिखने का रिवाज़ नहीं था। पत्र लिख कर पेन बंद करने लगी तो ध्यान पेन की ओर न था। देखा, स्याही मेरे कपड़ों पर गिर गयी है और निब पेन की बॉडी के अंदर चला गया है। तब इस प्रकार के पेन आते होंगे, पर मैंने ऐसे पेन कभी देखे नहीं थे। मैंने निब को तिनके से ऊपर निकालने का प्रयत्न किया। यशपाल जी देख रहे थे, हंस पड़े। मैं अपनी मूर्खता पर पानी-पानी हो गयी। कपड़े स्याही से भर गये थे। निब निकल न सकी थी। मेरे हाथ से पेन लेकर यशपाल जी ने पेन घुमाया निब ऊपर आ गयी। अपनी नासमझी

पर मुझे बड़ी खीज आयी। बस, इस घटना के बाद न जाने किस अदृश्य चुम्बकीय शक्ति ने हम दोनों को एक–दूसरे के करीब खींच दिया। यह भाषा मूक थी। इस आकर्षण ने आंखों से ही बात की। महसूस किया, शायद हम दोनों एक दूसरे के लिये ही बने हैं और इस स्थान पर कहीं से आकर मिल गये हैं। मेरे मुकाबले में यशपाल जी पढ़े–लिखे परिपक्व व्यक्ति थे और मैं अल्हड़ बेवकूफ। साथियों की नज़रों से भी हमारी नज़रें न छिप सकीं।

मैं प्रायः लोगों को कहते सुनती हूं— विवाह स्वर्ग में रचे जाते हैं (Marriages are made in heaven)। मुझे लगता है यह बात सही है। कहां मैं एक रूढ़िवादी परिवार की लड़की—लाहौर में जन्मी, पली और कहां कांगड़ा निवासी पहाड़ी छरहरा जवान, जिनके परिवार से न कोई जान–पहचान और न मित्रता के सम्बन्ध।

यहां मुझे भाग्य को मानना पड़ा। मुझे ऐसा लगा जैसे किसी अदृश्य शक्ति ने अजब ड्रामा रचा है और हम दोनों एक स्थान पर आकर टकरा गये हैं और सुध–बुध खो बैठे हैं। विवाह स्वर्ग में रचे जाते हैं, यह बात माननी ही पड़ती है।

किसी शायर ने ठीक ही कहा है—

नज़र ने नज़र से मुलाकात कर ली,
रहे दोनों खामोश और बात कर ली।

हम दोनों ने इस पहली नज़र की मस्ती को कबूल कर लिया—

मस्ती मुझे कबूल जो पहली नज़र में है।

दुनिया में Love at First sight (पहली नज़र में प्यार) की बड़ी चर्चा है। अगर यह सच है तो यह पहली नज़र का प्यार था।

दरअसल इश्क करना अच्छा लगता है। इश्क की बात करना, सुनना भी सुख देता है। इश्क की कहानियां पढ़ने में भी मज़ा आता है। इश्क के कारण मार खाये व्यक्ति से सहानुभूति भी होती है, लेकिन प्रेमी–प्रेमिका को बेदर्द समाज के सामने जो खामियाज़ा या मूल्य देना पड़ता है वह भी भुक्तभोगी ही बता सकता है। ऐसे इश्क की चर्चा आज भी हर जुबां पर ही नहीं सारे जहां में है। पुस्तकों, अखबारों के पत्रों पर सुर्खियों में है और मज़ा लेने वाले कनखियों से एक–दूसरे को देख मुस्कराने का प्रयत्न करते हुए अपनी धारणाओं और मान्यताओं के अनुसार इसे अंजाम देते हैं।

साथियों की गिद्ध जैसी नज़रें पहचान और पहली नज़र की मस्ती को भांपकर दुर्गा भाभी ने मेरा हाथ यशपाल जी के हाथों में दे दिया। हमारे सम्बन्धों पर मोहर दुर्गा भाभी ने लगायी। यशपाल जी आश्वस्त हो गये। यह २९ अप्रैल, १९३० का दिन था।

साथी सुखदेवराज की लापरवाही और वह हादसा

यह वह समय था जब भगतसिंह और दत्त को जेल से छुड़ाने की चर्चा थी। यशपाल जी, भगवती भाई तथा चन्द्रशेखर आज़ाद और अन्य साथी सोच-विचार कर भगतसिंह को जेल से छुड़ाने का प्रबन्ध कर रहे थे। कुछ विचार कर एक मकान किला गुज्जरसिंह और एक बंगला बहावलपुर रोड पर किराये पर ले लिया गया। भगतसिंह और दत्त को छुड़ाने के सम्बन्ध में दो-तीन मकानों की व्यवस्था की गयी थी। मुझे, एक अन्य साथी विशेश्वरसिंह और सुखराजदेव को किला गुज्जरसिंह के मकान पर भेज दिया गया ताकि लोग यह समझें कि मकान में परिवार है, अकेले लड़के नहीं। मकान किराये पर लेते समय यह भी सोचना ज़रूरी था। हमें किसी प्रकार के संदेह से बचना था।

किला गुज्जरसिंह के मकान में मैं सुखदेवराज की हरकतों से दुखी हो गयी। सुखदेवराज ने भरपूर प्रयत्न किया कि मैं उससे मित्रता स्थापित करूं। वह मुझे रणचंडी के नाम से हर समय पुकारा करता और शहद की मक्खी की तरह मेरे इर्द-गिर्द मंडराया करता। भगवती भाई को यह सब पता लगा तो वे मुझे अपने साथ दिल्ली ले गये और साथी ख्यालीराम गुप्त के मकान पर छोड़ गये। गुप्त जी सपत्नीक रहते थे। अभी बच्चा कोई नहीं था। दिल्ली क्लाथ मिल में नौकरी करते थे। मिल की ओर से दो कमरों और सुन्दर बरामदे का मकान मिला हुआ था। मैं फरारी के बाद देहली पहली बार आयी थी।

यहां मेरी भेंट कुमारी शकुन्तला सूरी से हुई। मुझे देखते ही वह कुछ पहचान गयी। मैंने उसे कभी न देखा था। पास आकर उसने कहा कि तुम्हारे पिता तुम्हें ढूंढ़ते हुए देहली आये थे। उनकी आंखें लाल रुआंसी-सी थीं। मुझे समझाया कि घर से बाहर कहीं मत जाना। मैं हैरान थी कि शकुन्तला मुझे देखते ही कैसे पहचान गयी ? दरअसल बात यह थी कि मेरे पिता का कद तो नाटा था पर चेहरा निहायत सुन्दर, नैन-नक्श तीखे, आंखें बड़ी-बड़ी थीं। मैं प्रायः सुनती कि मेरा रंग रूप मेरे पिता पर है। मेरे पिता की सूरत वह देख चुकी थी। सूरी परिवार उस समय हवेली हैदरकुली में रहता था।

श्रीकृष्ण सूरी की बहन शकुन्तला ख्यालीराम गुप्त के घर आती रहती थी। यह परिवार कांग्रेसी था। इनके क्रांतिकारियों से सम्पर्क होने की चर्चा थी जो सच भी थी। मुझे देखते ही वह समझ गयी कि मैं ही लाहौर से आयी वह लड़की हूं जिसके पिता सूरी परिवार में मेरा पता करने आये थे। मैं कई दिन तक देहली में गुप्त परिवार में ही रही।

यशपाल जी कुछ दिनों बाद दिल्ली आये तो मुझे अपने मित्र परिवार महाशय

कृष्ण जी के यहां ले गये। महाशय कृष्ण सपरिवार अजमेरी गेट, जहां अब नयी इमारतें बन गयी हैं, रहते थे। यह परिवार आर्थिक सहायता भी देता था और आश्रय भी। महाशय कृष्ण और उनकी पत्नी बहुत आत्मीयता से मिले। उनकी खोजी आंखें बड़ी तेज़ थीं। कृष्ण जी के तीखे नैन–नक्श, नमकीन सांवला रंग, इकहरा बदन था। सब कुछ समझने में उन्हें कुछ क्षण ही लगते थे। गाते बहुत अच्छा थे। यह भी सुना था कि प्रसिद्ध गायक सहगल सिनेमा में जाने से पहले इन्हीं के यहां रहते थे। लखनऊ में महानगर के हमारे मकान में महाशय कृष्ण जी कई वर्षों के बाद आकर दो दिन ठहरे थे, तब वह कलकत्ता में सहगल से मिल कर आये थे। सहगल भी बड़ी आत्मीयता से उनसे मिले थे। वे काफी देर तक सहगल की प्रशंसा करते रहे।

महाशय कृष्ण जी के मकान के एक कमरे में एकांत पाकर यशपाल जी मेरे पास आकर बैठ गये। वे बोले, "अगर मैं कुछ कर गुजरते मारा जाऊं तो परेशान मत होना। हो सकता है मैं अब कभी न लौटूं।" यह वह समय था जब चन्द्रशेखर आज़ाद, भगवतीचरण, यशपाल, दुर्गा भाभी और सुशीला जी सब भगतसिंह को जेल से छुड़ाने के प्रयत्न में जुटे थे। इसमें कोई शक नहीं कि भगतसिंह और दत्त को छुड़ाने में हमारे साथी सफल हो जाते तो ब्रिटिश सरकार के मुंह पर करारी चोट पड़ती, लेकिन यह भी सही है कि अब ब्रिटिश सरकार क्रांतिकारियों के कारनामों के कारण काफी सतर्क थी। मैं समझ गयी, भगतसिंह को छुड़ाने की बात है। मैंने उत्तर दिया, "मैं आपके पीछे आऊंगी। मैं भी अपने कर्त्तव्य से पीछे नहीं हटूंगी।"

कर्त्तव्य का महत्व

हमारे जीवन में हमारा मुख्य उद्देश्य देश को मुक्ति दिलाना था। इसी उद्देश्य के लिये मैंने घर–बार छोड़ा कि देश आज़ाद हो। हमारा आकर्षण हमारे उद्देश्य के प्रति कभी बाधक नहीं बना, न इस आकर्षण ने हमें कभी कमज़ोर बनाया। हम दोनों के लिये कर्त्तव्य का ही महत्व था। देश को गुलामी से मुक्त कराने की बात पहले और परस्पर सम्बन्ध बाद की बात थी। यशपाल तो एक ही दिन देहली ठहर कर वापस चले गये। मैं फिर गुप्त जी के मकान पर लौट आयी।

दिल्ली में महाशय कृष्ण के साले ध्रुव जी की फोटोग्राफी की दुकान 'बॉम्बे फोटोग्राफर' के नाम से थी। यशपाल जी की ध्रुव से बड़ी मित्रता थी। अमृतसर में यह परिवार बहुत प्रसिद्ध था। ध्रुव के पिता बच्चों के एक आदर्श स्कूल, जो कि 'माता–पिता' के नाम से जाना जाता था, का संचालन करते थे। वे बड़े शांत, विद्वान व्यक्ति थे। ध्रुव जी अपनी बहन के साथ ही दिल्ली में रहते थे। मेरी जान–पहचान भी उनसे यहीं हुई। आज भी मेरा सम्बन्ध उस परिवार से है। ध्रुव जी लखनऊ आकर मेरे पास

ठहरते थे। मरने से पन्द्रह दिन पहले ही उनका एक पत्र मुझे आया था। उनके खो जाने का मुझे बहुत दुख है।

बहावलपुर रोड पर भगतसिंह और दत्त को छुड़ाने के सम्बन्ध में जो मकान लिया था, बम फट जाने के कारण तुरन्त छोड़ना पड़ा था। इस मकान में हमारे कई साथी मौजूद थे। चन्द्रशेखर आज़ाद, भगवती भाई, छैलबिहारी, सुखदेवराज, दुर्गा भाभी, सुशीला दीदी। सब लोगों को अपनी–अपनी भूमिका निभानी थी। दुर्भाग्य से आज़माइश करते समय बम भगवती भाई के हाथ में ही फट गया और वह शहीद हो गये। इस मकान में रहते समय यशपाल जी ने एक लिफाफे पर 'बाम्बे फोटोग्राफर' का पता लिखा था। पत्र पोस्ट न कर पाने के कारण लिफाफा फाड़कर एक साथी को जला देने के लिये दिया। साथी जलाना भूल गया। टुकड़े वहीं बिखरे रहे। पुलिस ने उन टुकड़ों को उठाकर जोड़ा। पता मिलते ही दिल्ली में ध्रुव जी को गिरफ्तार कर लिया और महाशय कृष्ण जी के घर की तलाशी ले ली गयी। संयोग की बात थी कि पिछली रात मैं महाशय कृष्ण जी की पत्नी से मिलने गयी थी। उनके बहुत अनुरोध करने पर भी उनके घर न ठहर कर वापस लौट आयी, क्योंकि मैं गुप्त जी को अजमेरी गेट रुकने की सूचना देकर नहीं आयी थी। अगर वहां रुक गयी होती तो उस परिवार को हमारे कारण न जाने क्या–क्या सहना पड़ता।

बहावलपुर रोड कांड

लाहौर में बहावलपुर रोड पर बम फटने के बाद साथी बिखर गये। जहां कहीं भी सुरक्षित स्थान मिला, वे लोग पहुंच गये। जहां तक मैं इस घटना को समझ पायी हूं कि जो विनाश हुआ वह हमारे जल्दबाज़, बैचैन साथी सुखदेवराज के कारण हुआ। इन बमों का मसाला भी वही था जो यशपाल जी द्वारा वायसराय की ट्रेन के नीचे रखे बमों के विस्फोट में इस्तेमाल हुआ था। दरअसल बमों के खोलों में पेंट किया गया था जो गीला था। हिदायत थी कि इन्हें सूखने देना है लेकिन जल्दबाज़ व्यक्ति कैसे मानता। गीले खोलों में मसाला भर दिया गया। धीर–गम्भीर भगवती भाई भी सुखदेवराज की उकसाने वाली बातों में आ गये। यह सब यशपाल जी की अनुपस्थिति में हुआ। सुखदेवराज भगवती भाई को रावी किनारे बम आज़माने के लिये खींच ले गया। गीले पेंट और मसाले की प्रतिक्रिया से बम हाथ में ही फट गया। भगवतीचरण शहीद हो गये। दूसरा भरा बम भी अगले दिन बंगले के अंदर ही अपने–आप फट गया। सारा खेल समाप्त।

पुलिस की निगाह से बचने के लिये यशपाल जी हाकी खेलने वालों की पोशक पहने मोटर साइकिल से अमृतसर निकल गये, वहां से दिल्ली। रास्ते में स.ही. वात्स्यायन 'अज्ञेय' तथा उनके सहपाठी देवराज से मिलकर आये थे। यह भी पता चला

कि वे लोग डलहौज़ी जाने का प्रोग्राम बना रहे हैं। यशपाल जी ने भी उनके साथ चलने की इच्छा प्रकट की, क्योंकि कहीं तो सिर छिपाना था। दिल्ली पहुंच मुझे और ख्यालीराम गुप्त को पास बैठा कर बहावलपुर रोड की घटना और भगवतीचरण जी के शहीद होने की बात बतायी। भगवती भाई की मृत्यु सुखदेवराज की जिद का परिणाम थी। यशपाल जी ने यह भी बताया कि बहावलपुर रोड पर कितना नुकसान हुआ और किस प्रकार भगतसिंह को जेल से छुड़ाने का सब बना बनाया प्लान बिगड़ गया।

हम दोनों इस दुखद समाचार से त्रस्त थे। हमारी पार्टी का अत्यंत विश्वस्त साथी छिन गया। उस समय भरी जवानी में भाभी का सुहाग लुट गया। मेरे आंसू थमते ही न थे। दुःख बंटाने जाती तो कहां ? मन मसोस कर रह गयी।

हम चारों—मैं, यशपालजी, देवराज और वात्स्यायन डलहौज़ी आ गये। डलहौज़ी के बाज़ार में कुछ दिन के लिये एक छोटा–सा मकान लेकर रहे। उस मकान की याद आज भी आंखों के सामने ताज़ा है। पहाड़ों के तंग पुराने बाज़ार कभी समाप्त नहीं होते। यह मकान पुराना था और विश्वास है अब जरूर बड़ा मकान बन गया होगा। मालिक भी बदल गये होंगे। उस बाज़ार में कभी–कभी किसी व्यक्ति की बड़ी दर्दभरी आवाज़ में गाने की एक पंक्ति कानों में पड़ती थी। आज भी मैं वह पंक्ति भूली नहीं हूं, अकस्मात् याद आ जाती है—

'सीने लग जा परसरामा, मन मोहा तैंने !'

यह दर्द भरे शब्द आज साठ वर्ष बाद भी मुझे याद हैं।

वात्स्यायन के कन्धों पर सैर

डलहौज़ी की सैर कर खिजियार देखने का प्रोग्राम बना। खिजियार डलहौज़ी से ग्यारह–बारह मील का पैदल रास्ता है। मैं भी सबके साथ पैदल चल पड़ी। चलने का अभ्यास तो था, पर इतना लम्बा रास्ता तय न कर पायी। चलने में असमर्थ देख वात्स्यायन ने मुझे अपने कधों पर उठा लिया और तेज़ चलते चले गये। खच्चरें भी सवारी के लिये मिल सकती थीं पर चलते समय किसी ने ध्यान ही न दिया।

मेरा वज़न उस समय काफी कम था, मै बहुत दुबली–पतली तो थी ही। रास्ते में बहुत थक गयी। यशपालजी को चलने का काफी अभ्यास था। वह प्रायः कांगड़े से अपने गांव पैदल ही जाते थे। शरीर की गठन बहुत अच्छी थी। लाठी–गतका चलाने का अभ्यास था। शरीर का अनुपात बहुत सुन्दर था। २६ इंच कमर तो ३६ इंच कंधे। हाथ–पांव बहुत कोमल और साफ–सुथरे। हाथों को देखकर कोई विश्वास नहीं कर सकता था कि इन हाथों ने हज़ारों बमों का मसाला तैयार किया और गोलियां चलायी थीं परन्तु किसी

को कंधों पर उठा कर चलना उनके वश में नहीं था।

खिजियार पहुंच कर हम डाक बंगले में ठहरे थे। खिजियार बहुत भव्य और सुंदर स्थान है। चारों ओर देवदार के ऊंचे वृक्ष। बीच में झील और झील में तैरता एक छोटा–सा द्वीप। यशपाल जी तैरना अच्छा जानते थे। उस ठंडे पानी में कूद गये और तैरते हुए द्वीप पर चढ़ गये। हम लोगों ने एक टेंट किराये पर ले लिया था, जिसे डाक बंगले के ठीक दूसरी ओर गाड़ लिया। दो–चार दिन खिजियार में घूमे। यहां उस समय डाक बंगले के सिवाय कुछ भी नहीं था—केवल सुंदर दृश्य और देवदार थे। कभी–कभी डाक ले जाते पोस्टमैन के घुंघरुओं और उसके लाठी टेकने की आवाज़ सुनायी दे जाती।

खिजियार से हमारा प्रोग्राम चम्बा के लिये बना। हम फिर पैदल चल पड़े। उफनती, पत्थरों से टकराती, फेन उछालती रावी के पुल को पार कर चम्बा पहुंच गये। रास्ते में अपार सौन्दर्य का पुंज समेटे, कोयले की कंडी पीठ पर लादे पहाड़ी स्त्रियों को देखा। इन कोयला ढोने वाली स्त्रियों का रूप सहा नहीं जाता था। चम्पा–का सा रंग, शरीर का अनुपात और आंखें अति सुंदर, तीखी तराशी हुई नारी का रूप। मैं उन्हें रास्ते में रोक लेती। कोयला भरी कंडी उतार कर वह सीधी खड़ी हो जाती और मैं उससे बातें करती। मेरी बोली वह कुछ–कुछ समझ लेती। तुलसीदास ने कहा है, 'नारी न मोहे नारी के रूपा।' मैं समझती हूं यह सत्य नहीं है। रूप, सौन्दर्य और उसका निखार किसका मन नहीं जीत लेगा, किसको आकर्षित नहीं करेगा ?

मैंने अपनी सास और यशपाल जी से भी सुना और स्वयं भी जो देखा, कह सकती हूं कि यशपाल जी की माता के परिवार में बहुत सुंदरता रही है और अब भी है। मेरी सास भी बहुत सुन्दर, एकदम सफेद रंग की कर्मठ स्त्री थीं। उनकी एक भानजी १७–१८ वर्ष की उम्र में ही समाप्त हो गयी थी। सुना है कि जब वह पानी पीती थी तो पानी गले से नीचे उतरता दीखता था। ऐसा पारदर्शी मांस था गले का। यह भी सुना है कि हमीरपुर, कांगड़ा–नादौन के आस–पास हरें, बहेड़ा और आमले के जंगल हैं। बच्चे हरें, आमले तोड़ कर खाते थे और उसका असर शरीर की खाल पर पड़ता था। इन बच्चियों को मैंने लाहौर आर्य कन्या पाठशाला में पढ़ते देखा था। अब तो वह नानी–दादी बन गयी हैं। बचपन में अगर उनके बालों को न देखें तो ये बच्चियां सफेद रुई का ढेर मालूम देती थीं। यशपाल जी के साथ की खेली मौसी की लड़की का, जो कांगड़ा के प्रसिद्ध एडवोकेड की पत्नी थी, रंग–रूप कांगड़े शहर में देख सकते थे। अब वह नहीं रहीं।

दिल्ली वापसी

डलहौज़ी–चम्बा में कुछ दिन चैन से बिता हम दिल्ली वापस आ गये। यहां आते ही महाशय कृष्ण जी ने हमारा सम्पर्क श्री प्रभुदत्त शर्मा से कराया। मित्र देवराज

भल्ला यशपालजी के साथ नेशनल कॉलेज में पढ़ते थे। हम लोग दरीबा के सिविल अस्पताल के सामने देवराज भल्ला के पास ठहर गये। कुछ दिनों के बाद देवराज और उनकी स्त्री अपने घर बच्चों को लेकर छुट्टियों में होशियारपुर चले गये। बच्चों की स्कूली छुट्टियां थीं। एक दिन हम दोनों घर पर ताला लगाकर कहीं मिलने गये थे। कमरे का दरवाज़ा खुला रह गया था। बन्दरों ने जो उत्पात किया, देखने वाला था। लगता था जैसे कई व्यक्तियों ने कमरे में घुसकर सारा सामान उलट–पलट कर दिया हो। घबराहट भी हुई और दुःख भी।

इस समय देश में सब ओर संघर्ष ही संघर्ष था। विश्वस्त, भरोसेमंद साथी जयदेव, शिववर्मा तथा डाक्टर गयाप्रसाद सहारनपुर में पकड़े जा चुके थे। पार्टी के साथी पुनः संगठित होकर कुछ कर डालने की धुन में थे पर आर्थिक अभाव से सब की हिम्मत पस्त थी।

उस समय बंगाल में चटगांव के क्रांतिकारियों ने बड़ी बहादुरी दिखायी। शस्त्रागार पर कब्ज़ा कर ब्रिटिश शासन पर कड़ी चोट दी। पंजाब में भगतसिंह तथा अन्य साथियों के अदालत में दिये बयानों की खबरें अखबारों में सुर्खियों के साथ छप रही थीं। इन मुकदमों और बयानों ने आम जनता में बहुत राजनीतिक जागृति जगायी। देशवासियों की सहानुभूति इन बहादुर नौजवानों के साथ थी। हमारे नौजवान लड़के–लड़कियां दिलो–जान से देश पर कुर्बान हो आज़ादी का मूल्य देने को बेचैन थे। यह जनता की जीत थी।

इधर गांधी जी ने नमक सत्याग्रह छेड़ने का एलान कर दिया था। पंडित जवाहरलाल नेहरू और श्री सुभाषचन्द्र बोस अपने–अपने ढंग से देश के नौजवानों का आह्वान कर रहे थे। इस समय देश के नौजवानों के साहस, उत्साह और जोश को नज़रअन्दाज़ नहीं किया जा सकता था। हमारे नेता भी अपने जोशीले भाषणों से नौजवानों की शक्ति को गुमराह होने से बचाकर देश की आज़ादी हासिल करने की ओर मोड़ रहे थे। दिल्ली में यशपाल जी ने साथियों से सम्पर्क स्थापित कर लिया। पार्टी के पास इस समय रुपया था और कुछ कर डालने की बातें चल रही थीं। आज़ाद तथा अन्य साथी गड़ोदिया स्टोर की डकैती से सत्रह–अठारह हजार रुपया प्राप्त कर चुके थे।

देहली बम फैक्टरी की स्थापना

यशपाल जी दिल्ली में आकर विमलप्रसाद जैन, कैलाशपति तथा आज़ाद से मिले। आज़ाद और साथियों के सुझाव पर बमों का मसाला तैयार करने के लिये दिल्ली में मकान की ज़रूरत थी। विमल ने सदर बाज़ार—झंडेवालां में एकमंज़िला बड़ा मकान किराये पर ले लिया, जिसके नीचे के हिस्से में जूते बनाने वाले कारीगर रहते

थे। यह मकान बाज़ार से थोड़ा हटकर एकान्त में था। हम कुछ लोग इस मकान में रहने लगे। कैलाशपति कभी-कभी पर विमलप्रसाद जैन प्रतिदिन आते-जाते थे। बम का मसाला तैयार करने में सहायता के लिये यशपाल जी ने वात्स्यायन अज्ञेय को भी इस मकान में बुला लिया। मकान के मुख्य द्वार पर साबुन-तेल बनाने के कारखाने का बोर्ड लगा दिया-'हिमालयन टायलेट सोप फैक्टरी।' साबुन बनाने के कुछ सांचे भी तैयार करवाये गये और कुछ लेबल भी छपवाये गये। हमारे साथ सहयोग के लिये गिरवरसिंह और विमलप्रसाद जैन की पत्नी रूपवती भी कुछ दिनों के लिये आ गयीं। मेरठ के साथी सोहनलाल त्यागी भी फैक्टरी में हमारे साथ थे।

विमलप्रसाद जैन और कैलाशपति बमों के मसाले बनाने के लिये रसायन की बोतलें तथा अन्य सामान लाते थे। यशपाल, वात्स्यायन और मैं—हम तीनों फैक्टरी में मसाला तैयार करने में जुट गये। पिकरिक एसिड, गनकाटन इत्यादि तैयार हुए। दस्ताने पहन कर मसाले को धोने का काम मेरा था। मसाले के रंग से हाथ पीले और ज़हरीले हो गये। हाथों से कुछ खाना मुश्किल हो गया। कभी दूसरे साथी खिचड़ी बना देते थे। सायं खाना प्रायः बाहर खाते। ताज़ी हवा में घूमते। इन रसायनों से खांसी बहुत आती थी। काफी तादाद में पिकरिक एसिड तैयार हो गया। कमाल तो यह था कि रात-दिन काम करते हुए भी बाद में साथियों ने इलज़ाम लगाया कि हम मलाई, मक्खन, रबड़ी उड़ाते थे। गलतफहमियां पैदा करने और फैलाने की तो सीमा नहीं थी। वात्स्यायन और यशपाल जी ने मिलकर सैकड़ों बमों का मसाला सफलतापूर्वक तैयार कर लिया। इतनी सफलता पाने पर भी, इस प्रकार के गुप्त संगठन में कभी-कभी ऐसे व्यक्ति भी आ जाते जो खुद तो डरपोक और निकम्मे होते थे, मगर दूसरों को सफल होते देख जल उठते थे। यूं पार्टी में सभी पढ़े-लिखे समझदार व्यक्ति थे, पर कुछ लोग ऐसे भी थे जो खुराफात करने से चूकते नहीं थे और न चैन से काम करने देते थे। यह आपसी जलन ही गुप्त संगठन को बरबाद करने का कारण बनी। सुखदेवराज की बात मैंने पहले भी कही है। उसके कारण पार्टी को काफी नुकसान हुआ। वह रात-दिन आज़ाद और कैलाशपति से यह कहकर कान भरता कि हम मज़े कर रहे हैं, ऐयाश हो गये हैं लेकिन आज़ाद ने इस बात पर कभी हमसे कुछ नहीं कहा। मैंने तब तक आज़ाद को देखा नहीं था, बस उनका नाम सुनती आ रही थी।

कैलाशपति का संदेश

फैक्टरी में हम सब रात-दिन खूब काम कर रहे थे और अपनी सफलताओं पर बहुत खुश थे। एक दिन कैलाशपति यशपाल जी के पास संदेश लाये कि उन्हें कानपुर में सेन्ट्रल कमेटी की मीटिंग में भाग लेना है, जबकि हकीकत यह थी कि मीटिंग हो चुकी थी और कमेटी यशपाल जी को गोली से उड़ा देने का फैसला भी ले चुकी थी। कैलाशपति

ने यह भी कहा कि स्टेशन पर एक व्यक्ति यशपाल जी को लेने आएगा। यशपाल जी को कैलाशपति की नीयत पर कतई संदेह नहीं हुआ, क्योंकि कैलाशपति देहली के इंचार्ज थे। यशपाल जी कानपुर पहुंचे तो स्टेशन पर जिस व्यक्ति से मिलना था वह नहीं मिला। यशपाल सीधे वीरभद्र तिवारी के यहां पहुंचे। वीरभद्र ने मीटिंग तथा फैसले के बारे में यशपाल जी को बता दिया, क्योंकि वे खुद मीटिंग के इस एकतरफा फैसले से सहमत नहीं थे। यशपाल जी अगर उस मीटिंग के फैसले के समय हाथ आ जाते तो यह दिन उनकी मौत का होता। वीरभद्र से यह फैसला सुन यशपाल जी बौखला उठे और कानपुर से जो भी पहली ट्रेन मिली, उससे दिल्ली वापस आ गये।

यशपाल जी के कानपुर जाने के बाद विमलप्रसाद जैन ने वात्स्यायन को बता दिया कि यशपाल जी अब कभी वापस नहीं लौटेंगे। वात्स्यायन पार्टी के मेम्बर तो थे नहीं, वे चुप हो गये। पार्टी के सामने यशपाल जी को अपनी सफाई देने का मौका ही न दिया गया। हमारे नेता आज़ाद बहुत ईमानदार और बहादुर व्यक्ति थे। अपने साथियों पर सहज ही विश्वास कर लेते थे। हमारे गुप्त संगठन की कमज़ोरी का यह भी एक कारण था।

ज्योंही कैलाशपति ने यशपाल जी को फैक्टरी में जीवित वापस आते देखा, वह हैरान रह गया। यशपाल जी से कसकर झड़प हुई, पर यशपाल जी ने कमेटी का निर्णय पता होने के बारे में कुछ न बताया। बस यही कहा कि मुझे शक हो गया था कि किसी व्यक्ति ने मेरा पीछा किया है, इससे लौट आया हूं। यशपाल जी ने मुझे भी कुछ नहीं बताया।

कैलाशपति के आते ही यशपाल जी ने फैक्टरी छोड़ने की तैयारी कर डाली। मुझे अपने मित्र देवराज भल्ला के दरियागंज के मकान पर छोड़ा और स्वयं पिकरिक एसिड, गनकाटन तथा कपड़े समेटकर वात्स्यायन के नौकर बन रात की गाड़ी से लाहौर चले गये। यशपाल जी अनुशासन के बहुत कायल थे। उनके साथ क्या बीत रही थी, उन्होंने इसका मुझे पता तक नहीं चलने दिया। वह कहां जा रहे हैं, यह भी नहीं बताया। बाद में पता चला कि विमल ने हमारा पीछा हमारे रहने के स्थान—देवराज भल्ला के घर तक किया। चलते समय यशपाल जी ने सिर्फ यही कहा था कि मैं जल्दी लौटूंगा।

एक सप्ताह बाद मैं अचानक फैक्टरी पहुंच गयी। वहां देखा पार्टी के कई साथी मौजूद हैं। कैलाशपति और विमलप्रसाद जैन के अलावा चंद्रशेखर आज़ाद, सुखदेवराज, धन्वंतरी, सुशीला दीदी सभी थे। दुर्गा भाभी भी आ गयी थीं।

आज़ाद ने मेरी ओर बहुत घूर कर देखने के बाद डपट कर अधिकारपूर्वक पूछा, "यशपाल कहां है ?" मुझे पता ही नहीं था कि यशपाल जी कहां पर हैं। मैं उन्हें क्या बताती ? उन्हें विश्वास नहीं हुआ। उन्होंने फिर पूछा, "तुम्हारा यशपाल से क्या सम्बन्ध

है ?" भैया आज़ाद मुझे देख कर गुर्राते रहे। मैं चुप बैठी थी। मेरी समझ में नहीं आ रहा था कि माजरा क्या है और मुझसे इस तरह क्यों जिरह की जा रही है।

दूसरे दिन सुबह ही किसी के आने की आहट मिली। सुशीला दीदी ने दरवाज़ा खोला तो देखा यशपाल जी खड़े थे। वे बेहद तनाव की हालत में थे। उनका नाम सुनते ही मैं सीढ़ियों की ओर दौड़ आयी। मुझे देखते ही यशपाल जी मुझ पर बरस पड़े। बोले, "तुम यहां क्यों आयी ? उठाओ अपना सामान और चलो मेरे साथ !" अपना सामान लेकर मैं उनके साथ बाहर निकल आयी। सुशीला दीदी ने यशपाल जी से ऊपर आने के लिये कहा भी, पर सुनता कौन ! सुशीला दीदी को भी अभी तक वास्तविकता का पता न था।

देवराज भल्ला के घर पर पहुंच कर यशपाल जी ने पूरी दास्तान और पार्टी के फैसले के बारे में बताया। मैं तो सन्नाटे में आ गयी। लाहौर और कानपुर की आपबीती सुनकर मैं इस निष्कर्ष पर पहुंची कि यह सारा तूफान साथी सुखदेवराज का खड़ा किया हुआ है। हम दोनों के खिलाफ जलन के कारण वह सबको गलत बातें कहकर भड़काता रहता था। खुद वह बड़ा कायर था। पार्टी में भी वह सदा तोड़-फोड़ ही करता रहा। हैरानी इसलिये भी थी कि हम तो रात-दिन बमों का मसाला बनाकर, अपनी सेहत की बाज़ी लगाकर, काम कर रहे थे और वह हमीं लोगों के खिलाफ आज़ाद को भड़का कर अपना महत्व बढ़ा रहा था। यशपाल जी ने देवराज भल्ला के मकान पर मुझे न पाकर यही सोचा था कि मैं अब तक समाप्त हो चुकी होऊंगी।

गलतफहमी समाप्त

यशपाल जी तुरन्त साथी ख्यालीराम गुप्ता से घर पर मिले और चंद्रशेखर आज़ाद से भेंट करने के लिये उन्होंने समय तय किया। गुप्ता जी को मध्यस्थ करके यशपाल जी ने आज़ाद से सही बातें खुल कर बता दीं। आज़ाद ने माथा पीट लिया। उन्होंने महसूस किया कि मेरे साथी, जिन पर मैं विश्वास करता रहा, उन्होंने मुझे बेवकूफ बनाया। फिर सोच-विचार कर सब साथियों को संदेश भेजकर एक मीटिंग फैक्टरी में की गयी। सुशीला जी, दुर्गा भाभी, कैलाशपति, विमलप्रसाद जैन, सुखेदवराज, धन्वंतरी जो यशपाल जी के फैक्टरी में सुबह पहुंचने पर, फैक्टरी की छत पर सो रहे थे, सब इकट्ठे हुए। सब साथियों के सामने आज़ाद ने अपने सारे हथियार रख दिये और कहा, "इन्हें सब लोग बांट लो। मैं अपने ही साथियों के हाथों बेवकूफ बन गया। मैं अब किसी के साथ काम नहीं करूंगा।" आज़ाद बहुत खिन्न थे। मीटिंग के बाद वह फैक्टरी के छोटे से आफिस में मेरे पास आकर बोले, "सरला, (मुझे उस समय इसी नाम से पुकारा जाता था) मुझे माफ कर दो। मैंने अपना बड़ा कीमती साथी खो दिया

होता।" उनकी आंखों में आंसू छलछला आये। मैं खामोश रही। फैसले के बाद सब साथी अपने-अपने ठिकानों पर वापस लौट गये। फैक्टरी की बिल्डिंग खाली कर दी गयी।

चंद्रशेखर आज़ाद जिन्हें मैं 'मोटे भैया' कहती थी, एक ऐसी हस्ती थे, जो अधिक पढ़े-लिखे नहीं थे लेकिन उनके व्यक्तित्व का साथियों पर बड़ा दबदबा था और उनका आदर भी था। बड़े साफ दिल, निश्छल व्यक्ति। उन्हें अपनी जान की कभी चिन्ता नहीं थी। उनमें बस एक ही कमी थी कि वह कान के कच्चे थे। एकतरफा बात सुन कर बड़े से बड़ा फैसला लेने को तैयार हो जाते थे। हमारे कमांडर होने के नाते उन्हें दोनों पक्षों की बातें सुननी चाहिये थीं। मगर ऐसा होता नहीं था। झूठे-सच्चे आरोप सुनते ही वह तैश में आ जाते थे। गलत नीयत वाले इसका लाभ उठाते थे। वे तर्क करने से हिचकिचाते नहीं थे। उनकी लगन और बहादुरी में तो कोई संदेह नहीं था, केवल उनमें चतुराई नहीं थी जो एक नेता में होनी चाहिये यानि साध राजनीतिज्ञ।

साथियों की गलतबयानी से केन्द्रीय समिति भंग

आखिरकार ४ सितम्बर, १९३० को केन्द्रीय समिति भंग हो गयी। अब हमें अपना प्रबन्ध करना था। रहने का भी और व्यक्तिगत खर्च का भी। हम दोनों महाशय कृष्णजी के पास गये। वह हमेशा हमारी मदद करते थे। अब पूरी मदद की ज़रूरत थी। उन्होंने हमारा परिचय प्रभुदत्त शर्मा से करा दिया था। सुमित्रा दीदी से भी परिचय कराया। इन लोगों से हम मिलते-जुलते रहे लेकिन तत्काल व्यवस्था के ख्याल से हम दोनों वृंदावन में आचार्य जुगलकिशोर जी के पास चले गये। आचार्य जी तब राजा महेन्द्रप्रताप स्टेट के ट्रस्ट की देखभाल कर रहे थे। वे लाहौर नेशनल कालेज के प्रिंसिपल रह चुके थे। यशपाल जी और भगतसिंह इसी कालेज के विद्यार्थी थे। हम दोनों को देख आचार्य जी बहुत प्रसन्न हुए। यहीं पर आचार्य कृपलानी जी से भी हमारी भेंट हुई। बाद में कृपलानी जी भी व्यक्तिगत रूप से जब तब हमें याद करते रहे। आचार्य जी ने 'रानी' नाम मुझे यहीं पर दिया। किसी न किसी नाम से पुकारना ही था। यशपाल जी सदा इसी नाम से बुलाते थे। उनके निधन के बाद भी कुछ बुजुर्ग साथी मुझे इसी नाम से सम्बोधित कर बातें करते हैं।

एक और पुराने मित्र आचार्य जी के यहां मिल गये। यह थे मनोहरलाल खन्ना। यशपाल जी की माता मनोहरलाल खन्ना को बेटे की तरह ही प्यार करती थीं। मनोहर के माता-पिता मर चुके थे। मनोहरलाल भी लाहौर नेशनल कालेज में पढ़ते थे और आचार्य जी के शिष्य रह चुके थे। इस समय मनोहर राजा महेन्द्र प्रताप की स्टेट, जो बराल (बुलंदशहर) में थी, उस के मैनेजर थे। मनोहर को फार्मिंग का शौक था। हम दोनों वृंदावन से बराल चले गये।

दर्दभरी घटना का चित्र

यशपाल जी को शिकार का शौक था। बराल में चारों ओर हरे खेत थे और बड़े–छोटे पोखर थे। बराल के आसपास इन पोखरों में क्रेन नाम की लम्बी टांगों और गुलाबी परों वाली चिड़ियों की बहुतायत थी। एक दिन यशपाल जी बन्दूक लेकर निकल पड़े। उन्होंने एक चिड़िया पर बन्दूक चला दी। चिड़िया ज़ख्मी होकर गिर गयी। इस चिड़िया के जोड़े ने बड़ा विलाप किया। उसका दुःख देखकर यशपाल जी ने उसे भी मार दिया। इस घटना से उनका मन बड़ा खिन्न हुआ। इस दर्दभरी घटना का चित्र स्मृति से यशपाल जी ने जेल में चित्रित किया था। वह मेरे पास सुरक्षित है। इस चित्र में साथी के मरने पर दूसरा क्रेन विलाप कर रहा है।

यहीं बराल में यशपाल जी के कॉलेज के साथी रामधनसिंह भी मिल गये। यशपाल जी बहुत खुश हुए। रामधनसिंह कानपुर के लेदर वर्किंग स्कूल के विद्यार्थी थे। यह वही व्यक्ति थे, जिन्होंने पार्टी के लिए सीमा पार के लोगों से सम्पर्क जोड़ने की कोशिश की थी और उनसे हथियार प्राप्त करने का आश्वासन भी लिया था।

बराल में यशपाल जी और मैं कुछ दिनों तक मनोहरलाल खन्ना के साथ रहे परन्तु यशपाल जी को खाली हाथ बैठना पसंद नहीं था। वह साथियों से सम्पर्क कर कुछ कर डालने की चिंता में थे। यशपाल जी मुझे मनोहर के पास छोड़कर चले गये। मैं कुछ दिनों मनोहर के पास रही।

उड़ीसा के एक बहुत बड़े ताल्लुकेदार श्री दास से मनोहर की आत्मीयता थी। दास की पत्नी फ्रेडा अमरीकन थीं और मनोहर को अपने बेटे तथा विश्वस्त मित्र की तरह मानती थीं। वे उड़ीसा जा रहे थे। मनोहर ने मुझे भी श्री दास के साथ कलकत्ता, कटक तथा पुरी देखने के लिये भेज दिया। मुझे अंग्रेज़ी बिल्कुल नहीं आती थी। श्री दास के साथ मेरी बातचीत बिना सम्वादों के होती थी। सबसे पहले हम कलकत्ता पहुंच कर एक धनी बंगाली परिवार में ठहरे। उन लोगों ने मेरी बड़ी खातिरदारी की। भोजन में चावल, मछली, शाक–भाजी था। मेरे लिए यह सब खाना एक समस्या थी। मुझे मछली खाने का अभ्यास न था। चावल थाल में एक छोटी पहाड़ी के रूप में परोसा गया था। मैंने दो चम्मच चावल खाकर थाली सामने से हटा दी। यह खुद मुझे बुरा लगा। कितना भोजन बरबाद हो गया। पर मैं बेबस थी, मछली खा सकना सम्भव न था।

१९३० में भी कलकत्ता इतना बड़ा शहर तो नहीं पर बड़ा शहर था। कलकत्ता देखने का पहला मौका था। कलकत्ते में दो–तीन दिन ठहरने के बाद हम कटक आ गये। श्री दास के एक मित्र भी दास ही थे। वे कटक की राजनीति में खुलकर भाग ले रहे थे। वे कटक के प्रसिद्ध राजनीतिज्ञ थे। बाद में पता चला था कि कांग्रेस शासन के समय

वह मुख्यमंत्री हुए और यू.पी. के राज्यपाल भी रहे।

मैं इसी दास परिवार के साथ ठहरी। उनके परिवार में पत्नी और युवा बहन थी। दोनों सांवली-सलोनी। स्त्रियों के घुटने तक बाल। न मैं उनकी भाषा समझती थी न वे मेरी। भोजन वही चावल और मछली। उन्हें यह पता चल गया था कि मुझे चावल-मछली खाने का अभ्यास नहीं है। वहां पर चावल-मछली केले के पत्ते पर परोसा जाता था और उसे सुड़क कर खाया जाता था। मछली-भात का पानी कोहनियों तक चला जाता था और खाने वाले कोहनियों तक सुड़कते जाते थे। आटे का नामोनिशान नहीं था। मिल भी जाता तो रोटी कौन बनाता। किसी तरह सप्ताह भर वहां रहकर हम जगन्नाथपुरी के लिये रवाना हुए।

कटक में रहते समय महानदी देखने का सौभाग्य मिला। चांदनी रात में नदी किनारे मैं एक सीमेंट की बेंच पर बैठ गयी। चकवे-चकवी के बिछोह का आह्वान सुना। चकवे-चकवी के बिछोह की बात साहित्य में पढ़ी थी, पर महानदी के किनारे इस बिछोह को प्रत्यक्ष देखा और सुना। कटक से पुरी पहुंची तो सबसे पहले जगन्नाथ जी के मंदिर में दर्शन करने गयी। पांच पैसे का प्रसाद खरीदा। वहां प्रसाद दाल-भात के रूप में मिलता है। प्रसाद मांगने वालों की भीड़ जमा थी।

उस समय पुरी का समुद्री किनारा बड़ा आकर्षक था। जीवन में पहली बार समुद्र में स्नान किया। अब सुनती हूं वहां समुद्रतट पर बहुत परिवर्तन हो गया है। प्रसाद भी बहुत महंगा है।

पुरी या कटक में जहां कहीं भी नज़र गयी, लोग बेरी-बेरी रोग से पीड़ित मिले। टांगें मोटी और फूली हुईं। पूंजी के नाम पर हर एक के पास मसहरी ज़रूर होती थी, चाहे वे घर की छत पर सोये हों या बाज़ार में बंद दुकानों के पटरों पर। लगता है मच्छरों के कारण मसहरी एक आवश्यक अंग बन गयी थी।

मनुष्य के जीवन में कितने कड़वे-मीठे अनुभव अपने प्रांत और अन्य भाषी प्रांतों में होते हैं। जब अतीत की ओर नज़र दौड़ाते हैं तो कितना विरोधाभास मिलता है। उस वक्त का कलकत्ता, कटक, पुरी, दास परिवार, उनका रहन-सहन, खान-पान की स्मृति मेरे मन में है पर अब शायद वैसा दृश्य या वातावरण देखने को न मिले।

गरीबी की बात दादी-नानी से बचपन में सुनी थी। बड़े होने पर देखा भी। यह भी सुना था, गेहूं रुपये का मन भर मिलता था और १९३९ में अढ़ाई रुपये का मन भी देखा। गरीब तब भी थे और गरीब अब भी हैं जबकि आटा पांच रुपये का एक किलो है। लगता है, बदलती परिस्थितियों में भी गरीबी-अमीरी का अनुपात तो वैसे का वैसा ही है। आज़ादी से पहले और आज़ादी के बाद भी अमीर, अमीर होता चला गया और गरीब,

गरीब रह गया। आज सोचती हूं, हमने आज़ादी की लड़ाई में जान की बाज़ी क्या इसी 'सुराज' के लिये लगायी थी ?

हम समाजवाद का नारा देते आ रहे हैं। असली आज़ादी तो तभी होगी जब यह भेद मिटकर हर व्यक्ति को पेट भरने की सुविधा और अधिकार मिल जाएगा।

साथियों की गिरफ्तारी, हरिक्रृष्ण को फांसी, आज़ाद की शहादत

पुरी से लौटकर मैं मनोहर के पास आ गयी। मैं इसी प्रतीक्षा में थी कि यशपाल जी अपने सम्पर्क सूत्रों से सम्बंध जोड़ लें और ठहरने की व्यवस्था हो जाने पर मैं उनके साथ अपने ध्येय में जुट जाऊं। सम्पर्क सूत्रों की खोज और आर्थिक समस्या दोनों महत्वपूर्ण थे। पार्टी के किसी व्यक्ति के पास पैसा नहीं था। सब साथी अपने-अपने सोर्स पर निर्भर थे। उसी समय श्री जमनालाल बजाज ने एक चीनी मिल गोला गोकरननाथ में लगायी थी। इस मिल का एक फार्म गोला से चार-पांच मील दूर शारदा नहर के किनारे था। मनोहर इस फार्म का मैनेजर हो गया। इस फार्म के पास बड़ा ही घना जंगल था। सैकड़ों हिरन नहर पर पानी पीने आते थे। यहां बड़े शिकार भी मिल जाते थे।

मनोहर इस फार्म को बड़ी मेहनत से साफ करा रहे थे। एक बार शेर के आने की बात भी फार्म के लोगों ने बतायी। सैकड़ों मज़दूर काम कर रहे थे। एक दिन मज़दूरी देते समय मैं पास बैठ गयी। प्रति मज़दूर मज़दूरी पांच पैसे आठ घंटे दर के हिसाब से दी गयी। एक पैसा प्रतिघंटा भी न पड़ा। मज़दूरी की इतनी कम दर मैंने इस फार्म पर देखी।

धीरे-धीरे मिल का काम बढ़ता जा रहा था। सप्ताह में मनोहर के साथ एक दिन मैं भी मिल के दफ्तर में आयी। श्री जमनालाल बजाज के दामाद और बेटी कमला मिल की देखभाल कर रहे थे। आफिस के अन्य लोगों से मेरा परिचय मनोहर की इकलौती बहन के रूप में हुआ।

इस मिल में काम करने वाले मनोहर के मित्र घोषाल से भी परिचय हो गया। घोषाल को बड़ी जल्दी क्रोध आ जाता था। जैसे वह अपने काम में चतुर था वैसे ही शराब

पीने में भी। समझाने का कोई असर उस पर न होता था। भाग्य से वह एक सुन्दर बंगालिन युवती ब्याह लाया। बेचारी गरीब मां–बाप की बेटी थी। साहित्य की पुस्तकों में नारी के अर्ध–उन्मीलित नेत्रों की सुन्दरता के बारे में पढ़ा था। ऐसे अर्ध–उन्मीलित नेत्र साक्षात् देखकर मैं दंग रह गयी। मैंने ऐसा रूप और ऐसे नेत्र पहली बार देखे थे।

घोषाल नशे में इस रूपवती की ऐसी पिटाई करता था कि कुछ कहते नहीं बनता। घोषाल को बहुत समझाया पर नशा तो नशा ठहरा। आखिर तंग आकर वह इलाहाबाद अपने मां–बाप के पास चली गयी, और एक दिन उसने अपने शरीर पर मिट्टी का तेल डालकर आत्महत्या कर ली। जब मैंने सुना तो मुझे बड़ा क्रोध आया घोषाल की निर्दयता पर। वह रूप, वह अर्ध–उन्मीलित नेत्र सदा के लिये आग की भेंट हो गये। बस रह गयी निर्दयता की एक कहानी। आज भी उन अर्ध–उन्मीलित नेत्रों की छवि मेरी आंखों के सामने आ जाती है, और मैं आंखें मूंद कर उस स्मृति में खो जाती हूं।

मुंशीराम शर्मा और बलदेव चौबे से भेंट

पता चला कानपुर में यशपाल जी ने आज़ाद से सम्पर्क स्थापित कर लिया है। देहली में कैलाशपति तथा अन्य साथी गिरफ्तार हो गये थे। नवम्बर में धन्वंतरी भी गिरफ्तार हो गया। धन्वंतरी और सुखदेवराज एक तांगे पर चांदनी चौक से जा रहे थे कि पहचान लिये गये। यहां भी सुखदेवराज अपने साथी को छोड़कर खुद भाग निकला और दुकानों में छिपते–छिपाते बच गया।

मैं यशपाल जी के साथ कानपुर चली गयी। आज़ाद के निर्देशानुसार हम लोग श्री मुंशीराम शर्मा, जो उस समय गंगा किनारे परमट घाट पर रहते थे और डी.ए.वी.कॉलेज में पढ़ाते थे, हम दोनों उनके यहां जाकर ठहर गये। शर्मा जी ने ज़रा भी भय महसूस नहीं किया। उन्होंने हम दोनों को बड़े आदर–प्यार से अपने पास रखा। उस कठिन परिस्थिति में भी जिस निर्भीक ढंग से शर्माजी ने हमें अपनाया, उसके लिये मेरे पास शब्द नहीं हैं। उन्होंने साहित्य के क्षेत्र में अध्यापकी करते हुये बड़ा मान–सम्मान पाया है। मैं कई बार उनसे मिलकर अपनी श्रद्धा अर्पित कर उनकी दीर्घायु के लिये शुभकामना कर चुकी थी। उनके आदर और सम्मान में मैं नतमस्तक हूं। अब वह नहीं रहे।

कानपुर में जमने से पहले कुछ काम से हम दोनों को इलाहाबाद जाना पड़ा। वहां श्री बलदेव चौबे से भेंट हो गयी। चौबे जी लाहौर से ही यशपाल जी के पूर्व परिचित थे। वे भी नेशनल कॉलेज में थे। उस समय वह टंडन जी द्वारा स्थापित हिंदी विद्यापीठ में काम कर रहे थे। यह विद्यापीठ गंगा पार थी। हम चौबे जी के स्नेह को टाल नहीं सके। हम दोनों इस विद्यापीठ में चौबे जी की छत्रछाया में आठ–दस दिन रहे। हमारे पास गर्म

कपड़ों का अभाव था। चौबे जी ने सब प्रबन्ध कर दिया। चौबे जी की एक बिटिया भी थी। बहुत दिनों बाद जब चौबे जी एक बार आचार्य जुगलकिशोर जी के यहां लखनऊ में हीवेट रोड पर मिले तो गेरुआ वस्त्र पहन संसार से सन्यास ले चुके थे। बेटी की शादी हो गयी थी। चौबे जी बाद में भी कई बार मिले और सदा बड़े प्यार से मिलते रहे।

हंसराज वायरलेस का करिश्मा

यशपाल जी आज़ाद के सुझाव के अनुसार कुछ कर डालने के लिये हंसराज वायरलेस से चमत्कारिक शक्ति का पदार्थ प्राप्त करने के लिये उसकी खोज में कराची चले गये। हंसराज ने फिर उल्लू बनाया। कुछ ऐसा सामान उसने बनाकर दिया कि एक बोतल में भरे तरल पदार्थ से पांच सौ गज़ दूर तक पहुंचने वाली बिजली की लहरें उत्पन्न हो कर दूर रखे बमों का विस्फोट हो सकता था। यशपाल जी उसे ले तो आये पर जब आकर आज़माया तो कुछ भी विस्फोट नहीं हुआ। गुस्से में आकर उन्होंने हंसराज को दो चार मोटी–मोटी गालियां दीं और उस वायरलेस बोतल को दीवार पर मार कर फोड़ दिया। फिर कभी हंसराज का भरोसा नहीं किया।

यहां एक बात का स्पष्टीकरण आवश्यक है। प्रायः बमों का मसाला बनाने के सम्बंध में हंसराज वायरलेस का ज़िक्र आता है। वायसराय लार्ड इरविन की ट्रेन के नीचे जो बम रखे गये थे, उनका मसाला यशपाल जी ने तजुर्बे से, रोहतक के एक बंद कमरे में रहकर, सिर्फ एक जांघिया पहन कर बनाया था। कमरा बंद इसलिये किया गया था ताकि आसपास के लोगों को संदेह न हो। केवल जांघिया पहनने का कारण था, जो भाप एसिड पकाने से निकलती थी वह ज़हरीली होती थी और कपड़े भस्म कर देती थी। नंगे बदन की खाल पर से भी पतली झिल्ली टाइप का मांस निकलने लगता था। कपड़ों की कमी थी, इसलिये अधनंगे शरीर से ही काम करना पड़ता था; इससे कपड़े फटने से बच जाते थे। इसका खामियाज़ा यशपाल जी ने सारी उम्र भुगता। हंसराज वायरलेस साइंस के थोड़े से ज्ञान के आधार पर जादू के करिश्मे दिखाकर सबको प्रभावित करता था। वह यशपाल जी और आज़ाद दोनों को अपने जादू के चक्कर में फांसे था पर उसका रहस्य शीघ्र खुल गया।

काफी अरसे बाद हंसराज अपना जादू का करिश्मा दिखाने लखनऊ आया। गंगाप्रसाद हॉल में उसने करिश्मे दिखाने आरम्भ किये और प्रदर्शन द्वारा लोगों को आकर्षित करने का प्रयत्न किया पर साइंस के कुछ विद्यार्थियों ने ज़मीन में छिपाये तार खोज कर 'वायरलेस' का रहस्य प्रकट कर दिया और उसके प्रदर्शन की धज्जियां उड़ा दीं। वह शीघ्र ही लखनऊ छोड़कर लौट गया।

इसी प्रकार सिंध प्रांत की जेल से रिहा होने के बाद रोज़ समाचार छपते थे कि

वह कई तकलों वाला चरखा बना रहा है। ज्योंही वह चरखा गांधी जी के पास ले जाने की खबर अखबार में छपती, उसका चरखा चोरी हो जाता। इस प्रकार कई बार उसके झूठे बयान अखबारों में छपे। चरखा कभी गांधी जी के पास न पहुंच सका। उसने क्रान्तिकारियों और गांधी जी, दोनों को ही बेवकूफ बनाया।

आतिशीचक्कर और लाहौर के साथियों की गिरफ्तारी

लाहौर के साथियों ने इस समय संघर्ष तेज़ कर दिया था। सन् १९३० के नवम्बर में लाहौर के साथियों ने अलग से आतिशीचक्कर का आयोजन कर कई स्थानों पर दहशत पैदा करने के लिये छोटे-छोटे विस्फोट किये। सरकार को चुनौती देने के लिए 'जीना है तो मरना सीखो' के नाम से परचे भी छपवाकर बांट दिये। ब्रिटिश सरकार नौजवानों की हरकतों से काफी परेशान थी। लाहौर के साथी करना तो बहुत कुछ चाहते थे पर उनके पास पैसा नहीं था। ऐसी हालत में लाहौर से भाग निकलना भी मुश्किल था। हंसराज वायरलेस ने इन्हें भी आश्वासन दिये, साथ कभी न दिया। कुछ दिनों बाद कई साथी गिरफ्तार हो गये। इंद्रपाल, जहांगीरीलाल, कुन्दनलाल, जयप्रकाश फिर धर्मपाल (यशपाल का छोटा भाई) भी पकड़ लिया गया। मेरा नाम इस दूसरे कांस्पिरेसी केस में भी था।

लॉर्ड इरविन की ट्रेन पर बम विस्फोट के सम्बंध में यशपाल जी को पकड़ने के लिये बीस हजार का इनाम रखा गया था। स्थान-स्थान पर बड़े-बड़े पोस्टर लगे थे। इसी प्रकार के पोस्टर दिल्ली कांस्पिरेसी केस के फरारों को पकड़ने के लिये भी छपे थे। दिल्ली के मुख्य अभियुक्तों में यशपाल जी का नाम था। इन साथियों में मेरा नाम, सम्पूर्णसिंह टंडन तथा अन्य साथियों के नाम और हुलिये भी थे। यशपाल जी पर तीन हजार का इनाम था और बीचों-बीच बड़ा फोटो पोस्टर पर छपा था।

पंजाब गवर्नर पर गोली : हरिकृष्ण को फांसी

सन १९३० दिसम्बर में एक हादसा और हो गया। देश में इस समय राजनीतिक वातावरण बड़ा निराशाजनक हो गया था। महात्मा जी का असहयोग आंदोलन बहुत ढीला चल रहा था। आज़ाद तथा साथी कानपुर में कुछ करने की सोच रहे थे, पर कुछ कर न पाये थे। एक पेशावरी जवान हरिकृष्ण ने पंजाब में बड़ी हिम्मत दिखायी। २३ दिसम्बर, १९३० को पंजाब विश्वविद्यालय का दीक्षांत समारोह था। समारोह की अध्यक्षता पंजाब के गवर्नर सर जियाफ्रे दी मांटमरेंसी कर रहे थे। दार्शनिक डाक्टर राधाकृष्णन ने भाषण दिया। हरिकृष्ण दीक्षांत भवन में पहुंच चुका था। दीक्षांत समारोह के समाप्त होते ही विद्वान लोग जुलूस के रूप में सभा भवन से बाहर जाने लगे। हरिकृष्ण ने कुर्सी पर खड़े होकर दो गोलियां गवर्नर मांटमरेंसी पर दाग दीं। गवर्नर घायल होगया।

इतने में राधाकृष्णन सामने आ गये। हरिकृष्ण ने गोली चलाना रोक दिया। इंसपेक्टर चाननसिंह ने उसे पकड़ना चाहा तो हरिकृष्ण ने उसे वहीं ढेर कर दिया। रिवाल्वर खाली होने पर पुलिस ने उस पर काबू पा लिया। हरिकृष्ण को फांसी की सज़ा हो गयी।

हरिकृष्ण की दादी जेल में भेंट करने आयी तो उसने कहा—"बेटा, बहुत हौंसले के साथ फांसी के तख्ते पर चढ़ना।"

"चिंता मत कर दादी, शेरनी का पोता हूं। मौत को भी लज्जित कर दूंगा।"

हरिकृष्ण को फांसी की सज़ा २६ जनवरी, १९३१ को लाहौर के सेशन जज द्वारा सुना दी गयी और ९ जून, १९३१ को लाहौर की मिंयावाली जेल में प्रातः ६ बजे हरिकृष्ण को फांसी दे दी गयी।

हरिकृष्ण के साथ कई लोग पकड़े गये, जिनमें मुख्य दुर्गादास खन्ना और 'मिलाप' सम्पादक महाशय खुशहालचंद के पुत्र रणवीर भी थे। इसके अलावा श्री चमनलाल हिन्दुस्तान टाइम्स के प्रतिनिधि थे। यह बाद में गेरुआ वस्त्र धारण कर सन्यासी हो गये। दुर्गादास खन्ना से हमारा पारिवारिक सम्बंध था। इन तीनों को फांसी की सज़ा हुई। महाशय खुशहालचंद और खन्ना परिवार का लाहौर में काफी प्रभाव था। इस परिवार में मेरी बहन (चाचा की लड़की) ब्याही थी। लाहौर के प्रसिद्ध वकील तीर्थराम का यह परिवार था। पूरे परिश्रम से तीनों नौजवान बरी हो गये। हरिकृष्ण को फांसी हो गयी।

इसी तरह एक और घटना १३ मार्च, १९४० में लंदन में घटी। ब्रिटिश सरकार के भारतीय मामलों के मंत्री लार्ड जेटलैंड जो बम्बई के गवर्नर रह चुके थे, और मार्शल–ला के दिनों में पंजाब के गवर्नर सर माइकल ओ डायर पर ऊधमसिंह ने लंदन में कई गोलियां दाग दीं। लार्ड जेटलैंड तो घायल हो गये किन्तु सर माइकल ओ डायर वहीं ढेर हो गये। इस बहादुर ने बीस वर्ष पूर्व की गयी प्रतिज्ञा पूरी कर जलियांवाले बाग के नर–संहार का बदला ले लिया।

महात्मा गांधी ने ऊधमसिंह की इस कुर्बानी की सख्त शब्दों में निंदा की। लंदन में आकर इन दोनों पर गोली चलाना ब्रिटेन के लिये एक चुनौती थी। ऊधमसिंह को फांसी की सज़ा दे दी गयी।

यशपाल की माता प्रेमदेवी का लाहौर के आर्यसमाजी परिवारों से, खासकर महात्मा हंसराज और महाशय खुशहालचंद जी के परिवार से बड़ा मेलजोल था। ये परिवार माता जी की बड़ी इज्ज़त करते थे। माता जी के दोनों लड़के फरार थे। महाशय हंसराज के परिवार ने लाहौर के महिला कॉलेज के होस्टल में माता जी को सुपरिंटेंडेंट के पद पर नियुक्त कर दिया। माता जी पर उनका अटूट विश्वास था। मिस प्रेमवती थापड़ इस कॉलेज की प्रिंसिपल थीं। इन परिवारों ने माता जी को बहुत सहारा दिया।

कुल मिलाकर माता जी ने चालीस वर्ष काम किया और आर्यसमाज का तो बहुत प्रचार किया।

आज़ाद की शहादत

हमारे मित्र रामधनसिंह इस समय कानपुर के लैदर वर्किंग स्कूल में विद्यार्थी थे। रामधनसिंह से भेंट कर एक अलग मकान की व्यवस्था के लिये कहा गया तो उन्होंने चुन्नीगंज मुहल्ले की पहली मंज़िल पर एक क्वार्टरनुमा फ्लैट किराये पर ले लिया। मैं और यशपाल जी रामधनसिंह के साथ रहने लगे।

चुन्नीगंज मुहल्ले के मकान में आज़ाद प्रायः रोज़ ही आते थे। कभी–कभी स्नान कर भोजन भी करते थे। अरहर की दाल और चावल बेहद पसंद थे। दरवाज़े में घुसते ही गुनगुनाते थे—'मां हमें विदा दो, जाते हैं हम विजयकेतु फहराने आज !' इस मकान में दो कमरे थे। एक हमारे पास, एक रामधनसिंह के पास। ज़मीन पर गद्दा डालकर चादर बिछा दी थी। यहीं आकर आज़ाद बैठते थे और कभी मेरी पीठ पर आठ–दस घूंसे जमा देते और कहते—'क्या समझती है टुइयां, हम बंदरिया का नाच नहीं नाचेंगे। जीते जी पुलिस के हाथ नहीं आयेंगे।'

भैया बहुत खुशमिज़ाज व्यक्ति थे। खूब हंसते थे और खूब हंसाते थे। दीवार पर एक कागज़ पर स्याही से गोला बनाकर बीच में बिंदी लगा देते और कहते, 'लगाओ निशाना।' छर्रेवाली हवाई पिस्तौल मेरे हाथ में दे देते। मैं निशाना अच्छा लगाने लगी थी। एक छोटी भरी पिस्तौल मैं सदा अपने बदन पर रखती थी। इसी प्रकार यशपाल जी ने भी पार्टी में आते ही दिल्ली में प्रैक्टिस करायी थी।

इसी प्रसंग में एक घटना याद आ गयी। जिस समय हम दोनों वात्स्यायन और देवराज के साथ डलहौज़ी के कहीं आस–पास घूमने गये तो तेज़ वर्षा आ गयी। पहाड़ों पर जगह–ज्गह चाय की छोटी–छोटी दुकानें मिलती हैं। वहीं पर थोड़ा बैठने का स्थान भी रहता है। हम चारों एक दुकान पर बैठकर चाय पीने लगे। हम में से किसी ने एक सिगरेट दीवार में लगा दी। हमारे पास हवाई पिस्तौल थी। बारी–बारी से हम चारों ने निशाना लगाया। सबका निशाना चूक गया, पर मैंने सिगरेट को छेद दिया। दुकान पर सब बैठे लोगों ने वाह–वाह में ताली बजा दी। यहां यह कहना चाहूंगी कि मैं कोई सधी हुई निशानेबाज़ नहीं थी। सिगरेट पर निशाना लगाना आसान नहीं, पर संयोग था कि मेरा निशाना सही लग गया।

आज़ाद चुन्नीगंज में कई बार रात को देर–सबेर भी आते थे। उस परेशान हालत में वे यशपाल जी को अपने साथ कहीं ले जाया करते थे। वे लोग कहां जाते थे, यह मैंने कभी नहीं पूछा।

यशपाल जी तथा सुरेन्द्र पांडे को रूस भेजने की बात चल रही थी। आज़ाद क्रांतिकारी देश रूस से सम्पर्क रखने के लिए बड़े उत्सुक थे। रामधनसिंह के सूत्र पेशावर के आगे की सीमा पर थे। रामधनसिंह के बताये पते पर विदेश जाने के सम्बंध में यशपाल जी खुद भी बात पक्की करने के लिए पेशावर गये थे। वहां के खान ने अपने बगीचे के ब्लड रेड माल्टे और थाली की शक्ल में जमा गुड़, जिसमें शीशा जड़ा था और ढेरों बादाम, अखरोट की गिरियां जमी हुई थीं, भेंट में दिये। ऐसा गुड़ मैंने पहली बार देखा और खाया था।

अचानक एक दिन आज़ाद चुन्नीगंज के मकान पर आये और बताया कि दो–चार दिन के लिये बाहर जा रहे हैं। इधर यशपाल जी भी इलाहाबाद चले गये। भइया के शहीद होने के दूसरे दिन ही लौट आये और चुपचाप बैठ गये। कुछ देर बाद बताया, मोटे भैया २७ फरवरी, १९३१ के दिन इलाहाबाद के एलफ्रेड पार्क में पुलिस से मुठभेड़ में शहीद हो गये। सुखदेवराज भाग गया। इस दुःख–भरी खबर पर विश्वास न होता था। शहादत सुन आंसुओं की झड़ी लग गयी।

मार्च १९३१ में गांधीजी और वायसराय लार्ड इरविन में समझौता हो गया था। शाही कैदी तथा अन्य कैदियों को रिहा कर दिया गया था। भगतसिंह और साथियों को फांसी की सज़ा सुनायी जा चुकी थी। गांधी जी ने अपना असहयोग आंदोलन वापस ले लिया था। इस सबसे जनता खुश नहीं थी।

अक्टूबर १९३० में हमारा साथी कैलाशपति दिल्ली में गिरफ्तार हो गया था और मुखबिर बन गया था। उसके मुखबिर बनने से धीरे–धीरे कई अन्य साथी भी गिरफ्तार हो गये। मई १९३१ में देहली कांस्पिरेसी केस की सुनवायी आरम्भ हुई थी। इस केस में विमलप्रसाद जैन, गिरवरसिंह, ख्यालीराम गुप्ता, नंदकिशोर निगम, वात्स्यायन तथा कई अन्य साथी पकड़े जा चुके थे। मैं और यशपाल जी इस केस के मुख्य अभियुक्त थे।

भैया आज़ाद के जाने से यशपाल जी बहुत दुःखी और खिन्न थे। चुप कैसे बैठते। लगातार सोच में थे। जहां कुछ कर डालने का प्रश्न था, वहां आर्थिक समस्या भी सामने थी। यशपाल जी प्रबंध के लिये दिल्ली चले गये। मैं कानपुर में साथी रामधन के साथ थी।

भगतसिंह और साथियों को फांसी, कानपुर का दंगा और गणेशशंकर विद्यार्थी की शहादत

अभी भैया की शहादत को एक मास भी न बीता था कि २३ मार्च, १९३१ की दोपहर बाद गरमागरम खबर शहर में फैल गयी—भगतसिंह, राजगुरू, सुखदेव को फांसी

लग गयी। शहर में बड़ी हलचल और बेचैनी थी। इस बेचैनी और शहर के माहौल की अफवाहें सुन ही रहे थे कि हिंदू-मुस्लिम दंगा होने की खबर सुनी। सब तरफ मारकाट शुरू हो गयी। बाज़ार, दुकानें बंद कर लोग अपने-अपने घरों पर वापस दौड़े आ रहे थे। भैया के शहीद होने के बाद हमने चुन्नीगंज का मकान छोड़ दिया था।

ब्रिटिश सरकार के प्रति जनता में बड़ी नफरत थी, पर सरकारी पिट्ठुओं और पुलिस ने अपने प्रति नफरत को हिंदू-मुस्लिम दंगे की शक्ल दे दी। इस दंगे से पूरा शहर आतंकित हो गया। हम लोग रात भर सो नहीं पाये। इस समय हम लोग प्रेमनगर मुहल्ले में रह रहे थे। मैं और रामधनसिंह पिस्तौल की गोलियां भर कर रात भर छत पर बैठे रहे। हमला होने के संदेह में हवा में गोलियां भी चलानी पड़ीं।

मुहल्ले के कुछ लोगों ने औरतों और बच्चों को एक मकान में इकट्ठा कर दिया और स्वयं चौकीदार बन सब की हिफाज़त की, पर दूसरे ही दिन सब औरतों को उनके घरों में पहुंचा दिया। उस दिन तो और भी तूफान आ गया। श्री गणेशशंकर विद्यार्थी शहीद हो गये। इसी समय शहर की तूफानी और दंगे की भयंकर स्थिति में यशपाल जी दिल्ली से प्रेमनगर के मकान पर पहुंच गये। रामधनसिंह हमें साथ लेकर तुरंत लेदर वर्किंग स्कूल के सुरक्षित स्थान पर आ गये। प्रेमनगर में रहते समय एक घटना हो गयी, जिसे मैं कभी नहीं भूल पायी। एक दिन अपने घर के पड़ोस में निमंत्रण मिलने पर मैं पड़ोसी के घर पर मिलने गयी। पहली बार कायस्थ परिवार में औरतों के रहन-सहन को देखा। घर की मुखिया मालकिन के सिवाय सब जवान बहुओं के मुख घूंघट से ढंके थे। प्रौढ़ स्त्री का पल्ला भी माथे से कुछ नीचे खिंचा रहता था। मैं उनकी बहुओं की शक्ल देख न पायी। हो सकता है घूंघट में से उन्होंने मुझे देखा हो। वह बुजुर्ग स्त्री मेरे पास आकर बैठी। कुछ देर बैठने के बाद पान और काले रंग के दानों की शक्ल की कोई चीज़ मेरे सामने रखी। मैने पान लिया और ढेर सी काली चीज़ मुंह में डाल ली। एक सेकेंड में ही वह चीज़ मेरे कलेजे को काटती पेट में चली गयी और मैं बेहोश हो गयी। स्त्रियां घबरा गयीं। यह काले दाने तम्बाकू के थे। मैंने तम्बाकू खाते कभी किसी को न देखा था और न कभी तम्बाकू ही देखी थी।

उस समय पंजाब में पान शादी-ब्याह में ही खाने का रिवाज़ था। मिसरी और इलायची साथ में दी जाती थी। सोचा, शायद यह काले दाने भी पान के साथ यहां खाये जाते होंगे। पड़ोस में घर पर सूचना दी गयी, पानी पिलाया गया, उल्टियां कराई गयीं। बहरहाल चौबीस घंटे तक मुझे चक्कर आते रहे।

भगतसिंह, सुखदेव, राजगुरू की शहादत के दिन कानपुर में हजारों ज़ख्मी हुए, मारे गये। दुकानें लुटीं, जलायी गयीं। घर बरबाद हुए। इस सब का हिसाब लगाना कठिन था। दोनों वर्गों का नुकसान हुआ। काफी संख्या में लोग मारे गये, पर इस

वहशियत ने हमारे बीच से गणेशशंकर विद्यार्थी जैसे महान व्यक्ति को उठा लिया। ब्रिटिश सरकार का 'बांटो और राज करो' सिद्धांत यहां भी सफल हो गया। शहीदों का मातम मनाने के स्थान पर हम आपस में लड़कर मातम मनाने लगे।

भैया आज़ाद की शहादत के बाद कानपुर में रहना व्यर्थ था। हमें व्यक्तिगत आवश्यकताओं और सम्पर्कों की चिंता करनी थी। यशपाल जी दिल्ली जब भी जाते थे, प्रभुदत्त शर्मा और सुमित्रा दीदी से मिलते रहते थे। सुमित्रा दीदी काफी आर्थिक सहायता देती रहती थीं। प्रभुदत्त शर्मा अजमेरी गेट के अंदर चावड़ी बाज़ार के करीब रहते थे। बहुत बड़ा बाप-दादा का मकान, बड़ा लम्बा-चौड़ा परिवार : दादा-दादी, माता-पिता, चाचा-चाची, उनका परिवार, बहन-भाई तथा कई बच्चे थे। पूरे घर में बड़ी चहल-पहल रहती। प्रभुदत्त शर्मा भारत के प्रथम ट्रेनिंग लिये सिविल पायलट थे। वायसराय की स्पेशल डाक जोधपुर, कराची लेकर जाते थे। प्रभुदत्त के पास अपनी एक पुरानी मोटर थी। ज़रूरत पड़ने पर यशपाल जी को जहां जाना होता था पहुंचा देते।

इस मकान में प्रभु के साथ मुझे कुछ दिन रहने का मौका मिला था। प्रभु की नई शादी हुयी थी। पत्नी चित्रकार थी। ड्राइंग में हाथ बहुत साफ था। यशपाल जी की गिरफ्तारी के बाद शर्मा जी ने मेरी बीमारी में बहुत मदद की थी। यह मैं यथाप्रसंग बताऊंगी। शर्मा जी के छोटे भाई भी पायलट थे। कराची से दोनों भाई एक ही समय में दिल्ली और जोधपुर के लिये हवाई जहाज़ लेकर उड़े। भाग्य की विडम्बना—किसी कुचक्र के कारण थोड़ी दूर उड़ने के बाद दोनों जहाज़ दुर्घटनाग्रस्त हो गये और दोनों भाई मारे गये।

कुछ समय बाद मैं इस अजमेरी गेट वाले मकान में उनके परिवार से भेंट करने गयी थी। लगता था इस मकान में भूत नाच रहे हैं। माता-पिता, चाचा-चाची कहीं चले गये। दादा-दादी की मुत्यु हो गयी, दोनों भाई मारे गये। परिवार बिखर गया। केवल प्रभु के ताऊ इतने बड़े घर में अकेले थे। घर खाने को दौड़ रहा था। यह दूसरा परिवार था जिसे उजड़ते मैंने अपनी आंखों से देखा।

दूसरी सम्पर्क थी—सुमित्रा दीदी। बारहखम्भा रोड पर श्री नारायणदत्त ठेकेदार की बड़ी कोठी अब भी है। नारायणदत्त जी का नाम उस समय दिल्ली के प्रसिद्ध ठेकेदारों में से था। पार्लियामेंट भवन,, राष्ट्रपति भवन को बनाने में बड़ा नाम और धन कमाया। उस समय नयी दिल्ली में कनाट प्लेस और बारहखम्भा रोड की बड़ी शान थी। कनाट प्लेस और कनाट सर्कस की बड़ी-बड़ी दुकानों से खरीददारी करने वाले अधिकतर अंग्रेज़ अफसर और बड़े-बड़े रईस राजा-महाराजा थे। नयी दिल्ली की सड़कें बहुत साफ-सुथरी थीं और भीड़ भी बहुत कम होती थी। गंदगी करने पर नकद दंड की व्यवस्था थी। नारायणदत्त जी का परिवार पहले कनाट प्लेस के किसी फ्लैट में था। फिर शानदार

कोठी के तैयार होने पर सब परिवार बारहखम्बा रोड पर आ गया। यह परिवार पक्का आर्यसमाजी, पर उदार विचारों का था। सुमित्रा दीदी नारायणदत्त जी की लाड़ली छोटी बेटी थीं और यशपाल जी की बड़ी इज्ज़त करती थीं। यशपाल जी को दीदी से बहुत स्नेह मिला। विवाह के बाद दीदी जमशेदपुर चली गयीं। अब दिल्ली में हैं।

प्रभुदत्त शर्मा ने दिल्ली में परेड ग्राउंड के सामने एक छोटा सा मकान मेन रोड की पिछली गली में हमारे लिये किराये पर ले लिया। दिल्ली में इस मकान में हम दो मास रहे। कानपुर शूटिंग का हादसा इसी मकान में रहते हुआ। कानपुर में अपने साथियों को गिरफ्तारी से बचाने के लिये यशपाल जी को गोली चलानी पड़ी। सी.आई.डी. के दो सिपाही गंभीर रूप से घायल हो गये, शेष सिपाही उन्हें छोड़कर भाग गये। इसका ब्यौरेवार वर्णन यशपाल जी के संस्मरण 'सिंहावलोकन' में है।

गुरूदत्त जी से भेंट

दिल्ली में एक दिन गुरुदत्त जी मिल गये। ढेरों पुस्तकों के लेखक और सफल वैद्य, एक समय गवर्नमेन्ट स्कूल फिर नेशनल स्कूल के हेड मास्टर रह चुके थे। यशपाल जी के गुरू, आपस में अच्छा परिचय भी था। क्रान्तिकारियों से सहानुभूति थी। उस समय गुरुदत्त जी राजा साहब अमेठी श्री रणंजयसिंह के सेक्रेटेरी थे और सपरिवार अमेठी में रहते थे। जब यशपाल जी के विदेश जाने की बात सुनी थी तो मुझे अपने पास रखने को तैयार हो गये थे। दिल्ली का मकान छोड़ने पर बाद में गुरुदत्त जी के साथ कुछ दिन अमेठी में रहने के लिये आयी थी। अमेठी जाते समय गुरुदत्त जी लखनऊ रुके और हम लोग अमीनाबाद के किसी होटल में ठहरे थे।

उस समय लखनऊ की बड़ी शान थी। खुले-खुले बाज़ार, अदब से आदाब, बात करने का निराला सलीका। मुझे तब तक पंजाबी बोलने का अभ्यास था। हिन्दी और खासकर लखनऊ की जुबान में बातचीत का अभ्यास बहुत कम था। लखनऊ के तकल्लुफ के सामने मुझे अपना मुंह बन्द रखना पड़ता था। धीरे-धीरे अभ्यास से मैं यहां की जुबान सीख गयी थी। गुरुदत्त जी के साथ अमीनाबाद की सैर की और मशहूर दुकान 'सुंदरसिंह शर्बत वाले' के यहां से शरबत पिया। अब दुकान है नाम नहीं, पर उनके परिवार से अच्छा परिचय है। मैं गुरुदत्त जी के परिवार के साथ कुछ दिन अमेठी में रही। राजा साहब के कभी दर्शन न हुए।

सन् १९३५ में जब मैं हिंदू विश्वविद्यालय में पढ़ रही थी, उस समय मित्र विद्या वाजपेयी के साथ कालेज में छुट्टियों के अवसर पर उनके घर गनेशगंज, लखनऊ में आकर रही थी। लखनऊ उस समय बड़ा खुला-खुला बसा हुआ था। विद्या के पिता ऑनरेरी मजिस्ट्रेट थे। धनी और नामी परिवार। विद्या के पिता का घर और मुहल्ले में

बड़ा रोब था। परिवार में जवान भाई-बहन। उस समय मकान में बड़ी रौनक थी।

विद्या की मां ने सन्यास ले लिया था। वह प्रायः हरिद्वार में रहती थी लेकिन उस समय वह अपने घर पर थीं। छोटा भाई संगीत का शौकीन, सितार सीख रहा था। वह सदा कुछ न कुछ टुनटुनाता रहता था। ऊपर की बरसाती में लेटे एक अधेड़ व्यक्ति से मेरा परिचय कराया। बाद में पता चला कि वे उनके पिता के मित्र पंडित वेंकटेशनारायण तिवारी थे। मैं सप्ताह भर रह कर इस परिवार से खूब हिलमिल गयी। यशपाल जी की रिहाई के बाद लखनऊ में डेरा जमाते समय इस परिवार से फिर अलग परिस्थितियों में भेंट हुई।

राजा साहब अमेठी के दर्शन पैंतालीस वर्ष बाद महानगर, लखनऊ में हमारे घर पर हुए। वे यशपाल जी से प्रायः मिलने आते थे। साहित्य से उनका अटूट लगाव था। तब उनसे मेरी भेंट केवल एक ही बार हुई थी। यशपाल जी के निधन के बाद उस सौम्य और भव्य मूर्ति के कई बार दर्शन हुए। प्रेस उजड़ने की घटना सुनकर वे आये और चेक बुक मेरे सामने कर दी। आभार मान मैंने चेकबुक बंद कर श्रद्धा से प्रणाम किया। राजा साहब से मिलकर मुझे सदा अच्छा लगता था। अमेठी आने का प्रायः न्योता मिलता था।

कुछ दिन गुरुदत्त जी के पास अमेठी में रहने के बाद कारणवश मुझे दिल्ली आना पड़ा। समाचार मिलने पर कि यशपाल जी सुमित्रा दीदी के पास मसूरी गये हैं, मैं भी पहुंच गयी। मैं मसूरी में केवल दो दिन ठहरी। छोटे स्थान पर बहुत लोगों के मिल जाने का भय था।

मसूरी में पहली बार

१९३१ में पहाड़ों की रानी मसूरी का बहुत नाम था। पांच-छः हज़ार फुट की ऊंचाई पर सैलानियों का जमघट। ऐसी सजी-धजी बस्ती इतनी ऊंचाई पर देखने का पहला अवसर था। उस समय अंग्रेज़ अफसरों के परिवार मसूरी में लगभग बारहों मास रहते थे। अंग्रेज़ों का मुकाबला करने वाले भारतीय परिवारों के ठाठ भी कम न थे। मसूरी की बस्ती में मौसमी फूलों की बहार थी। होटलों और दुकानदारों की चांदी थी। अंग्रेज़ अफसरों की होड़ करने और उन्हें खुश करने वाले अफसरों और महाराजाओं के तेवर भी कम न थे। मसूरी की बड़ी शान थी। साफ-सुथरी सड़कें। जिस किसी बंगले की ओर नज़र उठती, बहार नज़र आती। शाम के वक्त सैर करने का बड़ा मज़ा आता। भीड़ की ठेलमठेल में मुक्त हंसी के फव्वारे छूटते।

मसूरी में सैर करते समय कुमारी शकुन्तला सूरी और उनकी बहन राजरानी के साथ भेंट हो गयी। उनका इरादा कुछ दिन देहरे में मकान लेकर विश्राम करने का था। राजरानी की गोद में एक वर्ष का बच्चा भी था। उनके निमंत्रण पर हम देहरे आ गये।

देहरादून के खुरबरे मुहल्ले में एक मकान किराये पर ले लिया। यह मकान पहाड़ी नदी बंदाल के किनारे पर था। कुछ दिन यहां रहकर हम लोग नयी तथा खुली बस्ती लक्ष्मण चौक आ गये। इस मुहल्ले में बस्ती कम थी और मकान सस्ते थे। देहरे की नयी बस्तियों में जहां मकान अभी बहुत कम बने थे, चोरों के जबर्दस्त अड्डे थे। हमें यह सब कुछ भी मालूम नहीं था और हमारे पास खोने को कुछ था भी नहीं। तिस पर सब कुछ खो दिया।

इस समय देहरादून के सब बड़े-बड़े बंगले अंग्रेज़ अफसरों के लिये सुरक्षित रहते थे। सड़कें साफ-सुथरी, भीड़ बहुत कम। संध्या में इन सड़कों पर घूमना बहुत सुखद अनुभव था। मसूरी की रोशनी का दृश्य देहरादून से आज भी बहुत सुन्दर दिखायी देता है। दूर से लगता है—पृथ्वी पर आकाश गंगा में भंवर आ गया है।

लक्ष्मण चौक के इस मकान में हम दोनों, शकुन्तला और राजरानी के अलावा लाहौर से हमारे मित्र सरदार जसवंतसिंह भी आ गये। श्रीकृष्ण सूरी से भेंट भी इसी मकान में हुई। शकुन्तला सूरी कन्या गुरुकुल में पढ़ाती थीं। देहरे में उनकी काफी जान-पहचान थी। कुमारी शकुन्तला भार्गव से हमारा परिचय यहीं हुआ। भेंट-पहचान असली नामों से नहीं रखे हुए दूसरे नामों से हुई। हम लोग यहां देहरे में काफी घूमे-फिरे।

एक रात इस लक्ष्मण चौक के मकान में चोर घुस आये। हम सब लोग ऊपर छत पर सो रहे थे। प्रातः उठते ही सरदार जसवंतसिंह नीचे कमरे से कुछ लेने आये तो देखा सब बक्से कमरे से गायब हैं। जिज्ञासा भरी नज़र इधर-उधर दौड़ायी। पीछे दालान का मुख्य द्वार खुला था। बाहर झांका, बक्से तो पड़े थे पर लगभग खाली। नीचे राजरानी अपने बच्चे के साथ सो रही थीं। चोर मकान में घुसे। दीवार फांद कर अंदर से दरवाज़ा खोल एक कमरे में रखे सारे बक्से बाहर खेत में ले गये। मेरा और राजरानी का बक्सा तो पूरा उठा लिया, शेष बक्सों से काम का सामान यानी कोट-कमीज़ ले लिए और पैंट छोड़ दी। अब हमारे पास रुपया-पैसा कुछ भी नहीं बचा था। बदलने के लिये धोती-साड़ी भी न थी। रात की वही साड़ी पहने मैं और शकुन्तला जी कुमारी लीला झंवर के पास गये। लीला झंवर उस समय महादेवी कन्या पाठशाला की प्रिंसिपल थीं। उनसे पहनने के लिये साड़ियां मांगकर किसी के पास जाने लायक हुए। यशपाल जी के सहपाठी मित्र ने अपने नाम से पुलिस में रिपोर्ट लिखायी। राजरानी जी ने दिल्ली में अपने मकान का पता दे दिया।

भाग्य की बात, एक वर्ष बाद चोर चांदनी चौक में श्रीमती राजरानी की शादी की साड़ियां बेचते समय पकड़ा गया। इस चोर ने किसी एक स्थान से औरत भगायी थी। देहरादून में हमारे कपड़ों की चोरी की और सहारनपुर से बर्तन चोरी कर घर बसाया। ज़रूरत के समय कपड़े बेचते वक्त चांदनी चौक में पकड़ा गया। पुलिस द्वारा कुछ कपड़े मिले, वह भी बहुत थोड़े और बुरी हालत में।

यशपाल जी का नेता चुना जाना और गिरफ्तारी

सूरी परिवार दिल्ली लौट गया। हम दोनों ने अपने कुछ सम्पर्क सूत्रों की मदद से देहरादून के करनपुर मुहल्ले में एक छोटा-सा नया मकान किराये पर ले लिया। हमारी भेंट यहां मास्टर मथुरादत्त जी से जो डी.ए.वी. कॉलेज में पढ़ाते थे, हो गयी। दूसरा व्यक्ति था ओमप्रकाश। बड़ा सुन्दर आकर्षक व्यक्तित्व। पता चला, कांग्रेस सरकार के मंत्री श्री ब्रह्मदत्त के वह चाचा थे। प्रायः दूसरे-चौथे दिन उनसे भेंट होती रहती थी। दोनों हमारे भरोसे के साथी थे। ब्रह्मदत्त के पिता देवदत्त जी यशपाल के सहपाठी थे। इस बीच यशपाल दिल्ली में श्री देवीप्रसाद शर्मा से मिलकर श्री ऋषभचरण जैन से अनुवाद का काम ले आये। जैन साहब ने 'गांधी और लेनिन' का अनुवाद हिंदी में करने के लिये दिया। साथ ही कुछ पेशगी भी दे दिया।

देहरादून में मित्र मुझे शकुन्तला के नाम से जानते थे। शकुन्तला सूरी का 'विदुषी' का सर्टिफिकेट दिखाकर वहां के 'नारी शिल्प मंदिर' में मुझे छोटे बच्चों को पढ़ाने की नौकरी मिल गयी। भाग्य की बात, हिन्दी के प्रसिद्ध कवि श्री हरिऔध (अयोध्यासिंह उपाध्याय) उस स्कूल को देखने आये। मैं तो छोटी श्रेणियों में पढ़ा रही थी। विदुषी होने के नाते मेरा परिचय उनसे कराया गया। उन्होंने तपाक से पूछा, "हरिऔध को आपने पढ़ा है ?" मैं उत्तर न दे सकी। हरिऔध जी ने धीरे से सिर हिला दिया। सोचा होगा, यह कैसी विदुषी है ? मुझे बड़ी झेंप लगी। प्रबंधकों ने उनके सिर हिलाने पर कोई विशेष ध्यान नहीं दिया। फजीहत से बच गयी। तीन-चार मास हम देहरे ही रहे। क्रांतिकारी साथियों से सब सम्पर्क समाप्तप्रायः थे। यशपाल जी फिर भी दिल्ली आकर जितने बचे साथी थे, उनसे मिलते रहते। राजेंद्रसिंह वारियर, सुरेंद्र पांडे, रामसिंह, हरबंधु समझदार तथा अन्य कई साथियों का आग्रह था कि जल्द ही नया संगठन कायम कर काम को आगे बढ़ाया जाय। साथियों की सहमति से मीटिंग के लिए गंगा-स्नान के मौके पर गढ़मुक्तेश्वर चुना गया। गढ़मुक्तेश्वर दिल्ली के करीब था तथा सबके लिए सुविधाजनक भी था। गढ़मुक्तेश्वर की मीटिंग में यशपाल जी को नेता चुन लिया गया था। काम की रूपरेखा के सम्बंध में श्रीकृष्ण सूरी के मकान कुली हैदरखां की हवेली की छत पर कई मीटिंगें हुईं। तैयारी हो जाने पर ब्रिटिश सरकार को चेतावनी के रूप में एक परचा भी छपवाकर बांटा गया। परचे पर कमांडर-इन-चीफ के स्थान पर यशपाल जी का नाम था। यशपाल जी देहरे से दिल्ली आते रहते थे। कुछ दिनों बाद हम लोग देहरादून छोड़कर दिल्ली में श्रीकृष्ण सूरी के मकान पर आ गये थे। नये संगठन में काम करने के लिए इलाहाबाद से सावित्री देवी (आयरिश महिला श्रीमती जाफरअली) अपने बेटे (धर्मपुत्र) कृष्णशंकर श्रीवास्तव को भी साथ लायीं। इलाहाबाद आने का न्योता भी दे गयीं।

पार्टी के नये सम्बंधों को जोड़ने के सम्बंध में २२ जनवरी, १९३२ को प्रातः दिल्ली से चलकर २२ की शाम यशपाल जी को इलाहाबाद पहुंचना था। अचानक कृष्णशंकर स्टेशन पर आ गये और अपने घर ले गये। कृष्णशंकर को स्टेशन पर देख यशपाल जी को आश्चर्य हुआ पर उनके अनुरोध को टाल न सके। घर पर पहुंच कर कुछ देर बाद यशपाल जी लेटे ही थे कि कृष्णशंकर यशपाल जी का कोट पहन और उनकी पिस्तौल जेब में डाल चले गये, यह कह कर कि मैं अन्य साथियों को सूचना दे प्रातः जल्दी आ जाऊंगा। कृष्णशंकर अपनी पिस्तौल यशपाल जी को दे गये। यशपाल जी ने खाली पिस्तौल चलाकर आज़माया। पिस्तौल कुछ अटकता था दूसरे हाथ से प्रयत्न करने पर चल पड़ता था। यशपाल जी ने सोचा—ठीक है, प्रातः कृष्णशंकर आ जाएगा, पिस्तौल तकिये के नीचे रख कर सो गये पर आ गयी पुलिस। उसी अटकने वाली पिस्तौल से गोली चला कर लड़े। इसी मुठभेड़ में २३ जनवरी, १९३२ के दिन इलाहाबाद में गिरफ्तार हो गये।

२४ जनवरी, १९३२। नींद खुलते ही अखबार देखा। यशपाल जी की गिरफ्तारी के समाचार पर मेरी नज़र पड़ी। उस समय मैं दिल्ली में श्रीकृष्ण सूरी के मकान हवेली हैदरकुली में थी। यशपाल जी एक दिन पहले ही मेरे पास से गये थे। बहन शकुन्तला से बात की। यह भी संशय हुआ कि इसी मकान से तो किसी ने पीछा नहीं किया ? इस मकान से तुरंत हटना आवश्यक था। अपना सब सामान इकट्ठा कर बहन शकुन्तला किसी तरह बचाकर मुझे कटड़े में अपनी पहचान की एक मित्र के यहां ले गयीं।

यह मित्र आर्य कन्या पाठशाला स्कूल की मुख्याध्यापिका श्रीमती शांति सक्सेना थीं। वे बचपन में विधवा हो गयी थीं। उनकी पंद्रह–सोलह वर्ष की बेटी नवीं कक्षा में पढ़ रही थी। उसका भी नाम प्रकाश था।

इस मकान के नीचे ऊपर के भाग में कई परिवार रहते थे। नीचे सब निम्न मध्यम श्रेणी के लोग थे। केवल ऊपर के एक भाग में, जो मकान का सबसे बड़ा हिस्सा था, शांति जी रहती थीं। दो कमरे—एक छोटा एक बड़ा। बाहर ढके बरामदे में खाना बनाने की व्यवस्था थी। बीच मकान में घुसते ही बड़ा आंगन, सीढ़ियां भी अंदर से ही ऊपर जाती थीं। गली में झांकने का कोई रास्ता नहीं था। पड़ोस के एक छोटे कमरे में अलग से एक क्लर्क महोदय सपत्नीक रहते थे।

श्रीमती शांति सक्सेना का अपने स्कूल में काफी दबदबा था। मां–बेटी दोनों ने मुझे हाथों–हाथ लिया और बड़े प्यार से मिलीं। किसी तरह का भय या डर उन्हें नहीं हुआ।

अब मैं इलाहाबाद में यशपाल की गिरफ्तारी के सम्बंध में जानने के लिए बड़ी उत्सुक थी। सूरी परिवार का मेरे यहां आना या मेरा उनके यहां जाना जोखिम से खाली

नहीं था। कभी शकुन्तला बहन छिपे–छिपे मुझसे आकर मिल जाती थीं और सब हाल बता जाती थीं।

यशपाल जी के पकड़े जाने के बाद काम की योजनायें तुरंत ठप हो गयीं। जवान साथी बेचैन थे और कुछ कर डालना चाहते थे। इनमें राजेंद्रसिंह वारियर सुलझे और विश्वस्त साथी थे। उन्होंने सूरी परिवार की मार्फत मुझसे मिलने की इच्छा व्यक्त की। यशपाल जी को पार्टी का कमांडर चुनकर ब्रिटिश सरकार का तख्ता पलटने के लिये सलाह–मशविरा कर काम करने के ढंग पर सोचा जा रहा था कि यशपाल जी गिरफ्तार हो गये। अब वारियर तथा अन्य साथियों ने मुझे नेता चुनने की इच्छा प्रकट की। मेरे 'सरला' नाम से पर्चे छपवा कर ब्रिटिश सरकार को चुनौती दी गयी। बाद में इनमें से कई लोग अपनी ही कमज़ोरियों के कारण पकड़े गये। कुछ हथियार लेकर गायब हो गये। आर्थिक कठिनाइयां भी बहुत थीं। पार्टी का काम बहुत देर तक न चल सका।

गिरफ्तारी का समाचार सुन यशपाल जी की माता अपने पुत्र से मिलने इलाहाबाद गयीं। श्यामकुमारी नेहरू यशपाल जी की ओर से वकालत कर रही थीं। जेल से लिखे संदेश कुमारी नेहरू की मार्फत आते थे। पता लगा कि श्रीकृष्ण के एक विश्वस्त मित्र इलाहाबाद में हैं। वे संदेश ले भी आते थे और पहुंचा भी देते थे।

यशपाल जी का मुकदमा कुछ ही दिनों बाद आरम्भ हो गया। इस मुकदमे में उन्हें १४ वर्ष का कारावास हुआ। सात–सात वर्ष की दो सज़ायें—एक की समाप्ति के बाद दूसरी सज़ा सात वर्ष चलनी थी। देहली कांस्पिरेसी केस अभी चल रहा था। काफी सुनवायी हो चुकी थी। यशपाल जी को इलाहाबाद से देहली लाया तो गया पर वापस भेज दिया गया। देहली कांस्पिरेसी केस में श्री आसफअली, श्री रघुवीरसिंह, श्री बी. बनर्जी अभियुक्त पक्ष के वकील थे। इस केस में कुछ व्यक्ति रिहा हुए और कुछ को सज़ायें हो गयीं। मैं फरार थी और बीमार थी।

यशपाल को सज़ा

यशपाल जी की गिरफ्तारी के दो–तीन मास बाद ही मैं बीमार पड़ गयी। तेज़ बुखार। खाना–पीना हज़म न होता था। कई डाक्टरों को दिखाया गया। पेट में लगातार दर्द रहता था—कभी कम कभी अधिक। कोई डाक्टर सेंक बताता दूसरा कुछ और। परेशान होकर एक दिन शकुन्तला सूरी मुझे दिल्ली के तीस हजारी अस्पताल में एक अंग्रेज़ महिला डाक्टर के पास ले गयीं। डाक्टर ने अच्छी तरह जांच करके पेट पर हाथ रखते ही बताया कि एपेंडेसाइटिस है। बुखार एक सौ तीन–चार डिग्री से कम ही न होता था। उसने राय दी—आपरेशन तुरंत होना है और इस गर्मी में आपरेशन किसी पहाड़ी स्थान पर या समुद्र के किनारे ठंडे स्थान पर जाने से ही होगा। आपरेशन सख्त गर्मी के

महीनों में यहां नहीं हो सकता।

मेरे सामने अब नयी समस्या आपरेशन की खड़ी हुई। सोच कर मैंने यशपाल जी के मित्र श्री प्रभुदत्त शर्मा से बात की। शर्मा जी यशपाल जी के अभिन्न मित्र थे और हमारी फरारी की अवस्था में भी निजी आवश्यकताओं के लिये सहायता देते रहते थे। यह मैं पहले भी बता चुकी हूं कि प्रभुदत्त उस समय भारत के पहले पायलेटों में से थे। वायसराय की डाक दिल्ली से कराची लेकर जाते थे। उनको जब पता चला कि मैं सख्त बीमार हूं तो उन्होंने तुरंत ही कराची में एक किराये पर मकान लेकर मेरा प्रबंध कर दिया। बहन शकुन्तला तथा प्रभुदत्त शर्मा ने श्रीकृष्ण से कहा कि वह मुझे लेकर कराची आ जाये। मैं तेज़ बुखार की हालत में कराची पहुंची। कराची पहुंचते ही मुझे वहां के सिविल अस्पताल के अंग्रेज़ सर्जन के पास ले गये। सोलह रुपया फीस देकर उनकी कोठी पर दिखाया। सर्जन ने जांच करते ही अस्पताल में भर्ती के लिये पत्र दिया और दूसरे ही दिन मेरा ऑपरेशन हो गया। होश आने पर शीशी में रखा पांच इंच लम्बा एपेंडेसाइटिस दिखाया। साथ ही डाक्टर ने कहा कि अगर यह ऑपरेशन न होता तो मेरी जान को खतरा हो जाता।

ऑपरेशन के समय मेरे पास केवल श्रीकृष्ण ही था। मुझे जब ऑपरेशन थियेटर में ले जा रहे थे तो किसी ने कह दिया—कितनी जवान खूबसूरत लड़की है और पेट का आपरेशन ! यह सुनकर श्रीकृष्ण क्षण भर के लिए कांप गया, क्योंकि इस समय वही मेरे पास अकेला था। उस समय यह ऑपरेशन मेजर ऑपरेशन कहलाता था। आजकल तो इस तरह के ऑपरेशन को डॉक्टर गम्भीर मानते ही नहीं।

मुझे क्लोरोफार्म न सुंघाकर मेरी रीढ़ की हड्डी में इंजेक्शन लगाया गया था। ऑपरेशन के समय मेरी आंखें खुली थीं। एक छोटा-सा पार्टीशन छाती के पास लगा रखा था, कारण—ऑपरेशन करते समय डॉक्टर के हाथों को मैं न देख सकूं।

तेरह-चौदह दिन के बाद मुझे अस्पताल से छुट्टी मिल गयी। मैं घर आ गयी। ज़मीन पर कमज़ोरी के कारण पांव लगते ही न थे। श्रीकृष्ण ने मुझे गोद में उठाकर नीचे उतारा और उसी तरह, जो मकान कराची में बंदर रोड पर लिया था, उसमें ले गये। मेरा वज़न अस्पताल से निकलते समय शायद ही मन भर रहा हो।

मेरी उम्र उस समय १९ वर्ष थी। शरीर से बहुत दुबली, उस पर लगातार बुखार और मेजर ऑपरेशन। बहरहाल मैं धीरे-धीरे स्वस्थ होती गयी। इस मकान में मैं डेढ़ दो मास रही। शुरू में श्रीकृष्ण मेरे पास थे, प्रभुदत्त शर्मा जी भी दिल्ली-कराची हवाई जहाज़ से आते-जाते रहते थे।

कराची में सवाल था कि दिन कैसे कटें। पुलिस मेरी खोज में परेशान थी। उनका विश्वास था कि मुझे पकड़ कर वे बहुत कुछ मुझसे उगलवा लेंगे। मैं उनके हाथों

में न आ सकी। कराची का मकान भी छोड़ना था। एक दिन कराची में श्रीकृष्ण की मुलाकात अपने सम्बंधी श्री अमोलकराम साहनी से हो गयी। साहनी साहब अपनी पत्नी और दो बेटों के साथ काफी बड़े फ्लैट में रहते थे। वे सेंट्रल बैंक के बड़े अफसर थे। मुझे उन्होंने अपने पास कुछ दिनों के लिए रखना स्वीकार कर लिया था और मैं साहनी साहब के परिवार में आ गयी। साहनी साहब पढ़े-लिखे उदार व्यक्ति थे।

यशपाल जी के गुरुकुल के मित्र डॉक्टर केसरबानी के पिता कराची में रहते थे। वह आर्यसमाज, कराची के प्रधान थे। अमोलकराम जी की बहन केसरबानी को ब्याही थीं। साहनी साहब ने मेरा परिचय प्रधान जी से करा दिया। प्रधान जी आर्य कन्या पाठशाला के मन्त्री भी थे। बड़ा स्कूल था। इस स्कूल में मुझे नौकरी मिल गयी।

मैं आर्य कन्या पाठशाला में पढ़ाने लगी। इस स्कूल में दिल्ली के खत्री परिवार की तीन-चार लड़कियां भी पढ़ने आती थीं। इन लड़कियों ने अपने घर पर निमंत्रण दिया और मेरा आना-जाना इस परिवार में बढ़ गया। यह सम्बंध इतना बढ़ा कि मैं कुछ समय बाद इस परिवार के सदस्य के रूप में रहने लगी। अमोलकराम जी का तबादला कराची से किसी दूसरे स्थान पर हो गया था। भाई बद्रीनाथ खन्ना मुझे अपनी छोटी बहन मानने लगे। मैं भी खत्री परिवार की लड़की थी। उनका परिवार विभाजन के बाद दिल्ली आ गया था। मैं उनके घर ब्याह-शादियों में हमेशा जाती हूं। वे लोग भी मेरे लखनऊ के मकान में आते-जाते हैं। भाई-भाभी की मृत्यु दो-तीन वर्ष के अन्तर से हुई थी। मैं शरीक हुई थी। पारिवारिक रिश्ता न होते हुए भी इंसान मित्र के रूप में कितना हिल-मिल जाता है, उसका उदाहरण यह परिवार है।

मेरे साथ पढ़ानेवाली एक अध्यापिका यादव परिवार की रम्मीबाई भी थीं। उनसे मेरी बहुत मित्रता हो गई थी। यह यादव परिवार बहुत बड़ा परिवार था। बंदर रोड, कराची पर चारमंज़िला मकान। सब लड़के बड़ी-बड़ी फर्मों में काम कर रहे थे। भाग्य की बात, बंटवारे के बाद यह सब लखनऊ आ गये और यह परिवार आज भी लखनऊ के नज़रबाग मुहल्ले में है। कराची का मकान समय पर बेच कर नया मकान लखनऊ में खरीद लिया था। रम्मीबाई बम्बई चली गयीं। जब भी आती हैं, यादें ताज़ा हो जाती हैं।

मैं कराची में १५ मई, १९३३ तक रही। गर्मियों की छुट्टियां हो गयीं। मैं वहां पढ़ाती रही और पढ़ती भी रही। पंजाब विश्वविद्यालय की 'प्रभाकर' (ऑनर्स) की परीक्षा मैंने यहीं रहकर पास की। छुट्टियां काटने और आगे पढ़ने की व्यवस्था के लिए मैं दिल्ली आ गयी।

यशपाल जी की गिरफ्तारी के समय सूरी परिवार हैदरकुली की हवेली में दूसरी मंज़िल पर रहता था। १९३३ के आरम्भ में यह परिवार बाग दीवार, फतेहपुरी के पास

बने मकान में रहने लगा था। कराची से मैं इसी मकान में आकर ठहरी।

इस समय कांग्रेस का काम ज़ोर–शोर से हो रहा था। सूरी परिवार का यह घर कांग्रेस और क्रांतिकारियों दोनों के लिये खुला था। इस मकान में लोगों का आना–जाना बहुत था। नीचे के हिस्से में एक बंगाली परिवार रहता था। अब तक श्रीकृष्ण संदेह में तीन–चार बार गिरफ्तार हो चुका था। पुलिस के बहुत प्रयत्न करने पर भी वे लोग इनके मकान से किसी क्रान्तिकारी को पकड़ न सके। एक बार किसी व्यक्ति की पूछताछ के लिए उस समय के सी.आई.डी. इंसपेक्टर सरदार कर्मसिंह आ गये। भाग्य की बात, मेरा उनसे सामना हो गया। मैं तो उन्हें नहीं पहचानती थी। किसी काम से नीचे उतरी थी। मेरे ऊपर जाने के बाद इंसपेक्टर ने सूरी के पिता श्री शिवदास जी से पूछा, "यह कौन लड़की आपके यहां है ?" तो उन्होंने उत्तर दिया, "मेरी बहन की लड़की परीक्षा देकर मेरे पास छुट्टियों में आयी हुई है!" मेरी गिरफ्तारी सन् १९३४ में दरियागंज में हुई तो यही इंसपेक्टर साहब मुझे देखकर हैरान रह गये। शायद उस समय पहचान कर पकड़ लेते तो तरक्की अवश्य मिलती।

समस्या थी—कराची वापस जाकर नौकरी करती रहूं या पढ़ाई आरम्भ करूं? मैं हिंदी की कई परीक्षायें एवं पंजाब विश्वविद्यालय से आनर्स वगैरह पास कर चुकी थी, लेकिन अंग्रेज़ी बिल्कुल नहीं आती थी। उस समय तक किंग रीडर ही पढ़ी थी। यह सोच–विचार हो रहा था कि इसी बीच बाग दीवार की बरसाती में, एक दिन बिखरे बालों वाला व्यक्ति पैंट–कमीज़ पहने आया। उसके हाथ में छोटी सी फाइलनुमा पुस्तक थी, जिस पर बटन लगा था और उस पर फूल रखे थे। मैं एक ओर बैठी थी। मेरा परिचय इस व्यक्ति से नहीं हुआ । मैंने देखा, वह ज़मीन पर पेट के बल लेट गया। उसने हाथ लम्बे कर पुस्तक श्रीकृष्ण सूरी के चरणों पर रख दी। यह सब वैसे ही था जैसे मंदिरों में भगवान की मूर्ति के सामने कुछ व्यक्ति दंडवत करते हैं। ज़मीन से उठकर उस व्यक्ति ने श्रीकृष्ण को गले लगाया। मैं एक ओर बैठी यह सब देखती रही। किसी भी अनजान व्यक्ति से मेरा परिचय बिना मतलब के नहीं कराया जाता था। दोनों व्यक्ति गले में बाहें डाले नीचे उतर गये।

पढ़ाई की जोड़–तोड़ करते समय यह तय हुआ कि मैं बनारस के किसी होस्टल में रहकर पढ़ूं। बनारस में इसलिए कि एडमीशन परीक्षा (हाईस्कूल) में हिसाब लड़कियों के लिए आवश्यक नहीं था। होम सांइस और म्यूज़िक ले सकती थी। आर्थिक संकट हल किये बिना यह काम हो नहीं सकता था।

कराची से लौट कर मैं सूरी परिवार में लगभग एक मास रही। पढ़ने की समस्या मैंने बहन शकुन्तला के सामने रखी। शकुन्तला ने अपनी मित्र शकुन्तला भार्गव जो मुरादाबाद में किसी कॉलेज की प्रिंसिपल थीं, का पता और पत्र दिया। कुछ दिनों बाद

मैं मुरादाबाद पहुंची। शकुन्तला भार्गव मेरी मदद को तैयार हो गयीं। शकुन्तला भार्गव से मैं देहरादून में फरारी के समय रहते हुए मिल चुकी थी। विवाह के बाद पटना चली गयी थीं। बहुत सहृदय, विद्वान। उस समय राजपुर रोड पर इनके पिता की फर्नीचर की बहुत बड़ी दुकान थी। अब भी यह परिवार देहरादून में है।

बनारस में दाखिला

शकुन्तला भार्गव ने एक पत्र पंडित सीताराम चतुर्वेदी, जो अब संस्कृत विद्वान आचार्य चतुर्वेदी के नाम से प्रसिद्ध हैं, दे दिया। मैं तुरंत मुरादाबाद से बनारस आ गयी और चतुर्वेदी जी के घर पर ठहरी। चतुर्वेदी जी ने मुझे कमच्छा के हिन्दू गर्ल्स स्कूल में दाखिला करा, छात्रावास में रहने का प्रबन्ध करा दिया। चतुर्वेदी जी बनारस में सपरिवार रहते थे। स्कूल में दो-चार छुट्टियां होने पर मुझे अपने घर ले जाते थे। निजी खर्च के लिए मुझे कुछ रुपया देते थे। शिक्षा पर होने वाला खर्च वह स्वयं स्कूल आफिस में जमा कर जाते थे। शकुन्तला भार्गव ने कई खद्दर की साड़ियां मुझे पहनने के लिए दीं। छात्रावास में रहते समय मुझे खर्चे के बारे में कभी चिंता नहीं करनी पड़ी, सब प्रबन्ध चतुर्वेदी जी करते थे। जहां तक मुझे याद है, शकुन्तला भार्गव बनारस में चतुर्वेदी जी की सहपाठी थीं। वह मेरा खर्च चतुर्वेदी जी के पास भेज देती थीं।

चतुर्वेदी जी ने हिन्दू स्कूल में मुझे दसवीं कक्षा में भर्ती तो करा दिया लेकिन अंग्रेज़ी आती नहीं थी। चतुर्वेदी जी से अनुनय-विनय की कि मुझे दसवीं श्रेणी में भर्ती न कराएँ, पर उन्होंने मेरी एक न सुनी। मुझे समझाया—अगर एक वर्ष में पास न हो सकी तो दूसरे वर्ष परीक्षा देना, तजुर्बा हो जायेगा। सिवाय अंग्रेज़ी के शेष सब विषय ठीक थे। गाने में भी काफी अभ्यास कर लिया था। मेरे सामने अंग्रेज़ी भाषा का ज्ञान मेरी इज़्ज़त का मामला बन गया। मैं रात-दिन अंग्रेज़ी पढ़ने-लिखने में जुट गयी। पूरे पूरे पाठ लिख कर मैंने कापियां भर दीं। पहली परीक्षा में अंग्रेज़ी में पांच अंक मिले। दूसरी बार २५ अंक मिले। कई कहानियां रट डालीं। उस समय ड्रामा 'डान क्विकज़ो' दसवीं कक्षा में पढ़ाया जाता था, वह अपनी साथिनों से पढ़ना शुरू किया।

बनारस में पढ़ने के अलावा मैं स्कूल के सांस्कृतिक कार्यक्रमों में भी भाग लेती रही थी। मेरी पढ़ाई का एक विषय संगीत था। संगीत का जम कर अभ्यास कर डाला। मैं गाना गाने लगी थी। बनारस विश्वविद्यालय की एक प्रतियोगिता में मैंने ठुमरी गाकर चांदी का मेडल प्राप्त किया। दुर्गादास नाटक में गुलनार का पार्ट किया। सारे स्कूल में अब मेरा नाम ही गुलनार पड़ गया। मार्च १९३४ में हाई स्कूल की परीक्षा दी और फेल हो गयी।

१५ जनवरी, १९३४ लगभग दिन के बारह बजे अकस्मात् ज़ोर की

खड़खड़ाहट। सोचा, कोई ट्रक धड़धड़ाती निकली है। क्षण भर में समझ में आ गया भूचाल है। ज़ोर के धक्के और होस्टल की छत में दरार। तुरन्त ही हम सब लड़कियां सीढ़ियां उतर मैदान में पहुंच गयीं। शहर की ओर से दिल दहलाने वाला आर्त्तनाद। कुछ ही देर में शहर में होने वाले भूचाल के भयंकर परिणाम सुने।

आधी रात में ज़ोर का एक धक्का फिर लगा। पांव सीढ़ियों की ओर घूम गये और हम सब एक बार फिर होस्टल के कमरे से मैदान में पहुंच गयीं। डर के कारण ऊपर जाने की हिम्मत ही न पड़ती थी।

दूसरे दिन मुज़फ्फरपुर की बरबादी के समाचारों ने हमें दहला दिया।

मेरी गिरफ्तारी और रिहायी, जेल में यशपाल से भेंट, इलाहाबाद में बच्चन परिवार

बनारस से हाई स्कूल की परीक्षा समाप्त कर मैं मई मास में दिल्ली आ गयी। श्रीकृष्ण और रामसिंह ने एक कमरा दरियागंज के बड़े मकान में किराये पर ले लिया था। दोनों ही मेरे पास देखभाल के लिये आते रहते थे। मकान मालिक को पता था, यहां विद्यार्थी रहते हैं। मुझे आये अभी दो मास भी नहीं हुए थे कि ४ जुलाई दिन के बारह बजे के लगभग यह कमरा ही नहीं बल्कि पूरा मकान पुलिस ने घेर लिया। दरवाज़ा खटका, कई पैरों की आहट हुई। शक हुआ पुलिस है। जल्दी से दूसरी ओर का दरवाज़ा खोला, जिधर पड़ोसी रहते थे, वहां भी पुलिस। पड़ोसी पंजाबी परिवार मेरे कमरे के बराबर वाले हिस्से में थे। इस परिवार से मेरी मित्रता हो गयी थी। मैं उनके ड्राइंग रूम में जाकर बैठ गयी। मेरा अचानक बैठ जाना उनकी समझ में न आया। उनके कमरे में आकर खिड़की खोलकर बाज़ार की ओर झांका तो नीचे भी पुलिस थी। मालिक मकान सक्सेना कायस्थ थे। मकान के नीचे का भाग उनके पास था।

पुलिस मेरे पीछे ज़रा देर के बाद आयी, परन्तु दूर खड़ी रही। वह मेरे पास आने में झिझक रही थी। उन्हें पता था कि मैं अपने साथ हमेशा भरा हुआ पिस्तौल रखती हूं। उस समय मेरे पास कुछ भी नहीं था। पुलिस ने एक स्त्री को मेरी तलाशी लेने के लिये मेरे पास भेजा। तलाशी के बाद जब मैं सोफे पर आकर बैठी तो राजा नाम के सुपरिन्टेंडेंट पुलिस ने मेरे पास आकर कहा, हम आपको गिरफ्तार करते हैं। मुझे डिप्टी कमिश्नर के कार्यालय में चलने के लिये कहा गया। मैं उस दिन अस्वस्थ थी। मैंने तैयार होने के लिये समय मांगा। तैयार होने के बाद तांगे पर बैठ गयी। घर से चलते समय तांगे में कुछ सिपाही आगे बैठ गये। दो मोटर साइकिलें तांगे के पीछे-पीछे चल रही थीं। कश्मीरी गेट पहुंच कर अंग्रेज़ डिप्टी कमिश्नर के सामने पेश हुई। मुझे हवालात में

भिजवाने की आज्ञा पुलिस को मिल गयी। मैं लाल किले की हवालात में पहुंच गयी। वहां साथ के कमरे में जो औरतें थीं उन पर हत्या और किसी पर ठगी के मुकदमें चल रहे थे।

यह सीमेंट का साफ–सुथरा कमरा था। तुरन्त ही एक पानी का घड़ा उस कमरे में रखवा दिया गया। बढ़िया भोजन भी किसी होटल से आ गया। रात किसी तरह गर्मी में काटी। दूसरे दिन वही पुलिस अफसर राजा किसी साथी अफसर के साथ जेल कार्यालय में आये और पूछताछ आरम्भ की। पूछना क्या था, निराश होकर लौट गये। हमारे वकील श्री बी. बनर्जी और सरदार रघुवीरसिंह, जो दिल्ली षड्यंत्र केस में श्री आसफअली के सहायक एडवोकेट थे, मिलने आये। सरकार मुझ पर कौन–सी धारा लगायेगी, इसका मुझे कुछ पता न लगा, न कुछ उत्तर मिल सका। नये सिरे से दिल्ली केस चल नहीं सकता था। इस केस में मुख्य अभियुक्त मैं और यशपाल जी थे। यशपाल जी को इलाहाबाद में १४ वर्ष की सज़ा हो जाने के कारण मुख्य अभियुक्त होते हुए भी दिल्ली ले जाकर फिर इलाहाबाद यह कह कर वापस कर दिया गया था कि काफी लम्बी सज़ा हो चुकी है।

यह वह समय था, ज़ब दिल्ली केस में साथियों को सजाएं हो चुकी थीं। दिल्ली षड्यंत्र केस समाप्त हो गया था। इसी प्रकार लाहौर में दूसरा षड्यंत्र केस भी काफी दिनों से चल रहा था और समाप्ति पर था। सरकार ने कह दिया था कि अब कोई षड्यंत्र केस नहीं चलेगा। मेरे वकीलों के काफी भाग–दौड़ करने पर जेल से मुझे रिहा कर दिया गया।

मेरी गिरफ्तारी एवं रिहायी

The Hindustan Times
5th July, 1934

MRS. PRAKASHO ARRESTED FROM DARYAGANJ

C. I. D. Surround Building

Attempt to Evade Captors Foiled

श्रीमती प्रकाशो दरियागंज से गिरफ्तार
सी.आई.डी. ने बंगला घेरा
बच निकलने का प्रयास विफल।

दिल्ली ५ जुलाई, १९३४ बुधवार : दिल्ली और लाहौर षड्यंत्र के मामलों में फरार घोषित श्रीमती प्रकाशो को स्थानीय खुफिया विभाग के विशेष दल ने आज प्रातः दरियागंज के एक बंगले से गिरफ्तार कर लिया।

खुफिया पुलिस इंस्पेक्टर करमसिंह और उनके साथ सादे कपड़े पहने दस्ते ने दरियागंज के एक बंगले में इस सूचना के आधार पर छापा मारा कि वे उसमें छद्म नाम से रह रही हैं। इस दल ने बंगले को चारों ओर से घेर लिया। लेकिन कहा जाता है कि श्रीमती प्रकाशो इस छापे से बच कर बगल के बंगले में चली गईं ।

खुफिया दस्ते ने इस बंगले की तलाशी ली। उसमें उन्हें न पाकर वह बगल वाले बंगले में गया और वहां उन्हें गिरफ्तार कर लिया। उस दस्ते ने कई घंटे हथियारों की वहां खोज–बीन की, किन्तु उसे वहां से कोई भी आपत्तिजनक सामग्री प्राप्त नहीं हुई ।

गिरफ्तार करने के बाद पुलिस की कड़ी सुरक्षा में उन्हें लाल किले ले जाया गया, जहां खुफिया की विशेष शाखा के अधिकारियों ने उनसे कड़ी पूछताछ की।

यह निश्चित जानकारी मिली है कि उन पर कोई मुकदमा नहीं चलाया जा सकेगा क्योंकि सरकार ने दिल्ली षड्यंत्र का मामला वापस ले लिया है, और लाहौर षड्यंत्र के मामले का निर्णय हो चुका है। परन्तु अभी यह अनुमान लगाना कठिन है कि स्थानीय सरकार उनके विरुद्ध क्या कार्रवाई करने जा रही है ।

श्रीमती प्रकाशो उन यशपाल जी की पत्नी हैं, जिन्हें गिरफ्तार कर इलाहाबाद में १४ वर्ष के कारावास की सज़ा सुनाई गई थी।

THE HINDUSTAN TIMES

The Wife of Yashpal

Mrs. Prakashwati Set At Liberty

BEFORE EXPIRY OF REMAND

"We Don't Want You," Says A. D. M.

7th. July, DELHI, Friday.

यशपाल की पत्नी

श्रीमती प्रकाशवती

रिमान्ड की अवधि से पहले ही रिहा, अतिरिक्त जिला मजिस्ट्रेट ने कहा, "मुझे उनकी जरूरत नहीं है"

दिल्ली ७ जुलाई, १९३४ शुक्रवारः दिल्ली और लाहौर षड्यंत्र के मामलों में फरार श्रीमती प्रकाशवती को, जिन्हें पिछले बुधवार को दरियागंज के एक बंगले से गिरफ्तार किया गया था, आज अतिरिक्त जिला मजिस्ट्रेट श्री एफ.बी.पूल ने अप्रत्याशित रूप से रिहा कर दिया।

ठिगने कद, गोल चेहरे, बड़ी-बड़ी काली आंखों वाली आकर्षक व्यक्तित्व की धनी श्रीमती प्रकाशवती को, जो सफेद क्रेप की साड़ी पहने थीं, आज अपराह्न खुफिया पुलिस के अधिकारी दिल्ली जिला कारागार से लेकर आए और अतिरिक्त जिला मजिस्ट्रेट के सामने उन्हें पेश कर दिया।

ज्योंही उन्होंने अदालत में कदम रखा, मजिस्ट्रेट ने उन्हें सम्बोधित करते हुए कहाः "हमें आपकी ज़रूरत नहीं, आपको रिहा किया जाता है।" वे मुस्कराईं और प्रसन्नता तथा उत्तेजना के मिले-जुले भाव से उन्होंने कहा, "आपको धन्यवाद।"

श्रीमती प्रकाशवती बड़ी तेज़ी से सीढ़ियों से नीचे उतरीं। उनके दोस्तों और रिश्तेदारों ने उनके लिए तांगा मंगाया और वे दरियागंज के उसी बंगला नं.४ के लिए रवाना हो गईं, जहां से उन्हें गिरफ्तार किया गया था।

"आखिरकार रिहा"

रिहा होने के तुरन्त बाद जब हमारे संवाददाता ने उनका स्वागत किया, तो उन्होंने कहा, "मुझे खुशी है कि मुझे रिहा कर दिया गया।"

ऐसा प्रतीत होता है कि उन्हें गिरफ्तार करने के बाद खुफिया विभाग ने यह बात बड़ी गोपनीय रखी थी कि उनके विरूद्ध क्या कार्रवाई की जाएगी। अतिरिक्त जिला मजिस्ट्रेट ने उन्हें सात दिनों तक हवालात में रखने का आदेश दे रखा था। रिमाण्ड की यह अवधि अभी पूरी नहीं हुई थी कि आज पुलिस ने उन्हें छोड़ दिया।

जमानत की अर्ज़ी

उस दिन इससे पहले सर्वश्री बी.बनर्जी और रघुवीरसिंह एडवोकेट ने अदालत में एक याचिका दायर की थी, जिसमें मजिस्ट्रेट से यह प्रार्थना की गई थी कि उनके मामले में जांच-पड़ताल होने तक उन्हें ज़मानत पर छोड़ दिया जाय; उन्होंने यह भी प्रार्थना की थी कि यदि उनके विरूद्ध ऐसी दफाएं लगाई गई हों जिनमें ज़मानत मंजूर नहीं की जा सकती, तो भी महिला होने के नाते सी.पी.सी. की धारा ४९७ के अन्तर्गत उन्हें ज़मानत पर रिहा कर दिया जाय।

मजिस्ट्रेट ने वह याचिका रिपोर्ट के लिए पुलिस को भेज दी थी। मजिस्ट्रेट ने वकीलों की यह प्रार्थना भी मंजूर कर ली थी, कि वे जेल में जाकर उनसे मुलाकात कर लें। वे दोनों वकील जेल में पहुंचे ही थे कि खुफिया अधिकारी श्रीमती प्रकाशवती को लेकर अदालत चले आए।

ज्ञातव्य है कि श्रीमती प्रकाशवती उन्हीं यशपाल जी की पत्नी

हैं जिन्होंने उन्हें गिरफ्तार करने की कोशिश करते पुलिस कांस्टेबुल को गोली मार दी थी, जिसके लिए इलाहाबाद में उन्हें १४ वर्ष की जेल की सज़ा सुनाई गई थी।

इस सम्बन्ध में यह भी ध्यान देने योग्य बात है कि मुखबिर कैलाशपति ने अपने बयान में यह कहा था कि उत्तर भारत में हुए दोनों षड्यंत्रों में श्रीमती प्रकाशवती की एक सुस्पष्ट भूमिका रही है।

जेल से बाहर आने के बाद पहला काम था यशपाल जी से भेंट। मैं यह खबर सुन चुकी थी कि यशपाल जी तथा अन्य साथी फतेहगढ़ जेल में भूख हड़ताल पर थे। साथी मणि बनर्जी का स्वर्गवास हो चुका था। मैं श्रीकृष्ण सूरी को साथ लेकर फतेहगढ़ जेल में मुलाकात के लिये पहुंच गयी। यशपाल जी से भेंट के लिये प्रार्थना–पत्र पेश करते ही सुपरिन्टेंडेंट मेंजर भण्डारी ने भेंट कराने से इंकार कर दिया। मुझे बड़ा क्रोध आया। काफी झड़प के बाद मेजर भण्डारी माने और यशपाल जी से यह आश्वासन लेकर कि भूख–हड़ताल का ज़िक्र न होगा, पन्द्रह मिनट का समय दिया। भूख हड़ताल के कारण यशपाल जी काफी कमज़ोर थे। मैं उनका हाल और स्वास्थ्य देखकर परेशान थी। बहरहाल भेंट के बाद दिल्ली से यशपाल जी को जो पत्र मैंने लिखा, उसमें मेजर भण्डारी को खूब कोसा। भण्डारी मेरे पत्रों से बहुत नाराज़ हुआ।

अब पढ़ाई तो मुझे करनी थी ? १८ अगस्त, १९३४ को दिल्ली छोड़ने का आर्डर मिल गया। दो दिन का समय दिल्ली छोड़ने को दिया गया। बहुत विचार के बाद और पढ़ाई के ख्याल से श्रीकृष्ण ने सुझाव दिया कि मैं उसके मित्र श्री हरिवंशराय बच्चन के पास इलाहाबाद चली जाऊं।

२० अगस्त, १९३४ को मैं श्रीकृष्ण से पत्र तथा पता लेकर इलाहाबाद पहुंच गयी।

बच्चन से भेंट

बच्चन को देख एकदम मेरी याद ताज़ा हो गयी। बाग दीवार के मकान में फूल रख कर और साष्टांग भेंट करने वाला व्यक्ति वही था। यह बात २६ मई, १९३३ की है, तब मैं कराची से अभी एक सप्ताह पहले ही श्रीकृष्ण के यहां आयी थी श्रीकृष्ण और बहन शकुन्तला से पता चला था कि यशपाल जी के मुकदमे के दौरान श्यामकुमारी नेहरू के पास से पत्र, संदेश इन्हीं मित्र बच्चन की मार्फत ही हमारे पास पहुंचते थे। सुमित्रा दीदी और श्रीकृष्ण ने ढेरों पुस्तकें तमाम भाषाओं की, कबाड़ियों के यहां से खरीदी थीं। बाद में यह सब सीधे जेल कार्यालय में भेज दी जाती थीं।

मुट्ठीगंज पहुंचने पर बच्चन ने अपनी मां और बहन से मेरा परिचय श्रीकृष्ण की

भाभी के रूप में दिया। बच्चन के मुट्ठीगंज के मकान का निचला भाग कुछ बड़ा था। आंगन, रसोई और माता-पिता के रहने के कमरे नीचे थे। ऊपर खुली छत थी और दो छोटे कमरे। बच्चन का कमरा लम्बाई में बड़ा था। कमरे में तख्त और लोहे की दो कुर्सियां पड़ी थीं। फर्श कच्चा था। बिना किवाड़ों की अलमारी में कुछ पुस्तकें थीं। दूसरा कमरा बच्चन के भाई का था। यह कमरा कुछ छोटा था। इसी कमरे में मुझे स्थान मिला। भाई बैंक में नौकर थे। वह इस समय इलाहाबाद में नहीं थे। घर में छोटी बहन बिट्टो थी। हम दोनों हमउम्र थीं। हो सकता है मैं एक आध वर्ष बड़ी होऊं । बिट्टो और मैं रात को इसी कमरे में रहते थे और खूब गपशप करते थे।

बच्चन १९३४ में शायद अग्रवाल विद्यालय में अध्यापक थे। पैंतीस रुपया माहवार पाते थे और ट्यूशनें भी करते थे। अम्मा और बिट्टो से मेरा हेल-मेल बढ़ गया। अम्मा मुझे बहुत प्यार से चौके में बैठाकर खाना खिलाती थीं। कभी-कभी बच्चन के पिता लहीम-शहीम, तीखी नाक बहुत गम्भीर मुद्रा में दिखाई पड़ जाते। शायद कभी नमस्कार हो जाता होगा।

मुझे बनारस की एडमिशन परीक्षा दुबारा देनी थी। शकुन्तला भार्गव ने इस वर्ष भी मदद का आश्वासन दिया था। मेरे सारे विषय तैयार थे, सिवाय अंग्रेज़ी के। मुझे मेहनत अंग्रेज़ी में ही करनी थी। शेष विषय केवल दोहराने थे। बच्चन ने मेरा प्रबन्ध एक स्कूल में कर दिया। इस स्कूल में बोर्डिंग भी था। इस स्कूल की प्रिंसिपल या मुख्याध्यापिका कुमारी रामेश्वरी गोयल थीं। लड़कियों से पता चला कि वे कवियत्री हैं और विश्वविद्यालय के किसी अध्यापक से उनके अनुरागपूर्ण सम्बन्ध हैं और वे जल्दी ही विवाह करने वाली हैं।

इस स्कूल में लड़कियां बैलगाड़ियों से आती थीं। चारों ओर पर्दे लगे रहते थे। यह आज़ाद पंजाब नहीं, इलाहाबाद था। लाहौर में पढ़ने जाने वाली लड़कियां और लड़के पैदल जाते थे। लड़के साइकिल भी इस्तेमाल करते थे। मुहल्ले की दो-चार लड़कियां गप्प लड़ाती स्कूल पहुंच जाती थीं, वैसे ही वे वापस भी आ जाती थीं।

इन छोटी-छोटी बैलगाड़ियों को देख मुझे बहुत आश्चर्य हुआ और हंसी आयी। मैं घर से इक्के पर आने-जाने को तैयार थी पर इन बैलगाड़ियों में कैदी की तरह नहीं बैठ सकती थी। मैं इस होस्टल में सप्ताह भर ही रह सकी।

इस होस्टल में खाने का कुछ ठीक प्रबन्ध नहीं था। पता चला, महाराजिन तहरी बना रही है। नाम नया था। पहली बार होस्टल में आकर सुना था। सुन कर आश्चर्य भी हुआ। खाते समय पता चला कि चावलों को घी में छौंक कर आलू तथा कोई अन्य सब्ज़ी मिलाने से तहरी बन जाती है। इसी प्रकार घर छोड़ने के बाद दिल्ली में पहली बार अरहर की दाल देखी थी और खायी थी। पंजाब में यह दाल नहीं खायी जाती थी और न कभी नाम

ही सुना था। अरहर की दाल मुझे चने की दाल से मिलती-जुलती मालूम होती थी। ज़ायके में अंतर ज़रूर था। इस छात्रावास में चार-छः लड़कियां थीं, भोजन की व्यवस्था भी ठीक नहीं थी। कमरों में अंधेरा था, फर्श कच्चे थे। मैं घर वापस आ गयी।

श्यामा से भेंट

बच्चन की पत्नी श्यामा अपने मायके में थीं। श्यामा से मिलने की उत्सुकता थी। एक दिन मैं श्यामा से भेंट करने बच्चन के साथ बाई के बाग पहुंच गयी। श्यामा और उसके परिवार ने बड़ी आवभगत की। श्यामा ने आश्वासन दिया कि वह जल्दी ही मुट्ठीगंज आ जाएगी और आ भी गयी।

श्यामा का रंग सांवला था। शरीर के अनुपात में चेहरा बड़ा था लेकिन बहुत ही सौम्य। उसकी आवाज़ सुनने के लिये कानों को पास ले जाना पड़ता था। मुस्कान बहुत ही प्यारी थी। उसका मुस्कराना तो दिल लूट लेता। श्यामा को हम सुन्दर नहीं कह सकते लेकिन उसके चेहरे पर ऐसी सौम्यता थी कि अकारण अपनी ओर खींच लेती थी।

पढ़ाई की व्यवस्था के लिये बच्चन मुझे श्रीमती महादेवी वर्मा के पास प्रयाग महिला विद्यापीठ में ले गये। आदरणीय महादेवी जी से मेरी यह पहली भेंट इसी विद्यापीठ में हुयी। मुझे यहां प्रवेश मिल गया। प्रतिदिन मैं घर से पढ़ने के लिये आती थी। मैं इस स्कूल में लगभग तीन मास पढ़ने आयी। महादेवी जी * को यह भेंट याद थी।

बच्चन की बहन बिट्टो से मेरी मित्रता हो चुकी थी। वह मेरे स्कूल से लौटने की प्रतीक्षा में रहती और पहुंचते ही गपशप करने आ बैठती। बिट्टो मुझे भाभी, अम्मा रानी बहू कह कर पुकारती थीं। बच्चन रानी नाम से मुझे कुछ दिनों बाद बुलाने लगे थे।

एक आवाज़ और प्रतिदिन सुनायी पड़ती थी। अम्मा बोलती थी, मुक्त जी आ गये ! और फिर उनसे कुछ बातचीत। यह आवाज़ प्रतिदिन कभी सुबह, कभी संध्या सुनायी देती थी। बच्चन की बहन बिट्टो ने बताया कि यह बच्चन के प्रिय मित्र प्रफुल्लचन्द्र ओझा 'मुक्त' हैं। पास ही मुट्ठीगंज में रहते हैं। प्रति संध्या बच्चन श्यामा को साथ लेकर मुक्त जी के घर जाते थे, यह मैं जान गयी थी। इसके अतिरिक्त उनके घर में उनका भांजा राम था जिसकी उम्र १५-१६ वर्ष रही होगी। शायद उसके माता-पिता नहीं थे।

इलाहाबाद में बच्चन के घर रहते हुए मुझे ज्ञात हुआ कि श्रीकृष्ण और बच्चन की मित्रता काफी पुरानी है और बच्चन श्रीकृष्ण सूरी की आराधना भगवान या देवता के रूप में करते हैं। बच्चन के आराध्य देवता श्रीकृष्ण सूरी हैं। अतः जब श्रीकृष्ण सूरी की भाभी

(*मूल अंश लिखे जाने तक वे जीवित थीं—लेखिका)

(यानी मैं) इलाहाबाद आयी तो उसका आसन भी देवी के रूप में स्थापित हुआ। पूजा–आराधना करने तथा न्योछावर होने के लिये बच्चन सदा तत्पर रहते। मुझे यह सब बहुत असाधारण लगा। बच्चन और श्रीकृष्ण की मित्रता के इस रूप का आभास मुझे यहां इलाहाबाद में ही हुआ। सायं बच्चन सीधे ऊपर आते। मैं स्कूल से जल्दी वापस लौट आती थी। बिट्टो तुरन्त भाई के लिये नाश्ता–पानी लाने नीचे दौड़ जाती। बच्चन अपनत्व, आदर और श्रद्धा से मेरा हाथ और माथा चूम भावुकता में विभोर हो उठते। यह लगभग उसी प्रकार की कवि–सुलभ मानसिकता और भावना थी जैसे भक्त अपने भगवान को पाकर भावोवेश में आराधना में कोई कमी नहीं रहने देता। बच्चन के श्रीकृष्ण का मित्र और प्रेमी होने के कारण मैंने उनका व्यवहार सहज समझा। 'वह पगध्वनि मेरी पहचानी' कविता जिस जोश–खरोश में लिखी गयी वह भी समर्पण की उत्कट भावना थी। यह उस समय लिखी गयी जब मैं इलाहाबाद में १९३४ के सितम्बर–अक्टूबर मास में बच्चन के घर पर थी। बच्चन मुझे अपने सामने बैठाकर, खुली छत पर घूम–घूम कर गाते थे। ऐसा लगता था जैसे यह कवि नहीं कोई दीवाना है।

इसी दीवानगी में बच्चन ने मुझे एक पुस्तक भेंट की। पुस्तक पर लेखिका का नाम यशोदादेवी था और वह प्रति आर्ट पेपर पर छपी थी। मेरे लिये उस पर प्रेम समर्पण लिख कर मुझे भेंट की गयी थी।

प्रिय रानी,

दस कहानियों के साथ अपनी भी एक कहानी मिलाकर तुझे उसे समर्पण करता हूं। ले।

बस
तुम्हारा ही,
बच्चन
९ अक्टूबर १९३४

बच्चन से ही मालूम हुआ कि वे अपनी कविता की पाण्डुलिपियां श्रीकृष्ण को उनके जन्म दिवसों पर भेंट कर चुके हैं। ये पाण्डुलिपियां ७२–७३ तक तो श्रीकृष्ण के पास थीं, फिर क्या हुआ कुछ पता नहीं चला। इनके नाम थे-- 'तेरा हार', 'चांदनी', 'कदम्ब', 'तेरी बांसुरी', 'मानसरोवर'। 'मानसरोवर' आज भी मेरे पास है। 'खय्याम की मधुशाला' और 'मधुबाला' भी भेंट हुयीं।

जितना आदर-प्यार श्रीकृष्ण को बच्चन ने दिया श्यामा भी पीछे नहीं रही। हर पाण्डुलिपि में बच्चन के प्यार के सम्बोधन के साथ श्यामा द्वारा लिखित कविता के रूप में दुआएं भी साथ रहती थीं।

श्रीकृष्ण के लिये बच्चन के प्यार भरे तीन पत्र आज भी मौजूद हैं, जिनकी तिथियां निम्नलिखित हैं:-

१- २२.१२.३२ २- १५.१.३३ ३- २७.१.३३

२२. १२. ३२.

मेरे प्यारे

सुकुमार प्यार

आज २२-१२-३२ है। तुम्हें आज पांच वर्ष पहिले उस दिन की याद आ रही है जब एकाएक आकर [illegible] मेरे जीवन में प्रविष्ट हो गए थे। प्रति वर्ष तुम्हें उस दिन की याद दिलाता रहा हूं। आज भी एक पुस्तक उपहार भेज कर तुम्हें उस दिन का स्मरण कराना चाहता हूं। इसी दिन मेरे 'प्रेम-शिशु' का जन्म हुआ था और आज उसकी पांचवीं वर्षगांठ है। क्या तुम्हें यह जान कर प्रसन्नता नहीं होगी? इसके [illegible] शीश पर हाथ रख कर आशीर्वाद दो कि यह चिर-जीवी हो। यह मेरा [illegible] है जिसे मैंने बड़े प्यार, दुलार और नाज़ से पाला है। आज इसे गोद में लेकर आशीर्वाद दो कि यह सदा सुखी रहे। क्या तुम्हारा इस सुकुमार शिशु से तुम्हें उतनी बड़ी प्रसन्नता नहीं जितनी एक पुत्र अपने पिता को देता है। आज इस अनजान मौन बच्चे को मुहँ चूम कर आशीर्वाद दो कि यह विश्व का [illegible] ले रहा है। इस मौन पाप को मैंने [illegible] से पाया है और माता अपने बच्चे को पालता है।

लोग कहते हैं प्यार दुलार से बच्चे खराब हो जाते हैं।

[illegible]

[illegible]

अब मैं तो [illegible] शिशु की माँ हूँ। [illegible] मुझे प्राणों से प्यारा है यद्यपि मेरा प्रयत्न यही होगा कि मैं इसे एक आदर्श बालक बनाऊँ। [illegible] आशीर्वाद दो कि मैं अपने प्रयत्न में सफल बनूँ और [illegible] योग्य होऊँ।

[illegible]

[illegible]

तुम्हारी — [illegible]

[illegible]

१५ - १ - ३३
रात

मेरे बहुत बहुत प्यारे सुकुमार लाल,

हार्दिक प्यार, आशीर्वाद और शुभकामनाएँ।

अभी पिछली उम्रों बचपन की पीढ़ी।

ठीक आज के ही दिन आज से लगभग महीने भर पहले उसी समय के 'लोग लाग' 'तेरी बाँसुरी', 'प्राण लोभी' और 'कदम्ब' को तुम्हारे चरणों में भेजने की तैयारी कर रहा था। उन दिनों जीवन में कितनी निराशा थी! आने वाले जन्म दिवसों के लिए उपहार भेज दिए थे। शायद अब फिर तुम्हारा जन्म दिवस न देख सकूँ। आज भी जीवन उन्हीं निराशाओं से पूर्ण है। चार दिन बाद तुम्हारा प्यारा जन्म-दिन आएगा। पता नहीं कि मैं जीऊँ न रहूँगा। तुम्हारी उस बड़ी गाँठ के लिए तो 'तेरी बाँसुरी' थी, पर याद आता भी हृदय के गीत लिखूँ तो लिखे हुए! अपने जीवन की एक सब से सुकुमार विभूति को तो तुम्हारे ही चरणों में अर्पित कर चुका हूँ। उसका कोई दूसरा अधिकारी नहीं। यह वही भावना गीत 'चाँदनी' के रूप में तुम्हारी भेंट है। हे भगवान! कितना कोमल! यह तुम्हारी इक्कीसवीं बड़ी गाँठ के लिए है। तुम अपनी इक्कीसवीं बड़ी गाँठ का झलका देखोगे, मुझे याद रखोगे। यह मेरी आने वाली सभी गाँठों की स्वर्ण-शुभ-कामनाएँ हैं, बहुत पहले से दिए गए निमन्त्रण हैं। वे तुम्हारा आगे और तुम्हारे चरणों में सुख, आनन्द, हर्ष, कीर्ति, कुशल मंगल की अञ्जलि अर्पित करें।

तुम्हारे लिए मेरे हृदय में कितना प्यार है, कितनी श्रद्धा है, कितनी सुकुमार भावना है। उसे मैं अपनी कविता की कुछ इनी गिनी दीन पंक्तियाँ भेजकर कैसे व्यक्त करूँ! उन्हें भी तो तुम्हारा हो नहीं रहने देता। 'तेरा तेरा' जब था तेरा तब था मुझ से वह अलग सा हो गया। एक दिन उसी को सोच कर बहुत व्यथित हुआ कि अपने भगवान को यह दीन पंक्तियाँ चढ़ा कर भी मैंने पाप ही किया। फिर विचार आया कि मैंने ठीक ही किया। जो मेरे भगवान के चरणों में चढ़ाई थी उसका प्रसाद मैंने संसार को बाँट दिया। आशीर्वाद भी तो मुख से निकलता वह आज सैकड़ों मुख से निकलेगा और उसका आशीर्वाद मेरे प्रभु को लगेगा। तुम्हारे चरणों में चढ़ी हुई और मेरी भी एक न एक दिन प्रसाद के रूप में संसार के सामने आएगी। इस बार मेरी भावना, भक्ति, स्नेह और प्यार। भगवान के चरणों में भावना चढ़ाता हूँ मैं नहीं।

मेरी प्यारी सुकुमार, मेरी मधुर, मेरे जीवन के आनन्द अपनी शुभ वर्षगाँठ पर मेरी बहुत बहुत बधाई बहुत बहुत प्यार, बहुत बहुत शुभाशीष, बहुत बहुत मुबारकबादें स्वीकार करो। यह कुछ 'चाँदनी' तो कुछ भी नहीं। उसके पीछे मेरी सुकुमार, नम्र, प्रेमिल, और स्नेह-भीनी भावना को देखना। मुझे विश्वास है तुम मेरी इस धृष्टता को क्षमा करोगे।

प्यारे, आज तुम्हें एक बहुत बड़ा पत्र लिखने की सोच रहा था, पर अब समाप्त करता हूँ। मेरा स्वास्थ्य ठीक चल रहा है अच्छा नहीं। तुम्हें पिछला पत्र भेजने के बाद से मैं अस्वस्थ हो गया हूँ। शुक्रवार को तबियत खराब होने पर भी लिखता रहा गया। पर दो घंटे के बाद मालूम हुआ कि मैं बैठ नहीं सकता। शनिवार को छुट्टी थी। आज रविवार था। दो दिन विश्राम किया पर अभी तबियत ठीक नहीं। पर मन प्रसन्न है। मेरे लिए चिन्तित न होना। आज यह भेंट भेज देना जरूरी हो गया, जिससे तुम्हें २० को मिल जाए। 'चाँदनी' तो बहुत पहले तैयार हो गई थी। कार्ड भी बन गया था। बस इस दिन की प्रतीक्षा थी कि कैसे तुम्हें यह भेजूँ। आज मैं इसे भेज कर प्रसन्न हूँ। वही मेरा प्रतीक्षित दिन आया। आज मुझे अतिरिक्त वर्षों के हर्ष का दिन है।

आओ प्यारे तुम्हें अपनी गोद में बिठा कर तुम्हें प्यार कर लूँ, तुम्हारे सर पर हाथ फेर कर अपने हृदय के आशीर्वाद तुम्हें दे दूँ। तुम्हारे कपोलों को छू अपना [illegible] एक बार में ही तुम पर निछावर कर दूँ। न जाने कब यह दिन देखने को मुझे मिले मिले न मिले। . . .

. . . .

चरणों में भी [illegible] — प्यार - [illegible]

तुम्हारा [illegible] अपराधिनी-सा नत मस्तक-सा तुम्हारा

[signature]

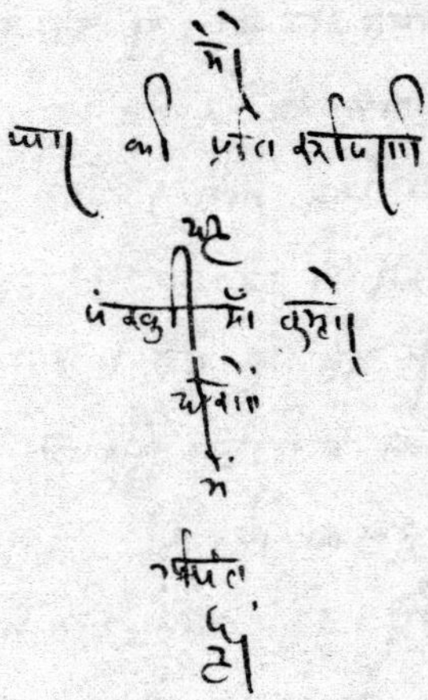

और अब यह तीसरा पत्र—बच्चन का श्रीकृष्ण के नाम (२७.१.३३) जिसका उत्तर श्रीकृष्ण ने ४.२.३३ को दिया है, यह तिथि भी उस पर अंकित है :–

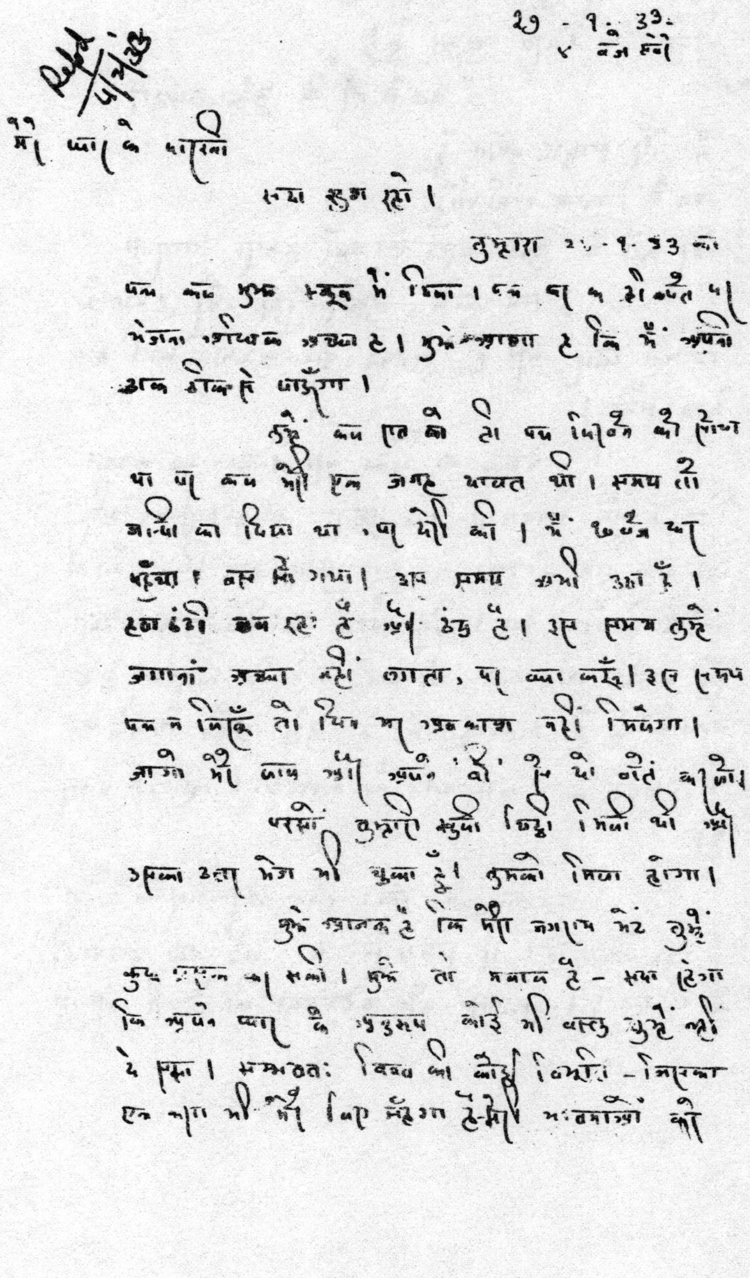
२७-१-३३.
सदा शुभ रहो।

प्रकट नहीं कर सकती। जब कुछ भी तुम्हें भेजता हूँ यही विचार हृदय में उठते हैं और उद्गार शीर्षक कविता में लिख चुका हूँ।

"जब मैं कभी भी कुछ उपहार
मैं तो सकुच जाता हूँ
मन में कितना शर्माता हूँ
और कहाँ ये कुछ वस्तु रूप! कहाँ हमारा प्यार!!"

सच कहो, तुम्हारे लिए भी हृदय में जितना प्यार भरा है शायद उसे तुमको कभी न दिखा सका।

वैद्यक का पैक वगैरा लिया यह अच्छा किया। मुझे आशा है कि तुम्हारा slight fever भी रुक चला गया होगा। मैं तो तुम्हारे जाने दिन कुछ तो अच्छा हो गया था। और आज कल बिल्कुल अच्छा हूँ। यद्यपि आज कल अधिक कार्य के कारण कुछ overtired हो जाता हूँ। मैंने तुम्हें अपने विद्यापथ में अपना कार्यक्रम भेजने को कहा था। वह इस प्रकार है।

आज कल मैं प्रातः तीन बजे या के बीच में उठ जाता हूँ। उस समय से ६-७ बजे तक ध्यान जी को पढ़ता हूँ। उस का उस परीक्षा की तैयारी करता हूँ

हूँ। यों तो उसका अध्ययन बहुत विस्तृत है पर वह प्रायः critical अथवा systematic नहीं। मैं चाहता हूँ कि दो वर्षों के भीतर उसे डिग्री (honours) तक पहुँचा दूँ। बाधा केवल उसके स्वास्थ्य की है। अंग्रेज़ी भी स्वाध्याय [illegible] चलेगी। फिर भी बनारस और बनारस की Admission परीक्षा में डिप्लोमा (?) का है। उसमें Math. optional है। उसके स्थान पर संगीत है। संस्कृत के स्थान पर Domestic Science है। मैं समझता हूँ कि इन सुविधाओं के कारण Admission परीक्षा के लिए ठीक होगा। मेरा विचार है Music सिखाने को तुम्हारे पास भेज दूँगा। बोलो राज़ी हो न कितने दिनों में वहाँ का कोई प्रबंध (?) हो जायगा? कोई थोड़ा ही है। लिखो तो भेजूँगा। इच्छा तो मैं तुम्हें अपना आतुर रसिक (?) बना रहा था।

५½ से ६½ प्रातः कुछ्यों (?) में बीत जाते हैं। फिर अपना स्नान पर चला जाता हूँ। वहाँ दो घंटे पढ़ाता हूँ। एक सप्ताह दिनों को लड़की को फिर घर आकर खाना खाता हूँ और विश्वविद्यालय के लिए चल पड़ता हूँ। वहाँ १०½ से तीन तक एक उसांस की फुरसत नहीं। आज कल मुझे ६ Period का काम दिया है। उसके बाद Allahabad High School जहाँ मैं पढ़ता था, वहाँ जाता हूँ। वहाँ

Most affectionate Basant Greetings for yourself Bud & Emmea with [illegible] yellow petal.

७ बजे से ९ बजे तक इंगलिश और हिन्दी पढ़ने वालों के बीच ८० लड़कों को पढ़ाता हूँ। तब घर जाता हूँ। एक समय मैं बिल्कुल थक जाता हूँ। और संध्या छह बजे से पुरी का खाना और रेलगाड़ी के साथ घूमने चला जाता हूँ — अभी पुल पर। मुझे वह जगह खूब याद है जहाँ हम तुम उस दिन बैठे थे। और दिन वहीं थोड़ी देर खड़ा हो जाता हूँ। सोचता हूँ उस पुल पर मेरे हृदय में कोई सुन्दर ख्याल आता मुझे भावना का देता है। सेतु-स्तम्भ (Pillar of the Bridge) पर एक कविता लिखने का विचार है।

वहाँ से खाना खाकर आता हूँ। जो चाहा तो हिन्दी की पत्रिकाएँ देखता हूँ अथवा कविता की कोई पुस्तक लिए सो जाता हूँ — मुर्दों की तरह।

अच्छा तुम अपना समय कैसे बिता रहे हो? मुझे पूरा पूरा लिख कर भेजना। ज़रूर।

भाई — इलाहाबाद Dry fruits भेजा है — इसका अर्थ मैं कुछ भी नहीं समझ सका। लेकिन भेजा है? किसने? मैं कुछ भी नहीं जानता। मेरे लिए हिन्दी के कुछ उपन्यास, हिन्दी और उर्दू कवियों की कृतियाँ, उर्दू कविता की पुस्तकें भेज सकते हो। और जो भी तुम उनके योग्य समझो। पत्र समाप्त करता हूँ।

बहुत बहुत सी प्यार, आशीर्वाद इत्यादि
तुम्हारा [illegible]

[illegible]

बच्चन के भगवान और मेरे शुभचिंतक श्रीकृष्ण सूरी का व्यक्तित्व बड़ा आकर्षक था। वह कई कलाओं का धनी था। बहुत अच्छा गाता था। उसके गाने में दर्द और गले में बड़ी लोच थी। भावुक हृदय। शेर–शायरी और कविता से बेहद लगाव, मृदुभाषी। अंग्रेज़ी भाषा के कवियों के नाम मैंने उसी से सुने थे—बायरन, शैली और कीट्स ! खय्याम की रुबाइयों को वह अंग्रेज़ी में दोहराता था। उस समय यह सब मेरी समझ में नहीं आता था। जेल में यशपाल जी ने इन कवियों को श्रीकृष्ण द्वारा भेजी गयी किताबों के माध्यम से खूब पढ़ा था। मुझे कविता से न विशेष लगाव था, न समझ थी, तिस पर अंग्रेज़ी आती नहीं थी। खय्याम की रुबाइयों के प्रति श्रीकृष्ण को बहुत मोह था। यह रुबाइयां श्रीकृष्ण को लगभग कंठस्थ थीं। खय्याम के अनुवाद की प्रेरणा बच्चन ने श्रीकृष्ण से पायी। प्रेरणा ही नहीं श्रीकृष्ण के अनुरोध से यह अनुवाद हुआ। यह सब कुछ बच्चन अपने जीवन से भुला नहीं सकते। चाहे वह कुछ भूलें या याद रक्खें।

भगवान श्रीकृष्ण से बच्चन की भेंट

सन् १९२९ में बच्चन की सहपाठी सुदक्षिणा के विवाह के समय बारात ग्वालियर से आयी थी। इस बारात में श्रीकृष्ण सूरी भी आये थे और यहीं बच्चन श्रीकृष्ण पर अपना दिल लुटा बैठे। इतना ही नहीं अपने प्यार के साथ सब पाण्डुलिपियां भी बच्चन ने अपने भगवान श्रीकृष्ण की आराधना में भेंट कर दीं।

श्रीकृष्ण बच्चन का प्यारा था। बच्चन का भगवान था, देवता था। श्रीकृष्ण बच्चन के जीवन में प्यार लेकर आया, प्रेरणा लेकर आया। बच्चन ने उस प्रेरणा से जीवन पाया, यश पाया। 'खय्याम की मधुशाला' जन्म न लेती तो शायद उनकी अपनी रचना 'मधुशाला' का जन्म भी न होता। इस मधुशाला ने मधु के घट बांट कर निहाल कर दिया पीने वालों को और मरघट में दबा दिया उसके प्रेरणा स्रोत—'भगवान' श्रीकृष्ण सूरी को—जिसके लिये 'मानसरोवर' बना, 'तेरा हार' पिरोया, 'चांदनी', 'तेरी बांसुरी', 'कदम्ब' की रचना हुयी। श्रीकृष्ण की लीला के लिये इन सब को जुटाया गया, सजाया गया। श्रीकृष्ण की आराधना का यहीं अन्त नहीं हुआ। वह पुजारी जीवन में सुलगता रहा—उसे कभी चैन नहीं मिला। अपने प्रेरणा स्रोत को झुठला कर किसे चैन मिला है ? बच्चन आज भी गुनगुनाते हैं :

तन के सौ सुख, सौ सुविधाओं में
मेरा मन वनवास दिया सा।

सब से बड़ी बात, यह परिवार देश–भक्त परिवार था। इस परिवार ने अन्य देश–भक्तों के लिये अपने जीवन को खतरे में डाला, यह जानते हुए भी कि ब्रिटिश सरकार उन्हें तबाह कर सकती है।

श्रीकृष्ण की मित्रता दिल्ली के बड़े भले और समृद्ध परिवारों के मित्रों से थी। यह मित्र उनके सहपाठी थे। वे श्रीकृष्ण के घर आते थे और उससे बहुत प्रभावित थे। मैं जब कभी दस–पांच दिन सूरी परिवार में रही, उसके मित्रों से भेंट होती रही। अपने असली नाम से नहीं।

श्रीकृष्ण को गाने–बजाने, कविता और साहित्य से प्रेम था। खुश मिज़ाज होने के अलावा दुख–सुख में सब की सहायता करने को तत्पर। वह अपने मित्रों के लिये आकर्षण का केन्द्र था। वह घंटों आप को बातचीत में उलझाये–बैठाये रख सकता था। शेर–शायरी और गज़लों का तो कहना ही क्या ? श्रीकृष्ण इन सब गुणों से भरपूर था।

मैं बच्चन के घर पर कुल सवा तीन मास रही। दो मास किराये के मकान में। मैंने बच्चन या श्रीकृष्ण पर कभी आर्थिक बोझ नहीं डाला। मैं अपना सब खर्च स्वयं संभालती थी। सरकारी हुक्म से दिल्ली छोड़ देने के कारण कहीं और रहना ही था। बच्चन के घर में रहते समय जो सब खाते थे मैं भी खाती थी। अम्मा का चौके की लकीर के बाहर बैठा कर बड़े प्यार से खाना खिलाना मैं आज भी भूल नहीं सकती।

बच्चन की बहन बिट्टो भी बड़ा स्नेह करती थी। वह शरीर से मोटी, शक्ल–सूरत में साधारण, धोती के ऊपर चांदी की करधनी बांधे रहती थी। उस समय के ख्याल से वह शादी की उम्र पार कर चुकी थी। परिवार के सामने समस्या जटिल थी। उसे कभी–कभी दौरे भी पड़ते थे। एक दिन वह ज़ोर से चिल्लायी और ऊपर की सीढ़ियों से बेहोशी में फिसलती आंगन में लुढ़क गयी। उसके विवाह के लिये दौड़–भाग हो रही थी। बच्चन मध्य प्रदेश में कहीं उसके लिये लड़का ढूंढ़ने गये थे। उस समय लड़का देखा जाता था और परिवार की हैसियत भी देखते थे। लड़की नहीं दिखायी जाती थी। बहरहाल लड़का सुन्दर था। बिट्टो का तिलक भेज दिया गया।

परिवार की सारी ज़िम्मेदारी बच्चन पर थी। अपनी कमायी से वह अपनी पत्नी श्यामा का इलाज भी नहीं करा सकते थे। श्यामा कुछ दिनों के लिये आयी पर फिर मायके लौट गयी। वह प्रायः मायके में ही रहती थी। उसे लगातार बुखार आता रहता था।

नवम्बर में बच्चन के भाई शालिग्राम का तबादला इलाहाबाद में हो गया। उनका कमरा खाली करना था।

श्रीकृष्ण को आने के लिये पत्र लिखा। राजनैतिक कारणों से उसके लिये एकदम आ सकना आसान नहीं था। वह कई बार संदेह में गिरफ्तार हो चुका था। बहरहाल श्रीकृष्ण माह नवम्बर आखीर में इलाहाबाद आ गया और तब मुट्ठीगंज में ही एक क्रिश्चियन परिवार के घर की पहली मंज़िल पर एक हाल और कमरा किराये पर ले लिया। इस कमरे की व्यवस्था श्रीकृष्ण ने करवाई थी। इस मकान का किराया पांच रुपया माहवार था। नये घर में जाने से पहले कुछ खाने–पीने का प्रबन्ध भी किया। कुछ बर्तन

बच्चन के यहां से ले आये। मुझे अभी दो मास और इलाहाबाद में रहना था। फरवरी में बनारस पहुंचना था क्योंकि परीक्षा मार्च में आरम्भ हो जाती थी। बनारस होस्टल में स्थान सुरक्षित करा लिया था।

श्रीकृष्ण के आते ही मेरी पढ़ाई बहुत अच्छी होने लगी। दुर्भाग्य से मैं उसी समय बीमार पड़ गयी। दाहिनी बांह के ऊपरी हिस्से में बहुत बड़ा (छोटी गेंद के आकार का) फोड़ा हो गया था। चार-पांच रातें बहुत कष्ट में कटीं। आखिर फोड़ा चीरा गया तो चैन मिला। बच्चन का बताया ही यह डाक्टर था। यह वह समय था जब शालिगराम इलाहाबाद आ गये थे और शैलकुमारी (बिट्टो) का तिलक भेजा जा रहा था। बच्चन जब तिलक से फुरसत पाकर आये तो मैं सो रही थी।

कभी-कभी साधारण बात भी तूफान बन जाती है और ऐसी घटनाएं किस घर में या मित्रों में न होती होंगी ? यह साधारण सी बात है कि जहां दो व्यक्ति रहेंगे कभी बहस और तकरार भी हो सकती है। ऐसे ही एक दिन श्रीकृष्ण से बड़ी बहस हो गयी। परेशान हो मैं मेज़ पर कागज़ लिखकर सीढ़ियां उतर गयी और यमुना पुल पर बैठ मन को शांत किया। घंटे भर बाद मैं लौट आयी। बच्चन और श्रीकृष्ण दोनों ने सवाल पर सवाल किये। बच्चन ने इस घटना को ऐसे बताया है जैसे सब कुछ प्लान बनाकर किया गया हो। ऐसी छोटी बात को तूल बच्चन ही दे सकते थे।

इलाहाबाद रहते समय मैं श्रीकृष्ण के साथ दो-तीन बार श्रीमती उमा नेहरू के यहां उनकी बेटी से मिलने गयी। उनकी शिक्षा और सुझाव मेरे जीवन में बहुत काम आये। एक दिन वहां पहुंची तो पता चला, श्यामकुमारी जी अस्वस्थ हैं। मैं पूछ बैठी, सुना है शम्मी दीदी की तबियत ठीक नहीं।

उन्होंने पलट कर पूछा—किस के दुश्मनों की तबियत ठीक नहीं है ? यह प्रश्न सुनकर मैं चक्कर में पड़ गयी। सोचा, मुझसे कुछ गलत बात हो गयी है या मैंने कुछ गलत कह दिया है। इस सबन्ध में समाधान के लिये किसी से बात की तो उन्होंने समझाया कि पूछना चाहिये था—सुना है, शम्मी दीदी के दुश्मनों की तबियत खराब है। समझ गयी, शायद इलाहाबाद का तकल्लुफी ढंग है कुशल-क्षेम पूछने का।

उमा जी प्रायः ही कुछ सीख देती रहती थीं। श्री श्यामलाल नेहरू जी से भी बातें होती थीं। उमा जी समझातीं कि तुम जवान लड़की हो। कानून के अनुसार शादी की रस्म पूरी होना आवश्यक है। यह भी समझातीं कि बी.ए., एम.ए. करके ही क्या करोगी ? कुछ हुनर सीखो। यशपाल चौदह वर्ष बाद जेल से आकर क्या करेगा ? तुम पहले से ही जीने के लिये कमाने का प्रबन्ध करो अन्यथा मुश्किलों का सामना करना पड़ेगा।

ऐसे ही एक दिन श्रीकृष्ण और मैं उमा जी के यहां से लौटे थे। संध्या पांच-छः

बजे का समय होगा। नीचे के दरवाज़े पर जोर से खटके की आवाज़ हुयी। इतने में बच्चन हांफते हुए ऊपर आ गये। उनके चेहरे पर घबराहट थी। चारपायी पर धम्म से गिर पड़े। श्रीकृष्ण और मैंने संभालने का यत्न किया। बस मुंह से एक ही वाक्य निकला—"मुक्त कहता है कि श्यामा उससे.....।" बच्चन की बेहोशी की सी हालत थी। 'मुक्त' की बात का दंश शायद बच्चन सह नहीं पाये थे। श्रीकृष्ण ने मुझे नीचे मकान की क्रिश्चियन मालकिन के यहां दौड़ाया और कहा कि पूछो, एक चम्मच ब्रांडी हो तो दे दें। मैं नीचे उतर गयी और एक चम्मच ब्रांडी मांग लायी। श्रीकृष्ण ने ब्रांडी बच्चन के मुंह में डाली। संयत होने के बाद बच्चन सम्भल पाये। श्रीकृष्ण के यह बताने पर कि ब्रांडी मांगकर पिलायी गयी थी तो बच्चन बोले—"पी भी तो साकी के हाथ से !" पहली बार मैंने ब्राण्डी, ह्विस्की या साकी का नाम सुना था। बच्चन के अस्वस्थ होने पर उसके घर के लोग भी उसे देखने आये। स्वस्थ होने पर श्रीकृष्ण बच्चन को घर छोड़ आये।

श्रीकृष्ण का जन्मदिवस बीस जनवरी को था। यह दिन बच्चन के लिये पर्व के समान होता था। इस बार बच्चन की इच्छा थी कि श्रीकृष्ण यदि बीस जनवरी को इलाहाबाद में रुके तो अपने भगवान का जन्मदिवस इस बार शान से मनाया जाय। जन्मदिवस को उत्सव का रूप देने के लिये एक पत्र बिट्टन को दिल्ली लिखा गया। बिट्टन (श्री जगजोत स्वरूप माथुर) श्रीकृष्ण के सहपाठी थे, परन्तु दोनों अभिन्न मित्र भी थे। इस अवसर पर एक पाण्डुलिपि तैयार हुयी—'मानसरोवर'। कवर पर पेंटिंग बना कर जन्मदिवस के उपलक्ष्य में अलग से कार्ड भी बना। श्रीकृष्ण २५ वर्ष के हो रहे थे और उन की रजत-जयन्ती का वर्ष था।

बिट्टन इलाहाबाद पहुंच गया। बिट्टन से मेरा परिचय सूरी परिवार के घर में हो चुका था। वे प्रायः रोज़ ही आते थे। बाद में उसके विवाह में भी मैं शामिल हुयी थी। वह सम्भ्रान्त माथुर परिवार से है और विश्वास है अभी जीवित होगा। अब हम चार मित्र थे। बच्चन, बिट्टन, श्रीकृष्ण और मैं (प्रकाशवती यानी रानी)। इस अवसर पर बच्चन के मित्र महेश गुप्ता सिद्धहस्त फोटोग्राफर और श्री प्रकाशचन्द्र गौतम जो अब भी मुट्ठीगंज में रहते हैं वे भी आये। और कौन-कौन आया याद नहीं। श्यामा अपनी मां के यहां थी और बीमार थी।

जन्म दिवस मनाने के लिये मालिक मकान की ईसाई बीवी ने मुझे छोटे केक बनाने सिखाये। अपना पुराने ढंग का अवन दे दिया और स्वयं भी ऊपर आकर मेरी सहायता की।

२० जनवरी, १९३५ के दिन कविता पाठ हुआ। बच्चन अपने भगवान श्रीकृष्ण के २५वें जन्मदिवस पर 'घुंघुरू बांध मीरा नाची रे' गाकर खूब नाचे। महेश गुप्ता ने इस

कृष्ण को मानसरोवर—

रजत जयन्ती के अवसर पर श्रीकृष्ण को भेंट :—

अवसर पर फोटो खींचे। एक फोटो में बच्चन, बिट्टन, श्रीकृष्ण और एक दूसरी फोटो में बच्चन, बिट्टन, श्रीकृष्ण और मैं हूं। बच्चन का हाथ मेरे कधे पर है जो मित्रों में अस्वाभाविक नहीं पर जिसे हटाने के लिये महेश जी ने प्रयत्न किया पर बच्चन माने नहीं। बिट्टन इस जश्न में भाग लेकर चार–छः दिन बाद दिल्ली लौट गया। मुझे भी इसी मास के अन्त में परीक्षा देने के लिये बनारस जाना था।

इलाहाबाद में मैं बच्चन के घर पर या किराये के मकान में रही। बच्चन और श्यामा ने मुझे बड़ा आदर दिया। कभी मनमुटाव नहीं हुआ। २० जनवरी, १९३५ को श्रीकृष्ण का जन्म दिवस खूब धूमधाम से मनाया गया। हंसी–खुशी और अच्छी भावना से इलाहाबाद छोड़ जनवरी आखीर या शुरू फरवरी में मैं बनारस होस्टल पहुंच गयी।

कुछ अन्य प्रसंग

बच्चन ने कुछ प्रसंग मेरे सबन्ध में अपने संस्मरणों में लिखे हैं, जो त्रासद हैं। जो उड़ानें बच्चन ने भरी हैं वह सचमुच ही कष्टदायक हैं। उन प्रसंगों ने बहुत गलत बातों

और भ्रान्तियों को जन्म दिया है। कुछ प्रश्नों का उत्तर वे आज भी नहीं दे सकेंगे। बच्चन ने 'दिनमान' (५ मई, १९८५) में दुहाई दी है—मैं कलम पर हाथ रख कर कहता हूं, मैं जो कहूंगा सत्य कहूंगा। सत्य के अतिरिक्त कुछ नहीं कहूंगा।

यह दुहाई इसलिये है कि बच्चन का व्यक्तित्व सत्य के सरोकार से जुड़ा ही नहीं। कलम की दुहाई देने की ज़रूरत ही किसी को क्यों पड़े ? सत्य तो सत्य ही है और सत्य बच्चन ने कहा ही कब है ? न अपने सम्बन्ध में, न अपने परिवार के सम्बन्ध में, न मित्रों के सम्बन्ध में। शिकायतें उन्हें जहान से हैं। इलाहाबादवासियों से हैं— क्यों ? ज़रा अपना अंतर्मन तो टटोलें ? 'दिनमान' में बच्चन ने कहा है, 'मेरे जीवन का आखिरी सत्य है संदेह।' संदेहों में जीने वाला व्यक्ति सत्य कब कहेगा ? जीवन विश्वास पर आधारित होता है न कि संदेहों पर ? जीवन में जो प्रत्यक्ष साक्ष्य है वही जीवन में सत्य है। जो देखा नहीं, भुगता नहीं, समझा नहीं, जिसका प्रमाण नहीं वह संदेह है। व्यक्ति संदेहों में नहीं विश्वास में ही जी सकता है अथवा वनवास में जियेगा।

अपने संस्मरणों में बच्चन ने सच्चाई न छिपा कर सब कुछ कह देने का विश्वास दिलाया है। औरों के बारे में मैं क्या कह सकती हूं पर मेरे सम्बंध में उन्होंने अपनी कल्पना को खुली छूट दे दी है और यही बात श्री कृष्ण के सम्बंध में सत्य है। ऐसा पोयेटिक लाइसेंस कविता की रचना में स्वीकृत या क्षम्य हो सकता है, किसी के चरित्र पर आघात करने या किसी की छीछालेदर करने पर नहीं। तिस पर जो चाहे भूलने और जैसे चाहे याद रखने की उनकी अद्भुत क्षमता की दाद देनी पड़ती है। मुझसे पहली भेंट के सम्बंध में बच्चन ने कुछ विस्तार से लिखा है कि मैं कैसे कटरा नील के एक मकान में छिप कर रह रही थी, कैसे श्रीकृष्ण और वह पुलिस को झांसा देकर कटरे के मकान तक पहुंचे जो श्रीकृष्ण की परिचिता किसी 'गुणसुन्दरी' का घर था। अपनी बात का विश्वास दिलाने और अपनी याद का सिक्का जमाने को बच्चन ने कई ब्योरे भी दिये हैं उदाहरणार्थ "दूसरे दिन इतवार था।" ('क्या भूलूं क्या याद करूं', संस्करण १९८२, पृष्ठ २७६-२७८)

यह पढ़कर विस्मय हुआ। लिख चुकी हूं कि बच्चन को मैने पहिली बार २६ मई, १९३३ में दिल्ली के बाग दीवार मुहल्ले में श्रीकृष्ण के घर देखा था। तब उनसे मेरा परिचय नहीं कराया गया था क्योंकि मैं फरार थी। बच्चन से पहिली भेंट और बातचीत इलाहाबाद में उन्हीं के मकान पर हुयी जब मैं दिल्ली में अपनी गिरफ्तारी और जेल से रिहायी के बाद अगस्त १९३४ में श्रीकृष्ण का पत्र लेकर कुछ दिन टिकने और पढ़ने के विचार से इलाहाबाद गयी थी। मैं किसी गुणसुन्दरी को नहीं जानती थी ओर न मैं ने इस नाम की महिला के बारे में कभी सुना था। संभव है, बच्चन की कोई मित्र हो, जिसे वे कल्पना की उड़ान में मिलकर ख़ुश होने चाहते हैं।

जो व्यक्ति मुझ से पहिली भेंट की बात इतने विश्वास से इतनी गलत लिख सकता है, काल्पनिक देश–काल की ही नहीं, काल्पनिक पात्रों की भी रचना कर सकता है, उसको मेरी मनःस्थिति या मेरे संघर्षों का कितना ज्ञान या कितनी समझ हो सकती है इस का निर्णय पाठक ही करेंगे।

बच्चन का कहना है कि मैं 'श्रीकृष्ण के जीवन की समस्या थीं' (वही पृष्ठ २७७) तथा उन्होंने मुझे 'विरह विधुरा सी' बैठे देखा था (वही पृष्ठ २७८)

बच्चन को पता होने चाहिये और पता था कि मैं एक कर्मठ लड़की थी। ब्रिटिश सरकार की जड़ें हिला देना चाहती थी। यशपाल जी के गिरफ्तार होते ही दल के साथियों द्वारा उनकी नेता चुनी गयी थी। मेरे नाम से परचे छाप कर ब्रिटिश सरकार को चुनौती दी थी। यशपाल जी के पकड़े जाने का मुझे कोई ग़म नहीं था। हम सब क्रांतिकारी जानते थे कि हम कभी भी पुलिस द्वारा पकड़े जो सकते थे।

बच्चन ने मेरे और श्रीकृष्ण की आर्थिक सहायता करने और हमारा बोझ उन पर होने की बात लिखी है। अगर वे इस का श्रेय लेना चाहें तो एक बात है, पर इलाहाबाद में रहते समय मेरी मित्र शकुन्लता भार्गव—जो आज भी जीवित हैं—प्रति मास मेरी सहायता करती थीं। ऐसे ही यशपाल जी और मेरे कुछ शुभचिंतक, जो चाहते थे मैं यथा शीघ्र अपनी पढ़ाई समाप्त का अपने पांव पर खड़ी हो सकूं, लगातार मेरी सहायता करते थे। बच्चन स्वयं आर्थिक कष्ट में थे। उनकी जो स्थिति थी, उसे देखते हुए, उनसे आर्थिक सहायता लेने की बात मैं सोच भी न सकती थी।

अपने संस्मरणों में बच्चन अधिकतर भूलते और बहुत कम याद रख पाते लगते हैं।

उन्होंने लिखा है, "जुलाई में मैंने एक दिन अखबार में पढ़ा कि प्रख्यात क्रान्तिकारी महिला प्रकाशो ने पुलिस के सामने आने पर आत्म–समर्पण कर दिया।" (वही, पृष्ठ २८८)। ऐसा कुछ न हुआ, इस का प्रमाण है हिन्दुस्तान टाइम्ज़ में छपी ५ व ७ जुलाई, १९३४ की रिपोर्ट, जिस की प्रति नेहरू म्यूज़ियम, दिल्ली में सुरक्षित है और जिसका अनुवाद इस पुस्तक में भी दिया गया है।

तथ्यों को नकारने के साथ बच्चन ने तथ्यों को तोड़ा–मरोड़ा है। उन्होंने लिखा है कि मैं उन्हें बाज़ार घुमाने के लिये कहती थी। (वही पृष्ठ २९३)। न वे कभी मुझे बाज़ार घुमाने ले गये, न मैंने कभी ऐसी मांग की, न मुझे कभी ऐसी ज़रुरत पड़ी। मैं कई वर्ष फरार रह चुकी थी। पुलिस की आंखों से बच कर रहते लोग सदा किसी का हाथ पकड़ कर नहीं चलते। मैं अकेली रह सकती थी (और रही भी)। बाज़ार जाना तो क्या नगरों के बीच अकेली यात्रा कर सकने में समर्थ थी। क्या बाज़ार तक जाने के लिये ही मुझे बच्चन की मिन्नत करनी थी ? इलाहाबाद शहर पुराने ढंग का था, यह सब मैं देख–भांप

गयी थी। इलाहाबाद रहने का मेरा प्रयोजन जल्दी से जल्दी हाईस्कूल परीक्षा पास करके, बनारस विश्व–विद्यालय में प्रवेश लेने का था, समय काटने का नहीं।

एक बात ओर वे भूल गये हैं। श्रीकृष्णा को एम.ए. करा देने के लिये चार सौ रुपये की पुस्तकें उधार ले कर देने का वर्णन बच्चन के संस्मरणों में है (वही, पृष्ठ २९९)। यह पुस्तकें श्रीकृष्ण के ना–नुकर करने के बावजूद उस पर लाद दी गयी थीं। साक्षी मैं हूं। हम दोनों ने बच्चन को पुस्तकें उधार लेने से रोका था, पर वे माने नहीं।

'विप्लव' का प्रकाशन नवम्बर, १९३८ में हुआ था। बच्चन की कविताएं 'विप्लव' में छपी हैं। कब से छपीं यह मुझे याद नहीं। बच्चन शिवाजी मार्ग स्थित विप्लव कार्यालय में प्रायः श्रीमती तेजी के साथ आते थे। यशपाल जी और तेजी में नोक–झोंक और तीखे हंसी–मज़ाक होते रहते थे। यशपाल जी जब भी इलाहाबाद गये बच्चन परिवार से मिले।

बच्चन का नया विवाह १९४२ में हुआ था। श्रीकृष्ण के नाम बच्चन का तार था—'तुम नहीं आओगे तो यह विवाह नहीं होगा।'

श्रीकृष्ण विवाह पर इलाहाबाद गये। वहां पहुंच कर श्रीकृष्ण ने बच्चन से पूछा—"यह विवाह तेजी सूरी से कैसे कर रहे हो ?"

उत्तर था—"तुम्हारे रूप को उसमें देखा।"

विवाह के बाद बच्चन और तेजी के अनुरोध पर श्रीकृष्ण कई दिन इलाहाबाद रहे। विवाह के समय श्रीकृष्ण सूरी तेजी सूरी के भाई बने थे।

बच्चन–चम्पा प्रसंग

बच्चन दरअसल अभावों से ग्रस्त व्यक्ति रहे। वे सदा संदेह भरी उड़ान भरते और मन को भाने वाली उड़ानें भर कर संतोष पाते थे। यह उन्होंने अपने संस्मरणों में स्वीकारा है। १७ वर्ष की उम्र में ही बच्चन के मन को ग्रस्त करने वाली खेल–स्मृतियां थीं। इसी उम्र में कर्कल के संग बच्चन की आंखें भी कोक शास्त्र पर ऐसे टूटीं जैसे कोई बहुत दिनों का भूखा स्वादिष्ट व्यंजनों पर टूटता है। बच्चन और कर्कल ने स्त्री–पुरुषों के भेद जाने और उनका वर्गीकरण किया। १७ वर्ष की उम्र में ही वे यौन सम्बंधी शब्दावली से परिचित हो चुके थे। स्खलन, स्तम्भन, सहतृप्ति और न जाने किन–किन भेदों से परिचित हुए। अपने को बच्चन ने मृग वर्ग में रखा, इसलिए बच्चन दौड़ते, फलांगते, बाद में अपनी कल्पना में कटरा नील में पुलिस को चराते मुझे (रानी को) मिलने आ जाते।

इसी उम्र में बच्चन का चम्पा से पहला इश्क। हर जवान लड़के लड़की को

इश्क करते देख कल्पना में चम्पा से साक्षात् करते। हर समय चम्पा के लिये कलख। चम्पा की छाया दिमाग पर रहने से बच्चन को अन्य कुछ दीखता ही न था। इसीलिये मैं भी चम्पा सी लग रही थी। चम्पा भोली थी—प्रकाशो सतर्क।

कर्कल और चम्पा इसी वर्ष बच्चन के जीवन में आये। इस जोड़े का हादसा दर्दनाक था।

कर्कल ने शादी के दिन दो मालायें मंगवायीं। एक बच्चन की ओर से, एक कर्कल की ओर से। कर्कल ने आश्वासन दिया—जो मेरा होगा वह तुम्हारा भी होगा। हम शरीर से दो हैं प्राणों से एक। प्यार के इस आदान–प्रदान में चम्पा की स्वीकृति।

एक प्राणलेवा हादसा। कर्कल दुर्भाग्य से ठंड खा गया और चल बसा। अर्थी उठाने से पहले ही चम्पा की घोषणा—'मैं कहे देती हूं, मेरे पेट में बच्चा है।' ऐसी कौन सा आशंका से चम्पा ने यह घोषणा की—यह चम्पा जाने और बच्चन जाने।

कर्कल तो चल बसा। मित्र बच्चन ने चम्पा का दुख बंटाने में कसर न छोड़ी। हर समय उसके कमरे में उसकी आंखों के सामने रहते। मौका मिलते ही उसे सहलाने के लिए उसकी रजाई में घुस जाते। मित्र होने का फर्ज़ निबाहते। लड़कपन का इश्क। चम्पा इनकार न कर सकी।

कर्कल की मृत्यु नवम्बर में हुयी। मई मास आते चम्पा सास की नज़रों से बच न सकी। कर्कल की मां सुन्दर की आशंका सही निकली। सुन्दर ने चम्पा को साथ ले बद्रीनाथ धाम की तैयारी कर ली। दुर्भाग्य से हिन्दू नारी और विधवा। बद्रीनाथ धाम ने चम्पा के सब दुख समेट लिये। सुन्दर ने चम्पा के सिर के बाल कटवा दिये। उसे सब चिन्ताओं से मुक्त कर दिया।

इलाहाबाद से बद्रीनाथ धाम चलते समय बच्चन ने प्रेम की निशानी के रूप में अपना नाम अपने खून से लिखकर चम्पा की झोली में डाल दिया जिसे चम्पा ने अपनी धोती की खूंट में कस कर बांध लिया था। यह कागज़ उन सभी यातनाओं का साक्षी रहा होगा जो बद्रीनाथ धाम में चम्पा ने झेली होंगी।

चम्पा जब सब कष्टों से निपट इलाहाबाद लौटी तो धोती की खूंट में बंधे कागज़ की गांठ वैसे ही पक्की बंधी थी।

बच्चन से मिलते ही चम्पा बोली—'दोषी मैं ही थी, प्रायश्चित कर आई हूं। तुम्हारे नाम से सब नदियों में स्नान कर आयी हूं। जिस धरती पर जन्मी हूं वहीं अपना शरीर छोड़ना चाहती हूं।' चम्पा उसी दिन अपने माता–पिता के घर गयी और प्राण त्याग दिये। धोती की खूंट में बंधा बच्चन के अपने खून से लिखा नाम भी, जो बच्चन के प्रेम की निशानी थी, उसकी चिता में जलकर राख हो गया।

बनारस में मेरी परीक्षा अप्रैल मास में समाप्त हो गयी। बनारस से सीधे मैं यशपाल जी की माता के पास लाहौर गयी। माता जी उस समय महिला कालेज होस्टल की इंचार्ज थीं। कालिज की प्रिंसिपल कुमारी थापड़ माताजी का बहुत आदर करती थीं। एक मास मैं उनके पास रही। मेरा नाम उन्होंने कीर्ति रखा था। वे मुझे सदा इसी नाम से सम्बोधित करती थीं।

इस बार मैं शाही मोहल्ला में अपने माता–पिता से भी मिली। यह भेंट घर छोड़ने के पांच वर्षों बाद हुयी थी। घर छोड़ने के कारण मेरे माता–पिता ने बहुत कष्ट पाया था। मेरी मां तो दो–तीन वर्ष घर से बाहर ही न निकली थी। वे सब मुझसे मिले तो ज़रूर पर मैंने उन्हें उत्साहित नहीं देखा। फिर भी वह इस बात से सहमत हो गये कि अगर मैं बनारस विश्वविद्यालय के छात्रावास में रह कर पढ़ती हूं तो वे मेरा सारा खर्च देंगे। हाईस्कूल परीक्षा में मैं पास हो गयी।

जेल में विवाह और जेल से रिहा

लाहौर से बनारस जाने से पहले मैं सीधे फतेहगढ़ जेल में यशपाल जी से भेंट करने गयी। फतेहगढ़ जेल में यशपाल जी अस्वस्थ हो गये थे। जून १९३४ में भूख हड़ताल के कारण उनका स्वास्थ्य बिगड़ चुका था। जेल सुपरिन्टेन्डेंट मेजर भण्डारी की वहां के राजनीतिक बंदियों से पट नहीं रही थी। आये दिन किसी न किसी बात पर झगड़ा होता रहता था। गर्मी आरम्भ होते ही यशपाल जी को हल्का बुखार आना शुरू हो गया। यशपाल जी की अस्वस्थता के सम्बंध में मैं, इसी वर्ष मई मास में, सर महाराजसिंह से मिलने नैनीताल गयी। सर महाराजसिंह उस समय उत्तर प्रदेश शासन के होम सेक्रेटरी थे। मैं उनके बंगले पर पहुंच गयी। सर महाराजसिंह ने यशपाल जी की समस्या को बड़े ध्यान से सुना और जल्दी ही इस दिशा में कुछ करने का आश्वासन दिया। वह बहुत सहानुभूति से पेश आये। बड़े आदर भाव से वे मुझे बाहर तक छोड़ने आये।

इस समय नैनीताल का रंग–ढंग निराला था। सैलानियों की भीड़ के अलावा उत्तर प्रदेश के राजा, ताल्लुकेदार भी अंग्रेज़ों की जी–हजूरी में नैनीताल में अपनी कोठियां, फ्लैट बुक कर लेते थे। शाम के समय नैनीताल की बहार देखने वाली होती थी। पक्की सड़क पर साधारण आदमी चल भी नहीं सकता था। राजाओं–ताल्लुकेदारों और अफसरों की बीवियों की सवारियां जब मल्लीताल के फ्लैट पर पहुंचतीं या नाच–सिनेमा, शांपिंग के लिए वे सज–धज कर निकलतीं तो उनकी हर चीज़ साड़ी के रंग से मैच करती होती थी। साड़ी–ब्लाउज़, छतरी, कभी–कभी तो डांडी का रंग भी वही होता था। इस होड़ में नैनीताल के दुकानदारों की तिजोरियां खूब भरती थीं। हर कपड़े और हर चीज़ के दाम सवाए–ड्योढ़े हो जाते थे. इस चहल–पहल का भड़कीला दृश्य, फैशन की वह बहार आज भी मेरी आंखों के सामने मूर्त हो उठती है। कवि या लेखिका होती तो न जाने किन शब्दों में इस शो और फैशन की आपसी होड़

का बखान कर पाती।

इन्हीं दिनों मैं पं.गोबिंदवल्लभ पंत (उत्तर प्रदेश के प्रथम मुख्यमंत्री) से भी मिली। पंत जी उस समय कानून की प्रैक्टिस कर रहे थे। तल्लीताल में उनका घर था। उन्होंने मुझे तसल्ली दी कि जो भी सम्भव होगा यशपाल के लिए किया जायगा। भेंट का असर हुआ। यशपाल जी को स्वास्थ्य सुधार के लिए विशेष डॉक्टर की देख-रेख में सुल्तानपुर जेल भेज दिया गया। मैं भी यशपाल जी से भेंट के लिए जल्दी-जल्दी जाने लगी। यशपाल जी की माता और भाई भी उन्हें देखने सुल्तानपुर जेल पहुंचे। जेल का वातावरण और कुशल डाक्टर की देख-रेख में वह बहुत ही जल्दी स्वस्थ होने लगे।

आज से पचास-पचपन वर्ष पहले के हमारे समाज में मध्यम श्रेणी के लड़के-लड़कियों को इतनी आज़ादी नहीं थी, जितनी आजकल है। लड़के-लड़कियों के स्कूल, कॉलेज अलग-अलग थे। उस समय के राजनीतिक वातावरण ने लड़के-लड़कियों को साथ मिलकर काम करने का मौका ज़रूर दिया, लेकिन यह सब उच्च श्रेणी के पढ़े-लिखे भद्र समाज में ही सम्भव हो सका अन्यथा लड़के-लड़कियों का स्वतंत्र रूप से घूमना-फिरना उच्छृंखलता मानी जाती थी। इन बाधाओं के होते हुए भी मध्यवर्गीय जवान लड़के-लड़कियां स्वतंत्रता की लड़ाई में कूद पड़े थे। आज़ादी की लड़ाई में लड़कों के साथ लड़कियों ने भी बड़ी हिम्मत दिखाई। मैं जानती हूं, उस समय अकेली जवान लड़की को समाज में काफी कशमकश में जीवन व्यतीत करना पड़ता था। अगर अकेले दौड़-भाग करो तो मुश्किल, किसी को साथ लो तो मुश्किल। दिल पर पत्थर रखकर सब कुछ सुना, सहा पर हिम्मत नहीं हारी।

बनारस यूनीवर्सिटी में मैंने इंटर के प्रथम वर्ष में दाखिला ले लिया। कॉलेज की पढ़ाई चल रही थी। कुछ विषयों की पुस्तकें, खासकर अर्थशास्त्र की पुस्तकें, अंग्रेज़ी में थीं। मेरा काम तो मेहनत करना था। रात-दिन लिखती पढ़ती रहती। यह पूरा वर्ष बनारस होस्टल में बीता। यशपाल जी को देखने, उनसे मिलने सुल्तानपुर जेल भी अक्सर जाती रही। पढ़ाई जम नहीं पा रही थी।

कॉलेज की प्रथम वर्ष की पढ़ाई समाप्त होने से पहले ही मेरी भेंट लखनऊ में आचार्य जुगलकिशोर जी से हुई थी। आचार्य जी अप्रैल १९३६ में लखनऊ में होने वाले कांग्रेस के अधिवेशन की तैयारी में व्यस्त थे। मैं उन्हीं के पास ठहरी थी। मैं उनके साथ कांग्रेस का पंडाल और नुमाइश देखने गयी। यहां पर मैंने श्री सम्पूर्णानंद को, जो बाद में उत्तर प्रदेश के मुख्यमंत्री रहे, पहली बार खाकी नेकर पहने और बुशर्ट पर चमड़े की आड़ी-सीधी पेटियां बांधे घूमते देखा था। शायद यह कमान्डर की वर्दी थी। पंडाल का

गेट बड़ा भव्य था। आचार्य जी से मैंने श्रीमती उमा नेहरू के सुझाव का ज़िक्र किया। पढ़ाई की भी चर्चा हुई। बात उन्हें जंच गयी। मेरा सुझाव दांतों की डाक्टरी पढ़ने का था। कारण कि दांतों की स्त्री डाक्टर लगभग न के बराबर थीं। प्रैक्टिस के लिए लखनऊ उचित स्थान था, क्योंकि यहां मुस्लिम परिवारों में पर्दे का सख्त रिवाज़ था। मैंने जब अपना क्लीनिक स्थापित कर काम आरम्भ किया तो यह बात सही निकली। आचार्य जुगलकिशोर जी ने तुरंत ही अपने मित्र श्री लालजी मेहरोत्रा से, जो लखनऊ आए हुए थे, बात की। लालजी ने आचार्य जी को आश्वासन दिया कि कुल प्रबंध हो जाएगा। खर्चे की चिन्ता न करें। व्यवस्था कर वह सूचना दे देंगे।

व्यवस्था हो गयी और मेरा दाखिला कराची डेंटल कॉलेज में हो गया। मुझे जुलाई के प्रारम्भिक दिनों में कराची पहुंचना था। कोर्स पूरे दो वर्ष का था और चार सत्रों में बंटा था। एक सत्र छः महीने का था। निश्चिन्त हो मैं दिल्ली आ गयी।

अप्रैल के अन्त में मैं दिल्ली में श्री देवीप्रसाद शर्मा के पास रामनगर में ठहरी। वह वहां अकेले ही रहते थे। अपने वकील श्री बी. बनर्जी से भी उनके मतब पर भेंट की। उनसे मैंने कानून के मातहत विवाह पर मोहर लगाने की बात कही और उमा जी के सुझाव की बाबत बताया। बात सुनकर उन्होंने मुझे चार दिन बाद मिलने के लिये बुलाया। इन चार दिनों में बनर्जी साहब ने विवाह के लिये प्रार्थना पत्र तैयार कर लिया। मुझे पढ़ा कर और दस्तखत करा कर यह प्रार्थना पत्र बरेली के डिप्टी कमिश्नर श्री पैडले के पास भेज दिया। अब हम उत्तर की प्रतीक्षा करने लगे। इसी बीच कुछ आर्थिक संकट हल करने के लिये मैंने दो ट्यूशनों का काम ले लिया। दरीबा के एक समृद्ध अग्रवाल परिवार के बच्चों को मैं पढ़ाती थी। यह परिवार श्रीकृष्ण सूरी के एक मित्र की ससुराल था।

रेडियो से प्रसारण

सन् १९३६ में दिल्ली में रेडियो स्टेशन स्थापित हो चुका था। श्री बुख़ारी दिल्ली स्टेशन के डायरेक्टर थे। उनका प्रयत्न रहता था कि भले घर के पढ़े-लिखे लड़के-लड़कियां रेडियो स्टेशन के कार्यक्रमों में भाग लें। उस समय गाने वाली तवायफों का रेडियो स्टेशन पर बहुत आना-जाना था हालांकि उनके उठने बैठने का स्थान बिल्कुल अलग था। रेडियो स्टेशन पर भद्र समाज के व्यक्तियों की बड़ी खातिर होती थी। प्रोग्राम भी मिलते थे। रेडियो पर काम करने वाले एक बुद्धिजीवी ने हमें भी एक विषय वाद-विवाद का सुझाया। विषय था—'क्या पुरुष शासक सफल है या स्त्री शासक ?' जिस लड़की ने मेरे साथ बहस में भाग लिया वह बहुत बड़े पढ़े-लिखे खत्री परिवार की लड़की थी। नाम था लक्ष्मी खन्ना। रेडियो से प्रसारण होने वाले कार्यक्रम में भाग लेने पर उसे खूब डांट पड़ी। कारण था—उस समय का वातावरण,

जिसे भद्र समाज सह नहीं पा रहा था। उन्हीं दिनों ब्रिटेन के बादशाह एडवर्ड ने अपनी प्रेमिका की खातिर शाही तख्त छोड़ा था। मुझे एक मास तक प्रसारण करने का कांट्रेक्ट मिल गया। बाद में भी बुखारी साहब ने रेडियो पर काम करते रहने का आग्रह किया पर मुझे जुलाई में कराची जाना था। किराया जुटाना भी ज़रूरी था। भाग्य की बात कि इसी समय शादी की अनुमति आ गयी। ७ अगस्त,१९३६ की तिथि विवाह के लिये निश्चित हो गयी। कराची विलम्ब से पहुंचने की सूचना लालजी मेहरोत्रा को भेज दी गयी।

यशपाल जी से मेरे विवाह की अनुमति की आशा मेरे वकील बनर्जी साहब को भी नहीं थी। जो कैदी चौदह वर्ष की जेल काट रहा हो, उसको विवाह के लिये अनुमति मिल जाय यह अस्वाभाविक सा था। डिप्टी कमिश्नर पैडले को भी विचित्र लगा होगा। गनीमत थी कि उस समय तक जेल विधान में कैदी को शादी की अनुमति न देने का कोई विधान नहीं था। अतः विवाह की अनुमति मिल गयी।

बरेली जेल के मेजर सुपरिंटेंडेंट डाक्टर मेहरोत्रा थे। मैं उनके सामने दो-तीन बार यशपाल जी से जेल में मिल आयी थी। अपने आने की सूचना प्रायः ही तार से देती थी। यशपाल जी से भेंट के समय सी.आई.डी. का सिपाही हमारे पास ज़रूर बैठता था। उसके बिना मुलाकात असम्भव थी। मेजर मेहरोत्रा को प्रबन्ध के लिये बहुत कम समय मिलता। कभी-कभी वह इस जल्दबाज़ी पर खीझ जाते, परन्तु भेंट के लिये प्रबन्ध अवश्य करते थे।

विवाह की तारीख सात अगस्त तय होते ही यशपाल जी की माता को लाहौर में सूचना दी गयी और उन्हें दिल्ली बुला लिया गया। वह मेरे पास दिल्ली की रामनगर कालोनी में आ गयीं। तब रामनगर कालोनी नयी बनी थी। श्री देवीप्रसाद शर्मा यहीं रहते थे। देवीप्रसाद जी उस समय हिंदुस्तान टाइम्ज़ प्रेस में जॉब डिपार्टमेंट के मुख्य अधिकारी थे।

जेल में विवाह

मैं, श्रीकृष्ण सूरी, माता जी तथा पंडित देवीप्रसाद शर्मा बरेली के लिये रवाना हो गये। सुबह दस बजे हम लोग बरेली में डिप्टी कमिश्नर के कोर्ट में पहुंच गये। पैडले साहब भी कोर्ट में आ गये। कुछ देर बाद पता चला कि यशपाल जी ने कोर्ट में आने से इनकार कर दिया है। वह बेड़ी-हथकड़ी पहन कर शादी कराने के लिये तैयार नहीं थे। यह सरकारी हुक्म था कि यशपाल को बेड़ी-हथकड़ी के बिना जेल से बाहर नहीं ले जाया जा सकता। पैडले बड़ी सूझ-बूझ के सहृदय व्यक्ति थे। उन्होंने मुझे और मेरी

सास को अपनी कार में बैठाया और जेल आफिस में पहुंच गये। संयोग की बात कि उस दिन बरेली में इक्के टांगे वालों की हड़ताल थी। श्रीकृष्ण और देवीप्रसाद जी को जेल आफिस पहुंचने में बड़ी परेशानी और असुविधा हुई। बरेली में उस समय टैक्सियों का रिवाज़ नहीं था। शर्मा जी और श्रीकृष्ण सूरी एक घटिया टैक्सी में सवार हो बरेली जेल के कार्यालय में किसी तरह समय से पहुंच गये। डिप्टी कमिश्नर पैडले ने जेल आफिस को कोर्ट रूम होने की घोषणा कर हमारी शादी एक रुपया चार आने में रजिस्टर्ड कर दी। जेल सुपरिंटेंडेंट श्री मल्होत्रा के लिये यह विवाह उनकी समझ के बाहर था। उनका कहना था, मेरी समझ में नहीं आता कि इस विवाह से दोनों को मिला क्या ?

शादी थी इसलिये श्रीकृष्ण और शर्मा जी कुछ मिठाई भी ले आये थे। हमारी शादी में मेरी तरफ से साक्षी श्रीकृष्ण सूरी और देवीप्रसाद शर्मा थे। यशपाल जी की तरफ से उसी जेल में सज़ा भुगत रहे राजनीतिक बंदी श्री रमेश गुप्ता थे। अन्य कौन था याद नहीं। शादी की रस्म होते ही पैडले साहब और मेजर मल्होत्रा को मिठाई खिलायी गयी। कुछ कैदियों को भी मिठाई बांटी गयी। जेल के अन्य कर्मचारी भी हमारी खुशी में शरीक थे।

जेल में यह खबर भी फैल गयी कि शादी करने आयी लड़की डिप्टी कमिश्नर की बेटी है क्योंकि मैं पैडले साहब की मोटर में जेल कार्यालय आयी थी। जेल में यशपाल जी के पास इस सम्बन्ध में कई पत्र आये थे। लोगों को यह सुन कर बुरा लगा कि यशपाल ने अंग्रेज़ की बेटी से विवाह किया है। खैर, यह गलतफहमी जल्द ही दूर हो गयी।

घंटे भर के लिये जेल में बहुत अच्छा माहौल बन गया। यशपाल जी से हाथ मिला कर हम सब लौट आये।

यहां एक बात और बता दूं कि मेरे जीवन में धर्म के सम्बन्ध में सोचने का कोई अवसर ही नहीं आया। शादी के समय मैं लगभग २३ वर्ष की थी। हमारा परिवार रूढ़िवादी सनातनी परिवार था। यशपाल जी की माता कट्टर आर्यसमाजी थीं। विवाह की रजिस्ट्री के समय जब यशपाल जी से पूछा गया, "आपका धर्म क्या है ?" तो यशपाल जी ने उत्तर दिया, "रेशनलिज्म (बुद्धिवाद)"। पैडले साहब सुनकर हैरान थे और आखिर रजिस्ट्री करते समय कागज़ों पर उन्हें यही लिखना पड़ा। मैंने अपना धर्म सनातन धर्म बताया। दरअसल धर्म का जीवन में क्या स्थान है, यह सवाल पहली बार मेरे सामने आया।

मेरे विवाह की खबर भारत के सब अखबारों में छपी और विदेशों के अखबारों में भी। इस विवाह के बाद जेल मैनुअल में किसी भी कैदी के जेल में शादी न कर सकने की धारा और जोड़ दी गयी। यह विवाह जेल में पहला और अंतिम था। सर महाराजसिंह जब बरेली जेल में मुआयना करने आये तो उन्होंने यशपाल जी से पूछा—शादी करके

तुम्हें क्या मिला ? खामुखा जेल मैन्युअल में एक धारा और बढ़ गयी। अब जेल में किसी का विवाह हो ही नहीं सकता।

कराची डेंटल कालेज

दिल्ली लौटकर मैंने तुरन्त ही कराची जाने की तैयारी कर ली। आचार्य जी ने एक पत्र मुझे श्री लालजी मेहरोत्रा के नाम दिया। लालजी मेहरोत्रा कराची के क्लाथ मार्केट के अध्यक्ष थे। काफी दिन बाद वह एम्बेसडर बन कर विदेश में भी गये थे। आचार्य जी का पत्र पाकर लालजी ने मेरे रहने का प्रबन्ध और चारों सेशन की पूरी फीस बारह सौ रुपये कालेज में जमा कर दी। सन् १९३६ में बारह सौ रुपये बहुत होते थे। पहले सेशन की पढ़ाई एक माह पूर्व आरम्भ हो चुकी थी और मैं पिछड़ गयी थी। पढ़ाई के लिये मुझे काफी मेहनत करनी पड़ी। अंग्रेज़ी में कमज़ोर होने के कारण काफी कुछ रटना भी पड़ा।

कराची मेरे लिये नया नहीं था। मैं फिर खन्ना परिवार से मिली। प्रभुदत्त शर्मा ने वहां के एक भद्र सिन्धी परिवार से मेरा परिचय करा दिया। यह मित्रता कृपलानी परिवार से आज भी है, ५५ वर्ष बाद भी। बूला हमारे अभिन्न मित्रों में से थे और हमारे दुख–सुख के साथी भी। शिवाजी पार्क, बम्बई में उनका परिवार है। प्रति वर्ष सपरिवार वे लखनऊ आकर हमारे पास ठहरते थे। यशपाल जी के निधन के पन्द्रह–बीस दिन पहले लखनऊ आये थे। परिवार के साथ फोटो भी खींचे। मित्रों की घनिष्ठता को देखकर मैं सोचती हूं—रिश्तेदारों से हट कर इंसान के मित्र जीवन में कितने सहायक होते हैं। गलतफहमियों के साथ ही शिकायतें भी कम होती हैं। निर्मल भावना से ओत–प्रोत मित्रता के कारण हम दोनों परिवारों में कभी किसी प्रकार के परस्पर भावनात्मक अभाव का अनुभव नहीं हुआ।

कराची में मेरे रहने का प्रबन्ध कालेज के नज़दीक कृपलानी जी के मकान के पास बन्दर रोड पर हो गया। बड़ी ऊंची बिल्डिंग में छोटा सा फ्लैट था। एक पहाड़ी नौकर भी रख लिया। बाद में पता चला कि पहाड़ी नौकर सिंधी परिवारों में काफी बदनाम हो चुके थे।

कराची में आये दो मास ही हुये थे। पढ़ाई का भी काफी बोझ था। एक दिन संध्या समय मैं थक कर थोड़ी देर के लिये सो गयी। गहरी नींद में थी कि किसी का हाथ अपने कंधे पर अनुभव किया। चौंक पड़ी, यह पता न चला कि समय कौन सा है। आधी रात है या दिन चढ़ने वाला है। चिल्ला कर पूछा, "कौन है ?" बत्ती जलाने का हुक्म दिया। देखा, यह वही पहाड़ी नौकर था। विश्वास नहीं हुआ। हैरान रह गयी उसकी हिम्मत पर। समय पूछा तो अभी संध्या के आठ ही बजे थे। नौकर की हिमाकत पर बड़ा

क्रोध आया।

नौकर को बाहर बालकनी में बैठाकर दरवाज़ा बन्द कर दिया। थोड़ी देर विचार किया कि क्या करूं? बाहर के दरवाज़े पर ताला लगाकर पड़ोस के कृपलानी परिवार में जाकर सारी घटना सुनायी। उसी समय कृपलानी जी दुकान से घर लौटे थे। सारी घटना सुन कर क्रोध से लाल हो गये। मेरे साथ मेरे फ्लैट पर आ गये। दरवाज़ा खोल कर बालकनी पर देखा तो नौकर नदारद। शक हुआ कि पड़ोस के फ्लैट पर कूद गया होगा। यह फ्लैट चौथी मंज़िल पर था। इतना बड़ा खतरा ! पांव फिसल जाता तो हड्डी–पसली का पता न चलता लेकिन वह चुपचाप पड़ोस के मकान में छिपकर भागने के लिये गया था।

कृपलानी साहब ने पड़ोस के परिवार को आवाज़ देकर बुलाया और नौकर के बारे में पूछा। उन्होंने सारे घर में देखा तो वह एक चारपाई के नीचे छिपा मिला। कृपलानी उसे पकड़ कर ले आये और उसकी खूब धुनाई की। इस झंझट में रात के दस बज गये।

अब हम एक और बेवकूफी कर बैठे। सोचा, इस नौकर को थाने भेज दिया जाय। हम दोनों उस आदमी को सदर के पुलिस स्टेशन ले गये। ख्याल था, पुलिस वाले डरा–धमका कर छोड़ देंगे पर वह तो अब उनकी गिरफ्त में था। वह हवालात में बन्द हो गयां। अफसोस भी हुआ कि यहां क्यों लाये, छोड़ देते तो अच्छा था। अब तो कोई चारा न था। मुकदमा चला और उसे छः मास की सज़ा हो गयी। जेल से छूटने पर नौकरी नहीं मिली। मेरे पास आकर माफी मांगी, पर मैं अब कर भी क्या सकती थी।

इस डेंटल कालेज में हिन्दुस्तान के हर सूबे के विद्यार्थी थे। इन में मैं अकेली छात्रा थी। प्रायः कालेजों में युवा लड़के साथी लड़की को देखकर मचलते हैं। कुछ न कुछ बक ही देते हैं। मुझे भी यह सब सुनना पड़ा। जब लड़की किसी से न बोले तो लड़के और भी उच्छृंखल हो जाते हैं। मुश्किल यह थी कि कोई पंजाबी लड़का था तो कोई गुजराती, सिंधी या पारसी। मैंने सबसे बातचीत शुरू कर दी और फिर सब से आदर पाया। हमारे साथी कभी–कभी घर पर भी आते थे। वातावरण अच्छा होकर तनाव समाप्त हो गया। रामपुर के लालता प्रसाद तो लखनऊ में कई बार आकर मुझ से मिले।

लालजी मेहरोत्रा छुट्टी के दिन मुझे घर पर अपने स्त्री–बच्चों के पास ले जाते थे। मेरी ज़रूरतों को बड़ी सहानुभूति से पूछते थे। मुझे कराची में उनका, कृपलानी परिवार और भाई बद्री का बड़ा सहारा था।

सन् १९३६ में मैं कराची डेंटल कालेज में भर्ती हुई थी। १९३७ के नवम्बर तक तीसरे सेशन की परीक्षा दे मैं लाहौर में यशपाल जी की माता के पास आ गयी। माता जी उस समय महिला कालेज होस्टल की सुपरिंटेंडेंट थीं। यशपाल जी का तबादला नैनी जेल में हो चुका था।

कांग्रेस सरकार के बनते ही राजनीतिक कैदियों को बिना शर्त रिहा करना आरम्भ कर दिया गया था। काफी राजनीतिक बंदी १९३७ में रिहा हो चुके थे। मैं यशपाल जी की रिहाई की आशा लगाये बैठी थी। इसी दिसम्बर लाहौर में उस समय बड़ी भारी नुमाइश लगी थी। मैं भी देखने गयी। उस नुमाइश में उठी धूल के कारण, क्योंकि भीड़ बहुत थी, मेरा गला खराब हो गया था। उसी हालत में मैं दिल्ली श्री देवीप्रसाद शर्मा के यहां रामनगर आयी तो बीमार पड़ गयी। खांसी एक पल भी न रुकती थी। जब किसी डाक्टरी इलाज से ठीक न हुई तो शर्मा जी ने मेरे कहने पर वैद्य गुरुदत्त जी को बुलाया। गुरुदत्त जी उस समय नयी दिल्ली में अपने मतब आयुर्वेद भवन, नयी दिल्ली पर वैद्यक की प्रैक्टिस कर रहे थे। मैं उन्हीं के इलाज से ठीक हुई।

दिल्ली में मुझे यशपाल जी के नैनी जेल में बीमार होने की उड़ती-उड़ती खबर मिली थी। मैं उन्हें देखने के लिये बेचैन थी। स्वास्थ्य ठीक होते ही आचार्य जुगलकिशोर जी के पास लखनऊ आयी। आचार्य जी तब कांग्रेस सरकार में पार्लियामेंटरी सेक्रेटरी थे। मेरी बात सुन कर तुरन्त एक पत्र स्व. लालबहादुर शास्त्री के नाम लिखा। मैं शास्त्री जी के घर पर पहुंच गयी। मैं वहां ही ठहरी थी। शास्त्री जी नैनी जेल के नॉन आफिशियल विज़िटर थे। दूसरे दिन मैंने कुछ फल खरीदे। शास्त्री जी के साथ यशपाल जी से भेंट के लिये नैनी जेल गयी। मेजर भण्डारी से भेंट हुई जो अब नैनी जेल के सुपरिंटेंडेंट और डाक्टर थे। मेजर भण्डारी का व्यवहार अब बहुत सहानुभूतिपूर्ण था। सरकार बदल चुकी थी, अतः उनका व्यवहार भी बदल गया था। हम तीनों यशपाल जी के वार्ड की तरफ चले। मेजर भण्डारी ने शास्त्री जी के हाथ से फल की टोकरी लेकर कहा, इसकी क्या ज़रूरत थी। यशपाल को यहां क्या नहीं मिलता ? बहरहाल हम बातचीत करते यशपाल जी के पास पहुंच गये।

बीमारी की हालत में अचानक ही मुझे अपने पास पाकर यशपाल जी घबरा से गये। उनका दिल भर आया। उनकी हालत मुझसे देखी न जाती थी। उन्हें देख मेरे आंसू थमते ही न थे। बिस्तर पर लगता था कि कोई हल्के हरे रंग का व्यक्ति लेटा है। बदन से खून निचुड़ चुका था। मेजर भण्डारी से सुना कि एक बार खांसने पर ही ढेरों खून मुंह से बहने लगता। सांस की नली की कोई नस फट गयी थी। दिसम्बर मास की सर्दी में भी खून बहना रोकने के लिये उनकी छाती पर बर्फ रखी जाती थी। यशपाल जी स्वयं करवट लेने तक में असमर्थ थे। दो विशेषज्ञ डाक्टर बाहर से भी बुलाये गये थे। वार्ड के बाहर देखा, एक अंगीठी पर पानी खौल रहा है। मेज़ पर अंडे, क्रीम, मक्खन, फलों में सेब, सन्तरा सब मौजूद थे। पता चला कि मुर्गे का सूप भी रोज़ दिया जा रहा है। उस दिन मेजर भण्डारी और शास्त्री जी मुझे वहीं छोड़ गये। शाम को आकर ले गये। कुछ दिनों तक यही क्रम चला। मेरी उपस्थिति और पथ्य समय पर लेने से यशपाल जी धीरे-धीरे

स्वस्थ होने लगे। मैं दिन भर जेल में उनके साथ रहती थी।

एक दिन मैं यशपाल जी के वार्ड में थी और प्रतीक्षा कर रही थी शास्त्री जी के आने की। संध्या का अंधेरा हो गया था, पर शास्त्री जी आये ही नहीं। हुआ यह था कि उस दिन शास्त्री जी पंडित नेहरू को छोड़ने स्टेशन चले गये और मुझे जेल से ले जाना भूल गये। जब याद आया तो वह गाड़ी लेकर भागे आये। जेल खुलवायी और मुझे लेकर घर पहुंचे। उस दिन हम सब इस घटना पर खूब हंसे।

शास्त्री परिवार उस समय मध्यम वर्ग का साधारण परिवार था। वे लाला लाजपतराय की सर्वेण्ट्स आफ पीपल्स सोसायटी के मेम्बर थे। लखनऊ के मोहनलाल गौतम, लालबहादुर शास्त्री और राजाराम शास्त्री इस संस्था से सम्बन्धित थे। शास्त्री जी के घर पर रहने का ढंग बड़ा सादा था। अपने हाथ से नाश्ते की प्लेट बड़े स्नेह से मेरे सामने रखते थे। उस समय उनका बेटा हरिकृष्ण एक वर्ष का था। बड़ी लड़की कुसुम छः की रही होगी। मैं और शास्त्री जी यशपाल जी की रिहाई के सम्बन्ध में कई बार लखनऊ–इलाहाबाद, इलाहाबाद--लखनऊ आते जाते रहे।

कुछ दिनों बाद उनके अनुरोध पर हुसैनगंज के पास ऊपर की मंज़िल में उनके लिये एक मकान की व्यवस्था भी की। इस मकान में शास्त्री जी कुछ समय सपरिवार रहे।

रिहा न करने का फरमान

यशपाल जी की बीमारी के सम्बन्ध में मेडिकल बोर्ड बैठा था। बेहद बीमार होने के बावजूद यशपाल जी की रिहाई हो ही नहीं रही थी जबकि सारे राजनीतिक बन्दी रिहा हो चुके थे। भण्डारी ने बताया कि गवर्नर ने पत्र लिखा है—He is a violent and dangerous person, therefore, should not be released. (यशपाल खतरनाक कैदी है, इन्हें जेल से छोड़ा न जाय)। मेजर भण्डारी से यह सब सुन कर और गवर्नर के उस गोपनीय पत्र को पढ़कर मैं और शास्त्री जी काटजू साहब से मिले। रफी अहमद किदवई साहब को तो मैं प्रतिदिन फोन करती थी। कांग्रेस शासन में कैलाशनाथ काटजू कानून के मंत्री थे और किदवई साहब गृह विभाग देखते थे। आचार्य जी ने भी कोई कसर न छोड़ी। आखिर यशपाल जी की रिहाई का प्रश्न गम्भीर हो गया। किदवई साहब ने गवर्नर पर बहुत ज़ोर डाला। इस मामले को लेकर शासन के इस्तीफे देने की नौबत आ सकती थी, क्योंकि कांग्रेस शासन ने सब राजनीतिक कैदियों की बिना शर्त रिहाई का वायदा किया था।

जनवरी बीत गयी। फरवरी में यशपाल जी को नैनी से लखनऊ लाया गया। मैं

खबर पाते ही स्टेशन पर मिलने गयी। मैं और शास्त्री जी लखनऊ से इलाहाबाद और इलाहाबाद से लखनऊ के कई चक्कर लगा चुके थे। लखनऊ में मैंने कई बार शासन अधिकारियों के फोन खटखटाये। आखिर २ मार्च, १९३८ की संध्या किदवई साहब स्वयं यशपाल जी को लखनऊ जेल से रिहा करा आचार्य जुगलकिशोर के मकान पर ले आये। मैं प्रतीक्षा कर रही थी। आते ही उन्होंने कहा, यशपाल जी अब तक हमारे कैदी थे, अब आपकी कैद में हैं। साथ ही शर्त लगा दी कि अड़तालीस घंटों में लखनऊ छोड़ इलाज के लिये पहाड़ चले जायं। पंजाब जाने पर भी रोक लगा दी गयी क्योंकि गवर्नर सर सिकन्दर हयात खां यशपाल जी के पंजाब आने पर सहमत नहीं थे।

जेल से छूटते समय यशपाल जी को सरकारी खर्च पर गर्म सूट और नये जूते भी पहनाये गये थे। जेल में बाहर से दर्ज़ी बुलाकर कर कपड़े सिलाये गये और जूते फिट कराये गये थे लेकिन पहाड़ के लिये इतने कपड़े काफी न थे। अड़तालीस घंटों में बिस्तर-कपड़ों की तैयारी जटिल काम था। फिर भी सब प्रबन्ध कर हम दोनों भुवाली सैनीटोरियम के लिये रवाना हुए। भुवाली सैनीटोरियम में यशपाल जी के लिये सरकार ने काटेज बुक करा दी थी। सरकारी खर्च पर नहीं, यशपाल जी के खर्च पर।

आचार्य जुगलकिशोर जी हमारी मुश्किलों को समझते थे। उन्होंने आश्वासन दिया कि खर्च की हम चिंता न करें, पर चिंता करते कैसे नहीं। सैनीटोरियम के काफी खर्चे होते हैं। पूरे खर्चों की जांच-पड़ताल कर यशपाल जी ने वहां रहने में असमर्थता प्रकट की। सैनीटोरियम में रहने से इनकार कर हम भुवाली बाज़ार की ओर चल दिये। शायद कुछ प्रबन्ध रहने का कर सकें।

भुवाली में बाज़ार शुरू होते ही डाक्टर प्रेमलाल साह की दुकान 'प्रेम फार्मेसी' के सामने आकर खड़े हो गये। सोच रहे थे, रात सामने है। किससे मिलें ताकि ठहरने का कुछ प्रबन्ध हो सके कि डाक्टर साहब बाहर आ गये। यशपाल का नाम सुन कर और भी लोग एकत्रित हो गये। डाक्टर हमें फार्मेसी के अन्दर ले गये। डाक्टर प्रेमलाल का मिलना वैसा ही था जैसे कोई फरिश्ता मिल जाता है। इसे कहते हैं भाग्य ! यशपाल जी का भाग्य सदा ही जबर्दस्त रहा। डाक्टर प्रेमलाल अपनी सजी हुई बैठक में ले गये। पास ही दूसरे छोटे कमरे में दो पलंग लगे थे। डाक्टर साहब ने तुरन्त ही हमारे खाने-पीने-रहने और गर्म कपड़ों का प्रबन्ध अपने ही घर पर कर दिया।

मार्च का आरम्भ था। पहाड़ों पर मार्च-अप्रैल में खूब तेज़ हवाएं चलती हैं, वर्षा भी होती है। प्राणों को कंपा देने वाली सर्दी पड़ती है। बहरहाल सब प्रबन्ध हो गया और हम घर जैसी सभी सुविधाएं पा गये।

कुछ दिन डाक्टर साहब के घर पर विश्राम-आराम के बाद श्री हीरालाल साह का मकान 'चन्द्र भवन' किराये पर ले लिया गया। बीमार अवस्था में कमला नेहरू इसी

'चन्द्र भवन' में रही थीं। एक नौकर का प्रबन्ध भी हो गया। लाहौर से यशपाल जी की माता भुवाली पहुंच गयीं। कारण, मुझे कराची में दातों की डाक्टरी की अन्तिम परीक्षा देनी थी। वापस जल्दी पहुंचना था। रहने, खाने का सब प्रबन्ध कर मैं कराची वापस चली गयी। मैं दो मास से भी अधिक लेट हो गयी थी।

कराची पहुंचना क्या था मानो आफत ही आ गयी। तीन महीने का छूटा कोर्स पूरा करना था। यह मेरी पढ़ाई के अन्तिम कुछ महीने थे। परीक्षा का समय नज़दीक आ गया था। मेरे साथ पढ़ने वाले साथियों ने मेरी बहुत मदद की। प्रिंसिपल पटेल ने भी पढ़ाई में मुझे काफी सुविधा दी। एक अन्य डाक्टर से कहकर मेरा कोर्स पूरा कराया। मैं परीक्षा में पास हो गयी। अपना सब कुछ समेट कराची तथा कराची में रहने वाले मित्रों और कालेज से विदा ली। जुलाई में मैं फिर भुवाली पहुंच गयी।

यशपाल जी भुवाली में तीसरी दाढ़ की परेशानी से काफी पीड़ित रहे। बुखार चढ़ जाता, दाढ़-दर्द से मुंह पर सूजन आ जाती थी। वैसे भी अभी पूर्ण स्वस्थ नहीं हुए थे। इस समय डाक्टर धर्मानन्द केसरबानी भुवाली में थे। डाक्टर केसरबानी जर्मनी रह आये थे पर आयुर्वेद के भी ज्ञाता थे। अब स्थायी रूप से दिल्ली में हैं। इनके पिता ने ही कराची आर्य कन्या पाठशाला में मेरी नौकरी का प्रबन्ध १९३२ में किया था। उनकी देसी दवाई ने सूजन उतारने में बहुत मदद की। फिर भी यशपाल जी को लखनऊ आकर एक-दो दांत निकलवाने पड़े।

इन दिनों लखनऊ में दांतों के प्रसिद्ध डाक्टर गोयल थे। यशपाल जी ने बताया—डाक्टर अपनी बांहों के मसलों को दिखाकर कहते थे, बहुत मज़बूत व्यक्ति हूं। आपके दांत निकालने में मुझे बहुत ताकत लगानी पड़ी है। जब मैंने यह सुना तो हैरान थी पर चुप न रह सकी। दांत निकालने में यदि ताकत आज़माइश होगी तो जबड़ा टूट जायेगा। दांत तो हाथ की चतुराई और समझ से निकाले जाते हैं न कि ताकत से। एक दाढ़ मैंने भी यशपाल जी की निकाली। शुरू में तो वह काफी घबरा गये थे, परन्तु दाढ़ निकाल देने के बाद उन्हें विश्वास हो गया कि उनकी बीवी कमा खाएगी। अस्तु !

भुवाली में यशपाल जी के साथ दो मास निश्चिंत होकर बिताये। हमारे जीवन में यह सबसे सुखद मिलन की घड़ियां थीं। हम दोनों की बातें समाप्त ही न होती थीं। भुवाली के आस-पास बांह में बांह डाले घूमने निकल जाते। नया जीवन आरम्भ करने की चिंता थी पर कुछ समय के लिये हम सब कुछ भूल जाना चाहते थे।

'चंद्र भवन' में पूर्ण विश्राम के बाद नये जीवन के आरम्भ के साथ जीविका का प्रश्न भी आया। हमारे पास धन नहीं था अन्यथा मैं अपनी प्रैक्टिस शुरू कर देती। हम

कब तक आचार्य जुगलकिशोर जी से सहायता लेते रहते। मेरे सिर पर हाथ रख उन्होंने अपनी बेटी की तरह मुझे साया दिया था।

सितम्बर १९३८ में भुवाली छोड़ कर हम लखनऊ आ गये। डाक्टर प्रेमलाल ने जो हमारे लिये किया, हमारा परिवार सदा उनका आभारी रहेगा। उनके परिवार से आज भी हमारा सम्बन्ध उसी प्रकार है जैसे १९३८ में था। डाक्टर प्रेमलाल जब तक ज़िंदा रहे, सर्दियों में प्रति वर्ष कुछ दिन के लिये हमारे पास आते थे और हम भी भुवाली जाते रहे।

लखनऊ में आते ही मकान ढूंढ़ना आरम्भ कर दिया। गणेशगंज मुहल्ले में एक नया मकान किराये पर मिल गया। बीच के हिस्से में दो परिवार बखूबी रह सकते थे। नीचे के हिस्से में काफी स्थान था, पर हमें उसकी आवश्यकता नहीं थी।

क्रांतिकारी पार्टी का साथी सुखदेवराज सपत्नीक लखनऊ में था। हमारे लखनऊ में आने और किराये का मकान लेने की बात उसे पता चली तो वह यशपाल जी से आ कर मिला। यह वही सुखदेवराज था, जिसने न जाने कितने लोगों के कान—पार्टी के अन्दर और बाहर—हम दोनों के खिलाफ भरे थे। पार्टी को तोड़ने, गलतफहमियां पैदा कर साथियों को लड़ाना ही इसका काम रहा। स्वयं कभी कोई बहादुरी नहीं दिखाई। बहादुरी का काम करने वालों के रास्ते में रोड़े ज़रूर अड़ाये।

लाहौर में सुखदेवराज साथी विशेशर के साथ था। पुलिस मुठभेड़ में विशेशर मारा गया, सुखदेवराज भाग गया। दूसरी घटना भगवती भाई के साथ हुई। भगवती भाई को उकसा कर, गीले खोलों में बम का मसाला भर उन्हें रावी के किनारे आज़माने के लिये ले गया। गम्भीर भगवतीचरण जी इसकी बातों में आ गये और बम फेंकते समय वहीं रावी के किनारे शहीद हो गये। सुखदेवराज बचकर लौट आया। लौटकर आया तो ऐसा दिखावा किया जैसे बम इस पर ही फट गया था या मौत इसी पर मंडरा रही थी। हमारे खिलाफ झूठी बातें कह कर दुर्गा भाभी के कान भी खूब भरे कि यशपाल ने बम ही ऐसे बनाये थे। सच्चाई यह थी कि बम के अन्दर मसाला भी सुखदेवराज ने भरा और भगवती भाई को रावी किनारे भी वह स्वयं ही ले गया।

तीसरी बार हमारी पार्टी के साथी धन्वंतरी और सुखदेवराज एक तांगे पर चांदनी चौक से जा रहे थे। पुलिस ने पहचान लिया। पुलिस ने धन्वंतरी को पकड़ लिया। सुखदेवराज कूदकर भाग गया। चौथा हादसा एलफ्रेड पार्क में हमारे नेता चन्द्रशेखर आज़ाद के साथ हुआ। पार्क में आज़ाद और सुखदेवराज बात कर रहे थे कि पुलिस संदेह में आ गयी। गोली चलने पर आज़ाद को छोड़कर सुखदेवराज भाग गया। आज़ाद वहीं शहीद हो गये। पांचवीं बार सुखदेवराज के साथ साथी जगदीश लाहौर शालीमार बाग

में था। पुलिस संदेह में पहुंच गयी। जगदीश मारा गया, सुखदेवराज पकड़ लिया गया। बाद में राजनीतिक बंदियों की रिहायी के समय जेल से छूट गया था। बहरहाल अब सुखदेवराज यशपाल जी से मिला और कहा कि पुरानी बातों को भूल जाओ, अब हम दोस्त हैं। यशपाल जी सुखदेवराज की बातों में आ गये। सुखदेवराज गणेशगंज, लखनऊ में हमारे मकान के आधे भाग में रहने लगा। सुखदेवराज की बीवी कौशल्या स्कूल में पढ़ाने लगी। उसकी गोद में एक बच्चा भी था।

विप्लव का प्रकाशन

जीविका का प्रश्न यशपाल और सुखदेवराज दोनों के सामने था। उसी समय 'चांद' के सम्पादक श्री सहगल ने 'कर्मयोगी' साप्ताहिक पत्रिका सुन्दरबाग, लखनऊ से प्रकाशित की थी। यशपाल और सुखदेवराज दोनों को इस अखबार में नौकरी पचहत्तर रुपये मासिक पर मिली। डूबते को तिनके का सहारा था। यशपाल जी को इस नौकरी से संतोष नहीं था। वे स्वयं कुछ करना चाहते थे। सुखदेवराज का सुझाव था कि एक मासिक पत्रिका समाजवादी विचारों को आगे बढ़ाने के लिये आरम्भ की जाय लेकिन आर्थिक समस्या का क्या करते। मेरे बहुत मना करने पर भी यशपाल जी ने मां की पूरी जोड़ी हुई पूंजी तीन सौ रुपये लेकर 'विप्लव' मासिक पत्रिका का प्रकाशन तय किया। यशपाल जी ने 'कर्मयोगी' में सहगल की नौकरी डेढ़ मास के बाद यह कहकर छोड़ दी कि 'मैं दूसरों के आर्डर पर नहीं लिख सकता।'

सुखदेवराज का सुझाव पत्रिका के लिये ठीक था, पर बरबाद करने वाला। बिना पैसे के अखबार निकालना हमारी औकात में कहां था। फिर भी जैसे–तैसे निश्चय कर लिया। 'विप्लव' पत्रिका के प्रकाशन की एक सूचना 'कर्मयोगी' अखबार से एजेटों की लिस्ट लेकर भेज दी। नवम्बर में दीवाली के दिन एक रुपया चार आने का मनीआर्डर अलीगढ़ से मिला। यह 'विप्लव' पत्रिका की पांच प्रतियों के लिये पेशगी था। शुभ दिन शुभ काम का आरम्भ हुआ।

दीवाली के दूसरे दिन आचार्य जी सहारनपुर जा रहे थे। मैं उनके साथ सहारनपुर चली गयी। उन्होंने कांग्रेस के कुछ व्यक्तियों को मेरे साथ कर दिया। उनकी मदद से मैं पत्रिका के ग्राहक बनाने निकली। हैरानी की बात कि किसी दरवाज़े से मुझे निराशा नहीं हुई। ऐसा महसूस हुआ कि लोग 'विप्लव' के ग्राहक बनने के लिये पहले ही तैयार बैठे थे। मेरे उत्साह का ठिकाना न रहा। दो दिन में कुछ ग्राहक बनाकर यशपाल जी के

नाम मैंने दो सौ रुपये का बैंक ड्राफ्ट रवाना कर दिया और मैं आगे देहरादून तथा अन्य स्थानों पर होते हुए लाहौर–अमृतसर पहुंच गयी। संतोष था कि रुपया पहुंचते ही यशपाल जी की चिंता कुछ कम होगी।

'विप्लव' पत्रिका की तैयारी में यशपाल जी तन–मन से जुट गये। पत्रिका का मैटर तैयार किया। एजेंटों की लिस्ट 'कर्मयोगी' साप्ताहिक से प्राप्त कर ही चुके थे। कवर डिज़ाइन, छपाई का प्रबन्ध यशपाल जी ने अकेले ही भाग दौड़ कर कराया। यशपाल जी के साथ एक पहाड़ी लड़का जो हमारे साथ भुवाली से आया था, काम कर रहा था। उम्मेदसिंह ने यशपाल जी के खाने–पीने का बहुत ध्यान रखा। वह आठवीं तक पढ़ा था और शक्ल सूरत से बहुत सुन्दर, समझदार, कर्मठ लड़का था। वह हमारे छोटे से परिवार में घुल–मिल गया।

गणेशगंज में किराये पर इस दुमंज़िले मकान में ऊपर की छत पर 'विप्लव' का कार्यालय बन गया। चार आने महीना किराये पर कुर्सियां, आठ आने किराये पर मेज़। टेबलफैन किस्तों पर लिया। बाद में अंग्रेज़ी का टाइपराइटर भी किस्तों पर आ गया।

यह वह समय था जब दूध एक रुपये का आठ सेर, गेहूं एक रुपये का चौदह सेर और घी एक रुपये का एक सेर मिलता था। लेखक को कहानी का पारिश्रमिक पांच रुपये दिया जाता था। न्यूज़ पेपर पांच पैसे (पुराना डेढ़ आना) पाउंड था। एक रिम कागज़ छः रुपये का आता था। किताबी साईज के सोलह पृष्ठों की कम्पोज़िंग और छपाई सात रुपये हज़ार थी।

'विप्लव' पत्रिका का पहला अंक नवम्बर सन् १९३८ में प्रकाशित हो गया। पत्रिका के अधिकतर लेख अलग नामों से यशपाल जी ने लिखे। 'चक्कर क्लब' सैक्रेटरी चक्कर क्लब, 'चाय की चुस्कियां' दुर्मुख नाम से तथा 'मार्क्सवाद की पाठशाला' विचक्षण के नाम से लिखते थे। कुछ मित्रों ने भी लिखने में सहायता की। बिना आर्डर के ही नमूने की प्रतियां एजेंटों को भेज दीं। दूसरा, तीसरा अंक भी इसी प्रकार भेज दिया। इस बार कहीं–कहीं से पेमेंट आया और कहीं से बड़े आर्डर आये। पत्रिका का चौथा अंक 'आज़ाद अंक' था। आज़ाद अंक से तहलका मच गया। अंक की सब प्रतियां बिक गयीं और अगले अंक के लिए बहुत मांग आई। मार्च का पांचवां अंक 'लाहौर षड्यंत्र अंक' था। पत्रिका डूबी नहीं तर गयी और दिनों–दिन मांग बढ़ती गयी। मैं लगातार ग्राहक बनाकर यशपाल जी को रुपया भेज रही थी। पत्रिका की इस समय काफी चर्चा थी। यशपाल जी ने विज्ञापनों के लिये भी प्रबन्ध किया।

बाग़ी का प्रकाशन

फरवरी १९३९ के अंक से 'विप्लव' का प्रकाशन उर्दू में 'बाग़ी' के नाम से आरम्भ

किया। पंजाब तथा अन्य स्थानों से 'बाग़ी' के आर्डर आने शुरू हो गये। यशपाल जी ने उर्दू किताबत के लिये एक कातिब रख लिया था। आसानी से लिथो प्रेस पर छपाई हो जाती थी।

प्रेस के काम के सम्बन्ध में और डिस्पैच के प्रबन्ध में उम्मेदसिंह ने बहुत सहायता की। कार्यालय में सहायता के लिये दो व्यक्ति और रख लिये। श्री रसूल अहमद 'अबोध' उर्दू पत्रिका को सम्भालने के लिये हमारे साथ आ गये। इसके अलावा पत्रिका की छपाई तथा प्रूफ देखने में समर्थ 'जिज्ञासु जी' हमारे कार्यालय में हमारा साथ देने लगे। इस बात को पचपन वर्ष हो गये परन्तु अबोध जी इस परिवार के अब भी सदस्य हैं और समय मिलते ही हमारे पास दस-पांच दिन के लिये आ जाते हैं।

पांच सौ ग्राहक बनाकर फरवरी में मैं भी घर लौट आयी। 'बाग़ी' का पूरा संस्करण पंजाब में खप गया था। दरअसल पंजाब में लड़कों की पढ़ाई उर्दू खत से शुरू होती थी और उर्दू व्यापारियों का रस्मुलखत भी था। पत्र व्यवहार पंजाब में अधिकतर उर्दू में होता था। लड़कियों की पढ़ाई हिन्दी माध्यम से होती थी। उस समय लड़के-लड़कियों के स्कूल अलग-अलग थे।

'विप्लव' के अभी चार-पांच अंक ही प्रकाशित हुए कि त्रिपुरी कांग्रेस के अधिवेशन की सूचना मिली। कांग्रेस के अधिवेशन देखने की चाह थी। हम दोनों त्रिपुरी कांग्रेस के लिये चले तो साथ 'विप्लव' की प्रतियां भी लेते गये। कुछ प्रतियां बेचीं और कुछ भेंट स्वरूप दीं। 'विप्लव' का प्रकाशन नया था। आम लोगों तक पत्रिका पहुंचा कर अच्छा लगा।

त्रिपुरी कांग्रेस और सुभाषचन्द्र बोस

१९३९ का वर्ष संघर्षों का वर्ष था। सुभाषचन्द्र बोस दूसरी बार कांग्रेस के अध्यक्ष हो गये थे। इस समय कांग्रेस और सुभाषचन्द्र बोस में बहुत संघर्ष था। यह संघर्ष त्रिपुरी में देखने वाला था। डेलीगेट सदस्यों की बड़ी खातिरदारी हो रही थी। विचारों का आदान-प्रदान ज़ोरों पर था। कांग्रेस समाप्त होते ही कांग्रेस वर्किंग कमेटी के सदस्यों ने इस्तीफा दे दिया। सुभाष अकेले रह गये और कांग्रेस के साथ काम करने में असमर्थ हो गये। यह सब देख सुभाष ने कांग्रेस के अध्यक्ष पद से इस्तीफा देकर 'फारवर्ड ब्लाक' की स्थापना के लिये 'यूथ कांग्रेस' की पहली मीटिंग उन्नाव जिले के मकूर गांव में की। युवा कांग्रेस ने सुभाष का साथ दिया। लखनऊ से मकूर के लिए चलते समय सुभाषचन्द्र बोस के साथ अन्य साथी, यशपाल और मैं भी थी। ट्रेन में काफी देर तक यशपाल जी और सुभाष में बातचीत हुयी। उन्नाव के मकूर गांव में यह कान्फ्रेंस १४ मई, १९३९ में हुयी।

३ सितम्बर, १९३९ में हिटलर ने पड़ोसी देशों और यहूदियों के विरूद्ध युद्ध की घोषणा कर दी थी। हिटलर का आतंक योरूप में फैल चुका था। वह आसपास के कई छोटे देशों को हड़प गया था। ब्रिटेन भी इस हमले से बच न सका। इस समय भारत की कम्युनिस्ट पार्टी ने शासन के विरूद्ध मोर्चा सम्भाल लिया और वह सत्ता जनता को सौंपने की बातें पूरे ज़ोर से बार–बार कह रही थी। इन सब हरकतों के कारण कम्युनिस्ट पार्टी पर प्रतिबन्ध लगा दिया गया। ब्रिटिश सरकार ने काफी तादाद में कम्युनिस्टों को जेलों में बंद कर दिया। बहुत से साथी देवली कैंप में भेज दिये गये। यशपाल जी अस्वस्थ होने के कारण पुनः मसूरी चले गये थे। 'विप्लव' का प्रकाशन चल रहा था।

अक्टूबर १९३९ में कांग्रेस मंत्रिमंडल ने इस्तीफा दे दिया। आचार्य जुगलकिशोर जी इस प्रथम कांग्रेस मंत्रिमडल में पार्लियामेंटरी सेक्रेटरी थे। आचार्य जी हीवेट रोड (शिवाजी मार्ग, लखनऊ) के मकान में रहते थे जो अब 'विप्लव कार्यालय' के नाम से प्रसिद्ध है। शासन भंग होने के बाद भी वह कुछ समय तक इसी मकान में रहे। फिर मकान बंद कर हुसैनगंज के विधायक निवास में चले गये। पता लगने पर कि वह मकान छोड़ रहे हैं, हम दोनों विधायक निवास गये और हमारे मकान में आने की सूचना मालिक मकान को दे दी। हम अपना कार्यालय गणेशगंज से उठा कर हीवेट रोड पर आ गये।

हीवेट रोड के बड़े मकान में आने से काफी सुविधा हो गयी। मकान खुला था और इसमें कमरे काफी थे। 'विप्लव' और 'बाग़ी' का काम भली प्रकार चलने लगा। इस मकान में हमारे साथ उम्मेदसिंह भी था। यशपाल जी की माता भी लाहौर से आ गयीं। दूसरे लाहौर कांस्पिरेसी केस के मुख्य अभियुक्त इन्द्रपाल भी सपत्नीक आ गये थे। इसी वर्ष हमारी दो पुस्तकें—'पिंजरे की उड़ान' कहानी संग्रह और 'न्याय का संघर्ष' का प्रकाशन हो गया। पुस्तकों की बिक्री आरम्भ हो गयी। मैं 'विप्लव' और पुस्तकों के प्रकाशन में लगातार यशपाल जी का हाथ बंटा रही थी और अपनी दांतों की डाक्टरी की प्रैक्टिस आरम्भ करने के लिये सामान जुटा रही थी। यूरोप में लड़ाई आरम्भ हो चुकी थी। ब्रिटिश सरकार का रवैया हम लोगों के प्रति अच्छा नहीं था।

मार्च १९४० में रामगढ़ कांग्रेस का अधिवेशन रामगढ़ में हुआ। हम दोनों रामगढ़ कांग्रेस में गये थे। अधिवेशन के ठीक समय जहां नेताओं के बैठने का मंच बना था और सब नेता गण इकट्ठे हो रहे थे, खूब ज़ोर से उसी समय आंधी–पानी बरसा। ठहरने के कैम्पों में ऐसे लगता था कि आर–पार दरिया बह रहा है। सिर छिपाने के अलावा बिस्तर और सामान भीगने से बचाना मुश्किल हो गया। सब से बड़ी खूबी इस जलसे की यह थी कि हिन्दुस्तान भर के पाकेटमार यहां इकट्ठे हो गये। एक सौ से ऊपर तो पकड़े गये। शेष इतने ही भाग गये या गायब हो गये। जेबों की सफाई के कारण तथा

वर्षा की भयंकरता के कारण असुविधा होते हुए भी यह अधिवेशन सम्पन्न हुआ।

वर्षा थमते ही हमारे साथियों ने रामगढ़ छोड़ दिया। रास्ते में आदिवासियों का बाज़ार देखते हुए रांची पहुंच गये। दर्शनीय हुंडरू प्रपात देखा। उस समय रांची एकदम सूना था। बाज़ारों में कुछ भी भीड़ न थी। मुश्किल से एक छोटा सा होटल खोज भोजन किया और वापस लखनऊ आ गये।

दंत चिकित्सा का आरम्भ

कराची डेन्टल कालेज से मैंने दांतों की डाक्टरी तो पास की थी पर अभी प्रैक्टिस आरम्भ न कर पायी थी। दिल में बड़ा अरमान था कि जल्दी ही अपनी सर्जरी का सामान जुटाकर काम प्रारम्भ कर दूं। आर्थिक समस्या सामने थी। कांग्रेसी शासन में अब पंडित वेंकटेशनारायण तिवारी पार्लियामेंटरी सेक्रेटरी थे। उन्होंने कांग्रेस शासन से कुछ आर्थिक सहायता उपलब्ध करा दी थी। मैं डाक्टरी आरम्भ करने के लिये सामान खरीदने में समर्थ हो सकी। कराची में जब मैं विद्यार्थी थी मैंने तभी सारे आवश्यक सर्जिकल उपकरण खरीद लिये थे। लाहौर जाकर दांतों के उपचार के लिये निर्मित कुर्सी तथा अन्य सामान भी खरीद लायी थी।

हीवेट रोड के मकान का वह कमरा जो बाद में लाल कमरे के नाम से प्रसिद्ध हुआ था और जिसमें प्रतिमास प्रगतिशील लेखक संघ की बैठकें होती थीं, वह पहले बिल्कुल सफेद था। कमरे और दरवाज़ों–खिड़कियों पर सफेद रंग कराकर आधे कमरे में डेंटल चेयर लगवा ली और आधे कमरे में पार्टीशन लगवा कर मरीज़ों के बैठने का प्रबन्ध कर लिया था।

आदतन मैं जल्दी सोती हूं और प्रातः जल्दी उठती हूं। मैं रात के तीसरे पहर, साढ़े–तीन चार बजे उठकर 'विप्लव' पत्रिका के लिये आये पत्रों को देखती और उत्तर देती। प्रातः नौ बजे मरीज़ों की प्रतीक्षा में बैठती। प्रैक्टिस चल निकली, मुझे संतोष था। परेशानी यह थी कि आरम्भ में गणेशगंज, फिर हीवेट रोड स्थित पत्रिका के कार्यालय और मेरे चिकित्सालय की आये दिन तलाशियां होती रहती थीं।

'विप्लव' और 'बाग़ी' पत्रिका की धूम थी। यशपाल जी पर काम का काफी बोझ था। यूरोप में छिड़े युद्ध का हमारे देश में भी काफी असर था। मुझे याद है, हम हिटलर के भाषण कमरा बन्द करके रेडियो पर सुनते थे। कारोबार में काफी सरगर्मी थी। 'विप्लव' और 'बाग़ी' के लिये विज्ञापन भी काफी तादाद में मिलने आरम्भ हो गये थे।

मेरी प्रैक्टिस अधिकतर मुस्लिम परिवारों में थी। परदे के कारण मुझे इन परिवारों में मरीज़ों को देखने के लिये उनके घरों पर जाना पड़ता था। ये शिया मुस्लिम

परिवार खानदानी नवाब और पुराने रईस थे। स्त्रियां घर से बाहर बहुत कम निकलती थीं। फीस मुंहमांगी भले मिलती थी, पर दांतों का इलाज करवाना या उन्हें निकलवाना स्त्रियां अपने घर पर ही पसन्द करती थीं। एक बार एक नवाब साहब मुझे अपने घर ले जाने के लिये बुलाने आये। राजा बाज़ार और नक्खास के बीच कहीं एक बड़ा सा फाटक है। इस फाटक के अन्दर ढेरों अमीर–गरीब परिवार रहते थे। अब भी रहते हैं या नहीं, मैं नहीं जानती। इन परिवारों में जाने पर एक अजीब तजुर्बा हुआ। मरीज़ को डाक्टर के पास बिठाकर घर की बड़ी–बूढ़ी एक मनकों की माला हाथ में ले लेतीं। माला पकड़ कहीं से भी मनके गिनना शुरू कर देतीं। यदि आखीर में कुछ न बचे तो समझो शुभ है, तभी दांत निकाला जा सकता है और यदि मनका बच गया तो समझो अशुभ, दांत नहीं निकाला जायेगा। इसे वे लोग 'इस्तखारा' कहते थे। अशुभ होने पर डबल फीस तथा आने–जाने का किराया पाकर वापस लौटना पड़ता। बात किसी दूसरे दिन के लिये टल जाती।

मैंने इन मुस्लिम परिवारों में एक परिवार के अन्दर नये और पुराने विचारों के हिसाब से रहने का ढंग अलग–अलग देखा। एक तरफ माडर्न बैठक में सोफा–कुर्सियां लगी हैं, खाने की मेज़ पर सुन्दर दस्तरखान बिछा है, सलीके से सजी कुर्सियों तथा साजोसामान से कमरा सजा है, तो दूसरी ओर—चारपाई पर बैठी बेगमें और चूल्हे पर चढ़ी बड़ी–बड़ी देगें हैं। इसी फाटक के अन्दर दांतों का कष्ट पाने वाले अन्य गरीब मरीज़ों को भी देखने का मौका मिला। यह कमाल की बात थी कि इन परिवारों से मरीज़ देखने की अलग–अलग फीस मिलती थी।

इस अहाते के अन्दर एक काफी चौड़ी नहर थी, शायद अब भी होगी। इस नहर का पानी बहुत साफ नहीं था लेकिन इसमें लाल रंग की खूबसूरत मछलियां थीं। मुझे ऐसी मछलियां पालने का बड़ा शौक था। यह रईस परिवार तीज–त्यौहरों पर कबाब–बिरयानी पहुंचा कर खातिर तो करते ही थे, कभी कभी रंगीन मछलियां भी मेरी सर्जरी में लगे वाश बेसिन में डाल जाते थे।

मौलवीगंज की गली के पुराने रईस परिवारों में जाने का मौका भी मिला। यहां कई कहानियां–किस्से सुने, जैसे अवध के खज़ाने के बारे में जो तब तक किसी के हाथ नहीं लगा था, जिसकी चाबी किसी एक विश्वासपात्र के पास रहती थी और अंग्रेज़ों के आने पर रईस नवाबज़ादे कैसे जवाहरात के बक्से लेकर भागे और रास्ते में ही पकड़ लिये गये। उसी गली में एक खानदानी मकान देखा : मोटे चिप्स के फर्श और दीवारों पर भी चिप्स लगे थे। बीच में एक पुराने ढंग का फव्वारा बना था।

इस वर्ष प्रैक्टिस तथा 'विप्लव' व 'बाग़ी' का प्रकाशन कार्य तो था ही, अब पुस्तकों की ब्रिकी का काम भी आरम्भ हो गया था। विज्ञापनों के लिये कभी–कभी कानपुर

भागना पड़ता था। कानपुर से विज्ञापन मिलते थे, नकद पेमेंट भी तुरन्त मिलता था। युद्ध के समय व्यापारियों के पास खूब पैसा था। इस समय व्यापारी वर्ग की देश के प्रति, क्रांतिकारियों तथा कांग्रेस के काम में भाग लेने वाली जनता के प्रति सहानुभूति थी। एक बार कांग्रेस शासन बन कर भंग हो चुका था। व्यापारी वर्ग जानता था कि देश की जनता ने कुर्बानी दी है, उसका असर ब्रिटिश सरकार पर पड़ रहा है और हम जल्दी ही आज़ादी हासिल करेंगे। यही कारण था कि हमें अच्छे-अच्छे संस्थानों से विज्ञापन मिलने लगे थे। आमदनी का स्रोत बढ़ रहा था। हमारे मित्र और राजनीतिक साथी तथा अन्य 'विप्लव' एवं 'बाग़ी' के प्रेमी पत्रिका में लिखकर हमारी मदद कर रहे थे। 'विप्लव' एवं 'बाग़ी' की मांग हिन्दी-उर्दू जानने वाले भागों में तो थी ही, यह मांग बर्मा और सिंगापुर में काम करने वाले भारतीयों में बहुत अधिक थी। वहां रहने वाले और काम करने वाले भारतीय बहुत चाव से 'विप्लव' पढ़ते थे। उस समय सिंगापुर में गोरखपुर, गोंडा की तरफ के बहुत लोग थे। जब कभी वे भारत लौटते 'विप्लव कार्यालय' में आना न भूलते।

अप्रैल १९४० में एक और आफत आ गयी। 'विप्लव' पत्रिका में छपे किसी लेख के कारण बारह हजार रुपये की जमानत सरकार ने मांग ली। यह नोटिस मिलते ही 'विप्लवी ट्रेक्ट' के नाम से दूसरी पत्रिका के लिये डेक्लेरेशन फाइल कर दिया। मई मास में पत्रिका न छप सकी किन्तु जून मास से 'विप्लवी ट्रेक्ट' का प्रकाशन आरम्भ कर दिया। जून का महीना। सख्त गर्मी पड़ रही थी। इसी भाग-दौड़ में यशपाल जी को बुखार आने लगा। जेल से छूटने के बाद अभी स्वास्थ्य पूरी तरह ठीक नहीं हुआ था। यशपाल जी अस्वस्थ हो गये। वज़न एकदम कम होना शुरू हो गया। व्यवस्था करने की सोच ही रहे थे कि बम्बई से श्री एम.एल. शाह आ गये। शाह बम्बई में विद्यार्थी संगठन के नेता थे और मेरी पुरानी सहेली स्वदेश, पुराने क्रांतिकारी तथा लम्बी सज़ा काटने वाले लाला पिंडीदास की लड़की के पति थे। स्वदेश के बहनोई प्रबोध भी विद्यार्थी संगठन के नेता और शाह के मित्र थे और वह हमारे भी मित्र थे। उन्होंने सलाह दी कि मुझे यशपाल जी को आराम के लिये तुरन्त स्वदेश के पास मसूरी भेज देना चाहिये। शाह ने आश्वासन दिया कि कुछ मास वे भी मसूरी में विश्राम के लिये जा रहे हैं। वे यशपाल जी की देखभाल में मदद करेंगे। मैंने तुरन्त तैयारी की और यशपाल जी को मसूरी भेज दिया।

यशपाल जी 'विप्लव' का सम्पादन वहीं से करने लगे। फिर सम्पादन की जिम्मेदारी मुझ पर आ गयी। सितम्बर १९४० से जनवरी १९४१ तक मैंने सम्पादन संभाला। इसके साथ ही दांतों की क्लीनिक का काम भी काफी तरक्की पर था।

पुस्तकों के प्रकाशन में सहायता का श्रेय श्री देवीप्रसाद शर्मा को है। पहले भी बता

चुकी हूं कि शर्मा जी श्रीकृष्ण सूरी के बहनोई थे। जेल में मेरी शादी के अवसर पर भी मेरे साथ साक्षी के रूप में थे। वे हिंदुस्तान टाइम्स प्रेस कार्यालय में जाब विभाग के मुख्य अधिकारी थे और इनकी समाचार पत्र के प्रसिद्ध सम्पादक पोथेन जोसेफ से घनिष्ठ मित्रता थी। जब हिन्दुस्तान टाइम्स का कार्यालय दिल्ली में कुतुब रोड पर था, शर्मा जी मुझे श्री जोसेफ से मिलाने ले गये थे और तपाक से कहा था कि यह मेरी बेटी है। शर्मा जी ने आश्वासन दिया, पुस्तकों की छपाई के बिलों की चिंता नहीं करना। धीरे–धीरे सुविधा से पेमेंट देती जाना। शर्मा जी के इस सहयोग के कारण हिम्मत बढ़ी और जल्दी–जल्दी पुस्तकों का प्रकाशन करते गये। आम जनता ने प्रकाशन को हाथों–हाथ लिया। आलोचनाएं भी हिम्मत बंधाने वाली थीं। इसी संदर्भ में मुझे याद आता है कि जब यशपाल जी जेल में थे तो उनकी 'पिंजरे की उड़ान' की एक कहानी मक्रील 'विशाल भारत' पत्रिका में छपने के लिये भेजी थी। कहानी छपने के बाद किसी ने लिखा था—इस कहानी के लेखक का भविष्य उज्ज्वल है। और यह बात सही भी निकली।

आम जनता ने जहां प्रकाशन को सराहा और खरीदा, वहीं सरकारी खरीद की ओर से जवाब कोरा था। शायद शासन नहीं अधिकारी घबराते थे। पुस्तक पर यशपाल जी का नाम और लाल रंग का कवर देखते ही उनके हाथ–पांव फूल जाते। नौकरी पर आंच आने से डरते थे।

इस सम्बन्ध में स्वर्गीय श्रीनारायण चतुर्वेदी जी ('सरस्वती' के सम्पादक) के आगे नतमस्तक हूं। वह सरकारी अधिकारी होते हुए भी सही काम के लिये शासन की परवाह न कर अपने फैसले को सही समझने का दम रखते थे। उन्होंने शिक्षा प्रसार कार्यालय के माध्यम से तब तक प्रकाशित हमारी दोनों पुस्तकें खरीदीं।

एक बार की बात याद है, चतुर्वेदी जी ग्वालियर में किसी शिक्षा संस्थान के अधिकारी थे। मैं ग्वालियर गयी थी और चतुर्वेदी जी से भेंट कर मैंने उनसे पुस्तकों की खरीद के लिये आग्रह किया। अब तक हमारी कई और पुस्तकें प्रकाशित हो गयी थीं। उनके पास जितना पैसा उस संस्था में बचा था उतने का आर्डर मुझे दे दिया। यह आर्डर लगभग पंद्रह सौ रुपये पुस्तकों की खरीद का था। मैं आज भी स्वर्गीय चतुर्वेदी जी के सहयोग के लिये कृतज्ञ हूं।

छः–सात मास मसूरी में रहने से यशपाल जी के स्वास्थ्य में उल्लेखनीय सुधार हुआ। साथ ही उनकी दो पुस्तकों की पाण्डुलिपियां भी तैयार हो गयीं। उनके पहाड़ से लौटते ही पुस्तकें प्रेस में दे दीं। इस बीच मैं समय–समय पर मसूरी जाकर उनके स्वास्थ्य, खाने–पीने की व्यवस्था को देख आयी थी। देश में जैसा राजनीतिक वातावरण चल रहा था और उतार–चढ़ाव आ रहे थे, सब काम को संभालना अकेले मेरे वश की बात नहीं थी। यह समस्या भी सामने थी कि मैं प्रैक्टिस पर पूरा समय दूं या यशपाल जी के काम

में उनका साथ दूं। सवाल था प्रकाशन या प्रैक्टिस में से किसे आगे बढ़ाया जाय। यशपाल जी लिखें भी और प्रकाशन को भी सम्भालें—यह सम्भव नहीं था। बहुत सोच–विचार कर मैंने प्रैक्टिस स्थगित कर दी और प्रकाशन का काम पूरी तरह सम्भाल लिया।

पुनः गिरफ्तारी और अंग्रेज़ी शासन का सूर्यास्त

महात्मा गांधी इस समय 'हरिजन' में अंग्रेज़ों के विरूद्ध आग बरसाने वाले लेख लिख रहे थे। इसी समय लंदन में एक हादसा हो गया। जलियांवाला बाग के बदनाम खूनी हत्यारे ओ डायर पर एक भारतीय जवान ऊधमसिंह ने १३ मार्च, १९४० को गोली चला कर उसकी जीवन–लीला समाप्त कर दी। उसने भारत में किये गये सैकड़ों लोगों के खून का बदला ले लिया। ब्रिटिश शासन इस हत्या से कांप उठा। भारत की जनता की नाराज़गी का यह जबर्दस्त उदाहरण उनके सामने था। महात्मा गांधी ने इस नौजवान की बहादुरी पर दो शब्द भी न कहे। भगतसिंह ने ८ अप्रैल, १९२९ के दिन जब एसेम्बली में बम फेंका था, गांधी जी ने क्रांतिकारियों की आलोचना कर इसे गलत कहा। यशपाल जी द्वारा वायसराय लार्ड इरविन की ट्रेन के नीचे बम चलाने की घटना द्वारा ब्रिटिश शासन पर करारी चोट दी गयी थी, तब भी गांधी जी ने निंदा का प्रस्ताव पास कराया। बहुत से कांग्रेसियों ने सहमत न होते हुए भी महात्मा जी के दबाव से सहमति प्रकट की और यह प्रस्ताव कुल ८२ अधिक वोटों से पास हुआ। इस प्रस्ताव के कारण नौजवानों का ही नहीं बहुत से कांग्रेसियों का भी खून खौल उठा था।

भगतसिंह और साथियों को फांसी की सज़ा सुनायी जाने के बाद जब गांधी–इरविन पैक्ट हो रहा था, उस समय चन्द्रशेखर आज़ाद ने हमारी साथी दुर्गा भाभी और सुशीला जी को दिल्ली भेजा था कि महात्मा गांधी से मिलकर कहें कि वह वायसराय के सामने इन साथियों की फांसी की सज़ा रद्द करने की शर्त भी रखें। प्यारेलाल मोटर कम्पनी के मालिक श्री रघुनंदनसरन उस समय के प्रसिद्ध कांग्रेसी थे। वे दुर्गा भाभी और सुशीला जी को डाक्टर अंसारी की कोठी पर महात्मा गांधी से मिलाने रात को दस बजे ले गये। भेंट के समय गांधी जी ने कहा, ये लोग हिंसा में विश्वास रखते हैं, मैं ऐसे लोगों

के लिये कोई सिफारिश नहीं करूंगा।

लाहौर में बहादुर हरिकृष्ण तलवार ने जान पर खेल कर गर्वनर मांटमौरेंसी पर गोली चलाकर उसे घायल किया था और परिणाम स्वरूप उसे फांसी की सज़ा हुई थी—तब भी महात्मा जी को इस शहीद की बहादुरी अपने उसूलों के खिलाफ लगी थी और वे इस घटना के खिलाफ बोले थे।

देश को आज़ाद कराने के लिये जितना काम असहयोग आंदोलन ने किया, उससे कहीं अधिक देश प्रेम और जोश क्रांतिकारियों की कुर्बानियों ने देशवासियों में भरा। अंग्रेज़ी शासन को देश से हटाने में हमारे साथियों ने सदा जान की बाज़ी लगायी। आज हम उन शहीदों के नाम बड़े फख्र से लेते हैं और लेते रहेंगे। बंगाल के साथी सूर्यसेन और प्रीतिलता के बलिदान, पंजाब और उत्तर प्रदेश में भगतसिंह, आज़ाद और साथियों के बलिदान को देश कभी नहीं भुला सकता। हमारे क्रांतिकारी साथियों ने भारत के अंदर और अंडमान की जेलों में सजाएं काटीं और वे जेलों में भी चुप नहीं बैठे। किसी न किसी रूप में प्रोटेस्ट की लड़ाई चलती रही।

सेवाग्राम में महात्मा गांधी से भेंट

अप्रैल, १९४१ में मध्य प्रदेश नागपुर में प्रांतीय राजनैतिक सम्मेलन था। इस सम्मैलन की अगुआई करने के लिये यशपाल जी को निमंत्रण मिला। नागपुर सम्मेलन में यशपाल जी का भव्य स्वागत हुआ। रास्ते के स्टेशनों पर गाड़ी रुकते ही स्वयंसेवक संतरों की टोकरियों की भेंट लिये यशपाल जी को ढूंढ़ते नज़र आते थे। संतरों की यह टोकरियां इतनी अधिक थीं कि इन्हें सम्भालना मुश्किल हो गया। जाने-माने कुछ पंजाबी परिवार रेल के उसी डिब्बे में बम्बई जा रहे थे। यशपाल जी ने संतरों की कई टोकरियां उन्हें भेंट कर दीं। नागपुर के प्रांतीय राजनैतिक सम्मेलन में जो आवाज़ उठायी गयी, वह इस प्रकार थी :

> *"कांग्रेस का उद्देश्य देश की स्वतंत्रता है। कांग्रेस का आंदोलन देश की स्वतंत्रता के लिये चलना चाहिये न कि अहिंसा के आध्यात्मिक सिद्धांतों के लिये। देश की स्वतंत्रता का प्रयोजन, देश की नंगी-भूखी जनता के लिये रोटी-कपड़ा और कांग्रेस के अन्दोलन में आध्यात्मिकता के स्थान पर आर्थिक मांगों का सवाल होना चाहिये।*
>
> *स्वराज्य और देश की भलाई का प्रश्न इस देश के निवासियों का व्यक्तिगत प्रश्न नहीं, वह उनका सामूहिक और राष्ट्रीय प्रश्न है। इसलिये स्वराज्य की मांग का आन्दोलन व्यक्तिगत सत्याग्रह के रूप में न चल कर जन अन्दोलन के रूप में चलना चाहिये।"*

यशपाल जी नागपुर के साथियों—जी.एम.मोटे और पी. वाई. देशपाण्डे के साथ सेवाग्राम आश्रम भी पहुंचे। कुछ कठिनाई के बाद गांधी जी से भेंट का समय अपराह्न चार बजे मिला।

गांधी जी की कुटिया काफी ठंडी थी। इसका प्रबन्ध संचालकों ने काफी समझदारी और सावधानी से कर रक्खा था। उस समय कुटिया में कृपलानी जी भी मौजूद थे। यशपाल जी का कृपलानी से पुराना परिचय था। विचारों के आदान-प्रदान में गांधी जी कुछ क्षुब्ध हो गये। बाद में कृपलानी जी ने प्रश्न किया—क्या आप लोग गांधी जी का विचार परिवर्तन करना चाहते हैं ? कुछ दिन पहले मुहम्मदअली जिन्ना भी गांधी को मुसलमान बनाने आये थे।

भारत सुरक्षा कानून

इधर हालात कुछ सम्भले थे कि ७ जून, १९४१ के दिन यशपाल जी भारत सुरक्षा कानून के अंतर्गत गिरफ्तार हो गये। यह गिरफ्तारी 'विप्लव' में छपे किसी लेख के कारण थी। हमारे कुछ मित्रों ने तुरन्त सूझ-बूझ से काम लिया और यशपाल जी की ज़मानत हो गयी। इस समय 'गांधीवाद की शव परीक्षा' पुस्तक की छपाई चल रही थी। किरण बेटी का जन्म होने वाला था। मुकदमा डिप्टी कमिश्नर लुइस लायड के कोर्ट में चलने लगा।

हिटलर के दुर्भाग्य से २२ जून, १९४१ के दिन नाज़ियों ने रूस पर हमला कर दिया। लड़ाई ने रुख बदला। ब्रिटिश सरकार ने रूस का साथ देने का ऐलान कर दिया। लड़ाई के समाचार और ब्रिटिश सरकार का ऐलान होने के बाद साम्राज्यवादियों की लड़ाई 'पीपुल्स वार' यानी जनता की लड़ाई बन गयी।

इसी समय की एक घटना मुझे याद है। मैं और यशपाल जी किसी काम से अमीनाबाद से नज़ीराबाद की ओर जा रहे थे कि कम्युनिस्ट पार्टी के एक प्रसिद्ध कार्यकर्त्ता कानपुर के संतोष कपूर मिल गये। विनोदी प्रवृत्ति होने के कारण चुटकी लेने में यशपाल जी चूकते न थे। उन्हें देखते ही यशपाल जी बोल पड़े, "कहो मित्र, यह तो पीपुल्स वार है।" मित्र सस्पेन्स में थे। यशपाल जी ने फिर हंस कर कहा, "क्या पार्टी लाइन नहीं आयी ?" मित्र चुप रहे। आखिरकार मानना पड़ा कि अब यह जनता की लड़ाई है। सोवियत रूस के ब्रिटेन का साथी होने का असर हमारी पत्रिका और यशपाल जी पर चलाये मुकदमे पर भी पड़ा। बाद में मुकदमे का फैसला हमारे हक में हो गया।

हमारी बेटी किरण का जन्म १९ जुलाई, १९४१ में हुआ था। हम दोनों के जीवन में खुशी का एक नया मोड़ आया।

लड़ाई का रुख बदलते ही अब कम्युनिस्टों के बयान आने लगे कि इस लड़ाई

में ब्रिटिश सरकार का साथ देकर हिटलर के मंसूबों को असफल करना है। ब्रिटिश सरकार का रुख कम्युनिस्टों के प्रति कुछ नरम हुआ। शासन ने तमाम नज़रबंद और जेलों में पड़े कम्युनिस्टों को रिहा करना आरम्भ कर दिया। अभी लोग रिहा होकर बाहर आ ही रहे थे कि महात्मा गांधी ने 'भारत छोड़ो आंदोलन' ९ अगस्त, १९४२ को आरम्भ कर दिया। जनता कुछ कर गुजरने को तैयार थी। एक बार फिर कांग्रेसियों की धर-पकड़ आरम्भ हो गयी। लोग शासन के विरूद्ध लड़ने के लिये घर छोड़कर भूमिगत हो गये। सारे देश में तूफान की लहर दौड़ गयी। यहां तक कि आज़ाद हिन्द रेडियो स्थापित हो प्रसारण आरम्भ हो गया। उत्तर प्रदेश में बनारस, आज़मगढ़, गाज़ीपुर की जनता ने इस संघर्ष में जम कर भाग लिया। बलिया में तो जनता ने जिला कचहरी पर कब्ज़ा कर तिरंगा झंडा फहरा दिया।

उस समय संयुक्त प्रांत शासन में नीदरसोल बड़ा ही अत्याचारी शासक था। बलिया से बनारस तक उसने कूच करते समय शहर-गांव छान डाले, आम जनता को भी परेशान किया पर विद्रोहियों को पकड़ने में सफल न हो सका।

ऐसे ही एक दिन यशपाल जी के नाम नीदरसोल से मिलने के लिये हुक्मनामा आया। यशपाल जी मिलने गये। वे कुर्सी पर बैठे ही थे कि इस बदतमीज़ शासक ने अपने जूते पहने पांव मेज़ पर रख दिये और आराम से कुर्सी पर पीठ लगाकर बैठ गया। फिर यशपाल जी ने भी जूते पहने पांव मेज़ पर रख दिये। नीदरसोल का दिमाग ठंडा हो गया। तुरन्त बोला, "Be comfortable" और अपने पांव नीचे कर लिये। यशपाल जी ने भी वही किया। कुछ पूछताछ के बाद यशपाल जी लौट आये।

सन् १९४२ में जापानियों ने कलकत्ता पर हवाई जहाज़ से बम बरसाये थे। इस हमले के डर से कलकत्ता से बहुत से लोग और व्यापारी भाग खड़े हुए थे। कई बड़े व्यापारियों के दफ्तर लखनऊ, कानपुर, इलाहाबाद आ गये। इन दफ्तरों में काम करने वाले बाबू, अफसर भी आये। एक बंगाली परिवार ने 'विप्लव कार्यालय' के एक हिस्से में पनाह ली। तब तक हमारा प्रेस नहीं था।

इसी भगदड़ में एक स्थिति जो बहुत भयंकर उठ खड़ी हुयी थी उसका सामना देश को, खास कर बंगाल की सरकार को करना पड़ गया और यह था बंगाल का भयंकर दुर्भिक्ष। अंग्रेज़ शासकों ने बाज़ार से अनाज के भंडार खरीद लिये। जो फसल बची वह मुनाफा कमाने के लिये पूंजीपतियों की खत्तियों में पहुंच गयी। बाज़ार में अन्न न मिलने से जनता हताश हो दाने-दाने के लिये तरस सड़कों पर निकल पड़ी। बिना दाना-पानी के बच्चे, बूढ़े, जवान भूख से तड़प कर मरने लगे। बहुत लोग कलकत्ता तथा अन्य शहरों को छोड़ कर गांवों की ओर, छोटे-छोटे शहरों की ओर, अन्य प्रान्तों

की ओर दौड़ पड़े। इस अकाल का असर बंगाल के लोगों पर वर्षों तक रहा।

आर्थिक कठिनाइयां

'विप्लव' का प्रकाशन बहुत से राजनैतिक कारणों से कुछ समय के लिये स्थगित कर देना पड़ा। हमारे लिये गंभीर संकट का समय था। पुस्तकों के प्रकाशन के लिये कागज़, छपाई की व्यवस्था का प्रश्न था। महंगायी बढ़ रही थी। मैंने तुरंत ही यू. पी. सरकार के हैंडीक्राफ्ट विभाग से कुछ सप्लाई का काम ले लिया। लैम्पशेड और चमड़े की गद्दियां और बटुए बनाकर सप्लाई करना आरम्भ कर दिया। मेरे बनाये गये लैम्प शेडों की बड़ी मांग थी। लैम्प का आधार बनाने के लिये तरह-तरह के चीनी मिट्टी के बर्तन काम में लाते थे। इस समय खुर्जा पाटरी की बड़ी मांग थी। स्पेशल बर्तन बनवाने के लिये मैं खुर्जा भी गयी थी। कई तरह के शेड बनाकर मैंने लैम्पों को सजाया। इन लैम्पों की मांग बढ़ने का कारण था—लड़ाई के समय बहुत से ब्रिटिश अफसर विदेश से कानपुर आये थे। अपना नया घर सजाने के लिये यह लैम्प उन्हें बहुत पसन्द आये। सुन्दर शेड लगे लैम्प बहत ज्ल्दी तय्यार होते थे और तुरन्त बिक जाते थे। सिंगर सिलाई की मशीन मैंने पांच रुपये मासिक किस्तों पर ले ली। यह कठिन समय हमने प्रकाशन बेचकर तथा हैंडीक्राफ्ट का काम करके गुज़ारा। सर्जरी का सामान भी जिस से खरीदा था उसे वापस बेच दिया। मैं प्रैक्टिस समाप्त कर चुकी थी। गर्मी का मौसम आते ही यशपाल जी अस्वस्थ रहने लगते थे। पहाड़ पर जाना जरूरी हो जाता था। भुवाली में डाक्टर प्रेमलाल साह का घर हमारे लिये सदा ही खुला था। यशपाल जी को यहां लिखने-पढ़ने की सब सुविधाएं उपलब्ध थीं। इस समय टी.बी. का प्राइवेट इलाज कराने वाले मरीज़ों के लिये भुवाली ही एक मात्र स्थान था।

२७ जुलाई, १९४४ को हमारे बेटे आनन्द का जन्म भुवाली में हुआ। डाक्टर प्रेमलाल ने हमारे लिये सनीविला नाम के बंगले का प्रबन्ध पहले ही कर दिया था। मैं यशपाल जी, दुर्गा भाभी और उनका बेटा शची मई मास में सनीविला पहुंच गये। लाहौर से यशपाल जी की माता भी आ गयीं। सनीविला भीमताल जाते समय चन्द्रभवन के नीचे सड़क पर है। भुवाली में यही एक बंगला ऐसा है जहां पानी किसी स्रोत से बारह महीने आता रहता है और नलों द्वारा मकान के पूरे भाग में पहुंच जाता था।

दुर्गा भाभी और उनका बेटा शची जुलाई शुरू होते ही लखनऊ वापस चले आये। बच्चों के स्कूल-कालेज खुलने वाले थे। दुर्गा भाभी द्वारा स्थापित लखनऊ मांटेसरी स्कूल का बड़ा नाम था। आनन्द के जन्म के बाद दुर्गा भाभी फिर दुबारा भुवाली आयीं। डा. प्रेमलाल ने इस अवसर पर आनन्द के जन्म की खुशी में बड़ी शानदार दावत की।

बहुत से मित्र नैनीताल से आये। भुवाली में कई मित्र थे जिनके फलों के बगीचे थे। आनन्द के जन्म की खुशी में ढेरों फल सेब, नाशपाती, आडू भेंट स्वरूप आये। भुवाली के बाज़ार में पुराने मोची ने आनन्द के लिये छोटे से सुनहरे जूते भेंट किये। इस उल्लास में कुछ दिन बड़े सुख में कटे।

लखनऊ मांटेसरी स्कूल, लखनऊ की स्थापना प्रसिद्ध क्रांतिकारी दुर्गा भाभी द्वारा २० जुलाई, १९४० में हुयी थी। आरम्भ में पांच बच्चे आये। शीघ्र ही बच्चों की तादाद बढ़ती गयी।

उस समय स्कूल कमेटी के तीन सदस्य थे। रफी अहमद किदवई, (उत्तर प्रदेश शासन के गृह मंत्री), चन्द्रभानु गुप्त। (पूर्व मूख्य मंत्री, उत्तर प्रदेश), और समाजवादी विचारक आचार्य नरेन्द्रदेव थे।सेक्रेटरी दुर्गा भाभी थीं।

धीरे–धीरे स्कूल ने बहुत उन्नति की। कमेटी के सदस्य भी बढ़ गये। डाक्टर साधन बोस और यशपाल जी भी कमेटी में कई साल रहे।

लखनऊ मांटेसरी स्कूल, लखनऊ के नये भवन का शिलान्यास प्रधान मंत्री पंडित जवाहरलाल नेहरू ने ७ फरवरी, १९५७ में किया।

इस स्कूल के भवन निर्माण के लिये चंदा इकट्ठा करने लखनऊ–कानपुर में कई सम्मानित व्यक्तियों के पास मैं और दुर्गा भाभी गये। कानपुर में उस समय एक बहुत सहृदय इनकम टैक्स कमिश्नर था। स्कूल भवन के लिये रुपया दिलाने में उसने हमारी बड़ी मदद की ।

स्कूल का नाम अभी भी मांटेसरी है जबकि अब यह इंटर कालेज हो गया है। इस समय स्कूल में दो हज़ार से अधिक बच्चे शिक्षा पा रहे हैं।

यशपाल जी के १९३९ में लिखे लेख संग्रह 'न्याय का संघर्ष' की भूमिका प्रसिद्ध समाजवादी विचारक और लेखक आचार्य नरेन्द्रदेव ने लिखी थी। मैं स्वयं इन लेखो को लेकर उनके पास गयी थी। इस लेख संग्रह की भूमिका में आचार्य जी ने लिखा था :–

> *"इन लेखों में लेखक ने कलम की नोक से आत्म–विस्तृत समाज को गुदगुदा कर जगाने की चेष्टा की है और समय को करवट बदलते न देख कर कई जगह उसने कलम की नोक समाज के शरीर में गढ़ा दी है।"*

वर्षा समाप्त होते ही हम सब लखनऊ लौट आये। पुस्तकों की छपाई के लिये हम प्रेस की ज़रूरत अनुभव कर रहे थे। भुवाली जाने से पहले एक मित्र को, जिसका अपना प्रेस था, एक ट्रेडिल मशीन खरीदने के लिये रुपये से मदद की थी। मशीन आ गयी पर हमारा काम उसने नहीं किया। यशपाल जी ने एक दूसरी ट्रेडिल खरीदी। यह

मशीन पुरानी थी। लड़ाई के कारण बाहर से मशीनें नहीं आ रही थीं। मशीन की मरम्मत करा कर इसी वर्ष प्रेस स्थापित कर दिया। छपाई का काम आरम्भ हो गया। पुस्तकों की ब्रिकी अच्छी थी। हमारे प्रकाशनों की संख्या दस के लगभग हो चुकी थी। पुस्तक व्यवसाय के लिये यह समय बहुत अच्छा था। पुस्तक विक्रेता प्रगतिशील साहित्य को बढ़ावा दे रहे थे। जनता का रुझान भी इस साहित्य की ओर था। पुस्तकों की बिक्री में कोई परेशानी महसूस नहीं हो रही थी। पुस्तक विक्रेता पैसा रोकते नहीं थे। बिक्री नकद या बैंक द्वारा होती थी। डाक से वी.पी. द्वारा भी पुस्तकें काफी तादाद में जाती थीं। मुझे पोस्टल स्ट्राइक के ज़माने की एक बात याद है। रेल विभाग ने डाकखाने की हड़ताल के कारण रेल से पार्सल बुक करने बन्द कर दिये थे। आये आर्डर की पुस्तकों के पार्सल सी कर रखते जाते थे ताकि हड़ताल खुलते ही पार्सल अविलम्ब रवाना कर दिये जायें। जल्दी ही एक कमरा पार्सलों से भर गया। पार्सल बांधने का काम मैं रात को करती थी। यह सब काम करने में मुझे परेशानी नहीं होती थी, न बुरा लगता था। इसी प्रकार पुस्तकों की बिक्री के लिये भी देश के विभिन्न भागों में काफी यात्राएं कीं। पूरे राजस्थान का भ्रमण मैंने पुस्तकों की बिक्री के सम्बन्ध में किया। दिल्ली, पटना, कलकत्ता की तरफ तो आना-जाना लगा ही रहता था।

यशपाल जी को मैंने साहित्य-सृजन के लिये बिल्कुल मुक्त कर दिया था। १९४५ की गर्मियों में डाक्टर प्रेमलाल के निमंत्रण पर भुवाली गये और 'दिव्या' उपन्यास एक मास में लिखकर समाप्त किया। उपन्यास सम्बंधी आवश्यक जानकारी वे लखनऊ म्यूज़ियम के अध्यक्ष डा. वासुदेवशरण अग्रवाल, बम्बई म्यूज़ियम के पुरातत्व विभाग के डा. मोतीचंद और अपने परिचित डा. भगवतशरण उपाध्याय से प्राप्त कर चुके थे। लखनऊ बौद्ध विहार के महास्थविर भदंत बोधानन्द से बौद्ध परिपाटी के विषय में कई बार भेंट और लम्बे वार्तालाप किये। बौद्धकालीन वेशभूषा और वातावरण को समझने के लिए अजंता-ऐलोरा की यात्रा भी की थी। दिव्या उपन्यास का प्रकाशन सन् १९४५ में ही हो गया था। यह उपन्यास पाठकों को बहुत पसंद आया। पहला संस्करण हाथों-हाथ बिक गया। अब तक इसके लगभग बीस संस्करण प्रकाशित हो चुके हैं और कई विश्विद्यालयों में हिन्दी की बी.ए., एम.ए. परीक्षा के लिये पाठ्य पुस्तक रूप में पढ़ाया जाता है। दिव्या के प्रथम प्रकाशन के बाद के वर्षों में पैदा होने वाली ढेरों लड़कियों को दिव्या नाम दिया गया।

भुवाली से लौटकर यशपाल जी कुल्लू यात्रा के लिये चले गये। नारकंडा होते हुए पैदल कुल्लू पहुंचे। कुल्लू के मेले पर इस वर्ष वहीं थे। पैदल जाने और खासकर पहाड़ों पर चलने का यशपाल जी को बड़ा शौक था। पहाड़ों से यशपाल जी का सदा ही बड़ा लगाव रहा। बचपन में जालंधर, पठानकोट से पैदल ही कांगड़ा, हमीरपुर पहुंच

जाते थे। पहाड़ी दर्द भरे गानों की धुनें भी गुनगुनाया करते थे। जैसे किसी दुल्हन के ये मार्मिक बोलः—

सिकन्दरे धीये धारे मुइय्ये,
पलें नीठड़ी होयां, पले नीठड़ी होयां,
तेते परे परेलड़िया धारा मुइय्ये,
मेरे पेइय्ये, मेरे पेइय्ये मुइय्ये !

(ऐ पहाड़ों की श्रृंखला, क्षण भर के लिये तू ज़रा नीची हो जा, तेरी चोटी के उस पार मेरी मां का घर है, तू ज़रा झुक जा तो मैं उस पार अपनी मां का घर पल भर के लिये देख लूं।)

अपने गांव परिवार के लोगों की उन्हें बड़ी याद आती थी। बचपन के उन स्थानों की याद आती थी जहां वह साथियों के साथ खेलते थे, घूमते थे।

अगले वर्ष यशपाल जी फिर अपने गांव पहाड़ पर घूमने और सम्बंधियों से मिलने गये। इस बार दुर्गा भाभी साथ थीं। अपने परिवार के लोगों से उन्हें मिलाया। बच्चे बहुत छोटे होने के कारण मेरा घर से निकल पाना उस समय सम्भव न था।

हमीरपुर और कांगड़ा में यशपाल जी के घर के लोग दुर्गा भाभी से मिल कर बहुत खुश हुए। दशहरे के अवसर पर कुल्लू के मेले के समय प्रसिद्ध चित्रकार रोरिक से मिलने भी गये। रोरिक की पत्नी रूस के ज़ार की रिश्ते की बहन थीं। वह बाहर से आये किसी भी मेहमान या व्यक्ति से नहीं मिलती थीं। रोरिक समाजवादी क्रांति के समय रूस छोड़, अपने परिवार का बड़ा काफिला लेकर बर्मा तक गये। पहाड़ों के रास्ते लौटते समय कुल्लू के 'नगर' गांव का दृश्य देख वहां रुक गये और इसी स्थान पर रहने का फैसला कर अपना खेमा लगाया। महाराज मंडी का सुन्दर भवन और ज़मीन मुंहमांगा दाम देकर खरीद ली गयी।

यशपाल जी से रोरिक की काफी देर तक बातचीत हुई। अपने बगीचे के सेब और अखरोट भेंट किये। लखनऊ में मैंने भी उस बगीचे के सेब–अखरोट खाये। दुर्गा भाभी का एक फोटो रोरिक के साथ यशपाल जी ने खींचा।

कुल्लू से लौट कर यशपाल जी ने संस्मरणात्मक लेख संग्रह—'देखा, सोचा, समझा' तय्यार किया। शिमला से कुल्लू यात्रा और निकोलस रोरिक से हुयी भेंट का वर्णन इसी पुस्तक में है।

प्रेस और प्रकाशन की जिम्मेदारी भी थी। प्रेस के कारण उलझन काफी बढ़ गयी।

दूसरे प्रेसों में काम कराने से जो परेशानी होती थी वह तो समाप्त हो गयी पर मशीनों के सम्बन्ध में कुछ सौदे बहुत खराब हुए। खरीद के समय बिचौलिये व्यक्ति कमीशन के लालच में अनाड़ी व्यक्तियों को बलि का बकरा बनाने के लिये उन्हें फांस लेते हैं। तजुर्बा न होने से हम ऐसे लोगों पर विश्वास कर बैठे। यह गलतियां मुझसे और यशपाल जी दोनों से हुईं और हमारी गाढ़ी कमाई पर काफी चोट पहुंची। कुछ समय तक इन्हीं मशीनों से गुज़र करनी पड़ी। पुरानी मशीनों को चलाना बड़े सिर दर्द का काम होता है।

अगस्त १९४५ में लड़ाई समाप्त हो गयी। अमरीकी सरकार ने हिरोशिमा और नागासाकी पर बम गिराकर अपनी शक्ति का परिचय दिया। जापान ने आत्म–समर्पण कर दिया। जापान पर इस अमानुषिक हमले के विरोध में लखनऊ में बुद्धिजीवियों की एक बहुत बड़ी सभा हुई और इस हमले की भर्त्सना की गयी।

फरवरी १९४३ में यशपाल जी और दुर्गा भाभी का बेटा शची बम्बई यात्रा पर इकट्ठे गये थे। उस समय बम्बई में कम्युनिस्ट पार्टी के महामंत्री पूरनचन्द्र जोशी थे। उनके निमंत्रण पर दोनों कम्युनिस्ट पार्टी के मेहमान के रूप में पार्टी के कम्यून में ठहरे। कम्यून की व्यवस्था और कामरेडों के मिल–जुल कर काम करने के ढंग और वहां के वातावरण से यशपाल जी बहुत प्रभावित हुए। पी. सी. जोशी का दिमाग पार्टी के काम में इतना उलझा रहता था कि उन्हें स्वयं की भी होश न रहती थी। कम्यून में रहते एक मित्र ने बताया कि एक दिन जोशी जी स्नान कर गुसलखाने से निकले और बिना कपड़ों के ही अपने कमरे की ओर चल दिये। साथियों ने चिल्ला कर आवाज़ लगायी तो होश आया कि कपड़े गुसलखाने में ही पड़े हैं।

बम्बई के बाद वे अधिकतर देहली और कानपुर में रहे। लखनऊ में सदा हमारे घर ही ठहरते थे। उनके साथ इलाहाबाद से पार्टी साथी ओमप्रकाश संगल भी आते थे। साथियों के साथ बातचीत रात भर चलती थी। थक कर सो जाते तो उन्हें उठाना मुश्किल हो जाता था। बच्चे उनके पेट पर चढ़ जाते, बिस्तर पर कूदते, आवाज़ें देते पर उनकी नींद टूटती ही नहीं थी। दिल्ली हौज़खास में वे काफी समय रहे। मैं जब भी देहली जाती थी उनसे भेंट करना न भूलती।

यशपाल जी को बम्बई की किसी साहित्यिक संस्था द्वारा गोष्ठी में भाग लेने का निमंत्रण प्राप्त हुआ। अपनी बात कहने के लिये 'फूलो का कुरता' कहानी लिखकर पेश की। इस कहानी की बहुत चर्चा हुई। कहानी का सार इस प्रकार था :

"कोई भी विश्वास हमें कितना अंधा कर सकता है या किस प्रकार

हम अपनी भूलों या दोषों को ढकने के प्रयत्न में बड़े भ्रम या दोषों को ओढ़ लेते हैं। सत्य की खोज का मार्ग केवल यही है कि कोई भी सत्य पूर्ण या शाश्वत न मान उस के प्रति विश्वास और विश्लेषण के लिये तैयार रहना चाहिये।"

देश और विदेश में ब्रिटिश शासन पर चोट पर चोट की जा रही थी। ब्रिटिश शासक बेहद परेशान थे। वे अनुभव कर चुके थे कि अब भारत में टिके रहना सम्भव नहीं। वे भारत को बांटने की राजनीति के कुचक्र चला रहे थे। फूट डालने की इस राजनीति के कारण देश के कोने–कोने में साम्प्रदायिकता की लहर फैल गयी थी।

बंगाल में नोआखाली, पंजाब में रावलपिंडी तथा अन्य शहरों में जो दंगे हुए वे साम्प्रदायिक भावना के चरम द्योतक थे। जो कत्लेआम नोआखाली में हुआ उससे कहीं अधिक रावलपिंडी के गांवों में हुआ। परिवारों को तबाह कर दिया गया। सिक्खों का ऐसा अपमान अन्य किसी स्थान पर नहीं हुआ जितना रावलपिंडी में हुआ। साम्प्रदायिकता के इस नशे से जनता को बचाना तथा इन हादसों पर काबू पाना ब्रिटिश सरकार के वश की बात न रही थी।

सन् १९४६ में ब्रिटिश शासन के विरूद्ध हमारे नाविकों ने विद्रोह कर दिया। इस समय मुसीबत में फंसी ब्रिटिश सरकार के लिये यह एक बड़ी चुनौती थी। यह विद्रोह स्वतंत्र रूप से हुआ। जनता की आवाज़ कारगर हुई। अंग्रेज़ शासक देश छोड़ने की तैयारी करने लगे। लीडरों से बातचीत आरम्भ हो गयी। इस नाविक विद्रोह से प्रभावित होकर 'गीता' (पार्टी कामरेड) उपन्यास का जन्म हुआ।

पंजाब यात्रा

बहुत दिनों से पंजाब जाना न हो सका था। दुर्गा भाभी के साथ लाहौर जाने का प्रोग्राम १९४६ में बना। विभाजन से पहले लाहौर को यह अंतिम प्रणाम होगा, यह उस समय मैंने नहीं जाना था। अपने भाई–बहनों और मित्रों से मिलने की बड़ी इच्छा थी। दुर्गा भाभी को अपने मकानों की ब्रिकी के सम्बन्ध में बातचीत करनी थी और वह काम उनका पूरा हुआ। यशपाल जी के पुराने मित्र सरदार जसवंतसिंह से भेंट हुयी। मित्र इंद्रपाल तथा उनके परिवार से मिली। द्वितीय लाहौर कांस्पिरेसी केस के मुख्य अभियुक्त इंद्रपाल उर्दू अखबारों के लिये किताबत कर रोज़ी कमा रहे थे। अपने परिवार के लोगों से 'शाही मुहल्ला' में मिली। अपनी कई पुरानी सहेलियों से भेंट हुयी। कई मित्रों ने उस समय की राजनीतिक हलचल के कारण आग्रह किया कि 'विप्लव' और

'बाग़ी' का प्रकाशन फिर से होना चाहिये। यह संदेश लाहौर से लौटकर मैंने यशपाल जी को दिया। वे भी बैचैन थे। चाहते थे कुछ करें और हमने महसूस किया कि अपनी बात कहने के साधन 'विप्लव' का पुनः प्रकाशन बेहद ज़रूरी हो गया है।

'विप्लव' का प्रकाशन १९४७ में फिर आरम्भ हुआ। १९३८ में 'विप्लव' पत्रिका के प्रकाशन के समय जिस तरह का हमें संतोष था और जनता की बढ़ी मांग थी, वह बात फिर न बन पायी। पहले तो 'विप्लव' की प्रसिद्धि के कारण हमें बहुत जल्द उसका उर्दू संस्करण 'बाग़ी' भी प्रकाशित करना पड़ा था। तब 'विप्लव' ही नहीं 'बाग़ी' की भी अच्छी खासी मांग थी लेकिन अब हालात दूसरे थे। लड़ाई–दंगे, विभाजन की बात, परिवार के लोगों और सम्बंधियों के खोने की बात लोगों को परेशान किये थी। देश में उथल–पुथल के कारण माहौल बदल चुका था। लोगों को विश्वास था कि शासक बदलते हैं, प्रजा नहीं बदलती लेकिन विभाजन के दौर ने यह विश्वास गलत सिद्ध कर दिया। लोग घर और शहर छोड़कर अपने जिस सम्बन्धी मित्र या स्थान का ध्यान आया, उधर मुंह मोड़ चल पड़े। नयी परिस्थितियों में नयी समस्याएं देश के सामने आ खड़ी हुयीं।

बंटवारे का तूफान और हमारे मेहमान

१५ अगस्त, १९४७ को देश आज़ाद हो गया और लोग जिस बात से डर रहे थे वही बात हो गयी। बंटवारे का तूफान आ गया। एक नहीं हजारों परिवार इस बंटवारे के तूफान में तबाह हो गये। शरणार्थियों के काफिले शरण की तलाश में अपने नये देश की ओर बची-खुची पूंजी सिरों पर लादे भूखे-प्यासे चल दिये।

लखनऊ में भी शरणार्थियों की बाढ़ आ गयी। शहर के बहुत से पुरुष, स्त्रियां शरणार्थियों की सहायता में जुट गये। मैं स्वयं भी पीछे नहीं रही। अपना पूरा सहयोग देने के लिये लखनऊ में बनी सरकारी, गैर सरकारी कमेटियों के कार्यक्रमों में शामिल हो शरणार्थियों के लिये नये पुराने कपड़े और रुपया इकट्ठा करने में रात-दिन एक करने लगी। ट्रकें भर भर कर गवर्नमेंट हाउस से कपड़े लाते थे और साथियों के साथ मिलकर शरणार्थियों के ठिकानों और कैम्पों में कपड़े और ज़रूरत का सामान बांटते थे। इंसान के हैवान बनने की दास्तानों ने हमारे दिल छलनी कर दिये। स्त्रियों, पुरुषों एवं बच्चों के कष्टों की कहानियां अनथक थीं। चीख मार- मार कर, छाती पीट कर बयान की गयी दर्द भरी कहानियां पत्थर को भी पिघला देने वाली थीं। अच्छा-भला इंसान धर्म और बदले की भावना से कितना जघन्य काम कर सकता है, इसके हजारों उदाहरण थे। शरणार्थियों के इन कष्टों का ध्यान आते ही पैंतालीस वर्षों बाद भी हैवानियत को याद कर रोंगटे खड़े हो जाते हैं।

बंटवारे के तूफान में मेरा सबसे छोटा भाई शहालमी दरवाज़े में लगी आग के दौरान आग बुझाते हुए पकड़ लिया गया। इस खतरनाक माहौल में भी मुझसे छोटा भाई जान पर खतरा झेलकर न जाने कितना रुपया खिला-पिला कर भाई को ज़मानत पर ले आया। भाई के पकड़े जाने पर मेरी मां ने खाना-पीना छोड़ दिया था। उसके ज़मानत

पर छूटकर आते ही परिवार ने लाहौर छोड़ दिया। लाहौर अब सदा के लिये छूट गया था। भरा–पूरा परिवार देहरादून आ गया। सबका विश्वास था—शांति होने पर जल्द ही वापस घर जायेंगे लेकिन यह कभी न हो सका।

मेरे ढेरों सम्बन्धी जो अपने–अपने घरों में बहुत खुशहाल थे, उखड़ गये। जहां कहीं भी आशा की किरण दिखाई दी या जहां कहीं भी किसी अपने के रहने का अनुमान था, शरण लेने दौड़े। मेरी देवरानी का बड़ा लम्बा–चौड़ा मायके का परिवार था। यह सब मेरे देवर धर्मपाल के पास न्योली (एटा जिला) में पहुंच गये। जिन कपड़ों में लाहौर छोड़ा था, बस उसके सिवाय पास कुछ भी न था। पूरे उत्तर प्रदेश में उनकी किसी से पहचान थी तो धर्मपाल से। वह उस समय न्योली शुगर फैक्ट्री में काम कर रहा था। तनख्वाह बहुत थोड़ी थी पर करता क्या ! ऐसे दुखद समय में अपने ही काम आते हैं।

सन् १९४७–४८ का वर्ष दुःख–दर्दों की कहानी सुनते–सुनते समाप्त हो गया। संघर्ष करते लोग जहां सम्भव हुआ, अपना स्थान बनाने का प्रयत्न कर रहे थे। अब यह विश्वास पक्का हो गया कि अपने घरों में कभी न लौट सकेंगे।

'विप्लव' का प्रकाशन १९४८ में भी हो रहा था। इसी बीच हमारी कांग्रेस सरकार ने यशपाल जी का लखनऊ रहना असम्भव कर दिया। शासन को यशपाल जी के विचारों और गतिविधियों पर संदेह हो गया। उसका कारण था।

यशपाल जी किसी भी पार्टी के बाकायदा मेम्बर नहीं थे। कम्युनिस्टों और प्रगतिशील विचारों से उनकी सहमति थी। सन् १९४८ में कम्युनिस्ट पार्टी के सेक्रेटरी श्री पूरनचन्द्र जोशी ने पार्टी से इस्तीफा दे दिया। नये पार्टी सेक्रेटरी श्री रणदिवे देश को मिली आज़ादी से संतुष्ट नहीं थे। उनकी अपनी नयी पार्टी लाइन के द्वारा कांग्रेस सरकार के विरूद्ध जिहाद करने की अपील की। पार्टी लाइन बदलते ही कम्युनिस्टों की हरकतों से हमारी कांग्रेस सरकार नाराज़ हो गयी। कम्युनिस्ट पार्टी पर सरकार के प्रतिबन्ध के कारण कुछ साथी पकड़े गये और अधिकांश भूमिगत हो गये। एक बार फिर हमारा घर और विप्लव कार्यालय भूमिगत कम्युनिस्टों का मिलन–स्थान बन गया।

यशपाल जी को भी लखनऊ छोड़कर छः माह तक अल्मोड़ा में रहना पड़ा। 'उत्तराधिकारी' और 'चित्र का शीर्षक' कहानी संग्रह इसी अल्मोड़ा–प्रवास की देन हैं।

अल्मोड़ा में यशपाल जी की भेंट रघुनंदनसरन घिल्डियाल (वे अल्मोड़ा में उस समय मजिस्ट्रेट थे) से हुई। इसके अलावा भी उस समय यशपाल जी के बहुत से मित्र बने जैसे देवीदत्त पंत (पार्लियामेंट के मेम्बर और सुमित्रानन्दन पंत के बड़े भाई), धर्मानंद पांडेय (सम्पादक 'शक्ति'), अल्मोड़ा के प्रसिद्ध वकील हरीशचंद्र जोशी। उन दिनों देवकीनन्दन पांडे लखनऊ के गवर्नमेंट स्कूल में पढ़ाते थे तथा उनकी बहन देवकी पांडे लखनऊ यूनिवर्सिटी में लेक्चरार थीं। ये लोग भी अल्मोड़ा पहुंचे थे। इनका घर

अल्मोड़ा में था। इन्हीं दिनों हिन्दी के कथाकार श्री गंगाप्रसाद मिश्र तथा इलाहाबाद से आये अश्क जी से भी भेंट हुई। राहुल जी भी इस समय अल्मोड़ा में थे। अल्मोड़ा के मित्र यशपाल जी को बहुत चाहते थे। रहने के लिये मकान, नौकर तथा अन्य आवश्यकताओं और सुविधाओं का ध्यान रखते थे।

यह अल्मोड़ा प्रवास 'उत्तराधिकारी' और 'धर्मयुद्ध' कहानी संग्रहों की प्रेरणा था। 'उत्तराधिकारी', 'विश्वास की बात' 'मनु की लगाम' और 'मंगला' जैसी सशक्त कहानियों का आधार अपने मित्रों से सुनी घटनाएं थीं। कुमाऊं और गढ़वाल की सुन्दरता और वहां के निवासियों का वर्णन यशपाल जी की कहानियों और उपन्यासों में स्थान-स्थान पर बिखरा हुआ है।

उन दिनों गर्मियों में अल्मोड़ा में सैलानियों का जमघट रहता था। लड़ाई के समय आये कुछ विदेशी अब भी अल्मोड़ा में थे। दूसरा आकर्षण था प्रसिद्ध नर्तक उदयशंकर द्वारा चलाया जा रहा सांस्कृतिक केन्द्र। इस केन्द्र में प्रशिक्षण लेने या इसके कार्यक्रम देखने देश व विदेश से लोग अल्मोड़ा आते थे। उदयशंकर के गुरु नम्बूदरीपाद से यशपाल जी की यहीं भेंट हुई थी। उन्होंने यशपाल जी के सम्मुख नृत्य की मुद्राओं को दर्शाते हुए चेहरे की विभिन्न भाव-भंगिमाओं का प्रदर्शन किया था। इसे देख यशपाल जी बहुत प्रभावित हुए थे। उन का दूर-दूर तक नाम था। मैं भी कुछ दिन भ्रमण के लिए अल्मोड़ा गयी थी।

ज़मानत पर छूटने से इन्कार

अल्मोड़ा से लौटकर यशपाल जी किसी तरह 'विप्लव' का प्रकाशन कर रहे थे। 'मनुष्य के रूप' उपन्यास का सृजन भी हो रहा था। रेल हड़ताल की बड़ी चर्चा थी। यशपाल जी अल्मोड़ा से लौटने के बाद से अस्वस्थ चल रहे थे। बुखार बार-बार आ रहा था। कांग्रेस शासन ने हड़ताल होने के भय से प्रगतिवादी लोगों की पकड़ा-धकड़ी आरम्भ कर दी थी। इसी आशंका में यशपाल जी को भी शुरू अप्रैल में गिरफ्तार कर लिया गया। हालांकि रेल हड़ताल से यशपाल जी का कोई सम्बन्ध या सम्पर्क नहीं था।

जिस समय यशपाल जी गिरफ्तार हुए उन्हें १०३ डिग्री बुखार था। गले में एक ज़हरीले फोड़े के कारण इलाज हो रहा था पर बुखार नहीं उतर रहा था। यह गिरफ्तारी प्रातः चार बजे हुई और मैं बेबसी में हाथ मलती रह गयी।

उसी दिन सुबह तैयार होकर मैं सीधे गोविन्दवल्लभ पंत, जो उस समय प्रदेश के मुख्य मंत्री थे, के यहां पहुंची। उनसे मिली और प्रश्न किया :

"यशपाल जी को तेज़ बुखार की हालत में क्यों पकड़ा गया है ?"

उन्होंने उत्तर दिया, "डिप्टी कमिश्नर से पूछो। मैं इस सम्बन्ध में कुछ नहीं

जानता।" उसी समय मैं डिप्टी कमिश्नर से मिली। उन्होंने उत्तर दिया, "पंत जी से पूछो, मैं कुछ नहीं जानता।" मैं तुरन्त पंत जी की कोठी पर फिर पहुंची। उन्हें डिप्टी कमिश्नर के उत्तर से अवगत कराया और कहा, "आप कहते हैं डिप्टी कमिश्नर से पूछूं और डिप्टी कमिश्नर कहते हैं आप उत्तर देंगे। आप ही बतायें कि मुझे कौन उत्तर देगा ? यशपाल जी बहुत बीमार हैं।" उत्तर मिला अभी डाक्टरों का प्रबन्ध किया जा रहा है। उनकी देखभाल शासन करेगा। यह भी पता चला कि तीन डाक्टर तुरन्त ही यशपाल जी के इलाज के लिये जेल में भिजवाये गये हैं।

अन्य साथियों के साथ यशपाल जी को भी एक मास जेल में रहना पड़ा। डाक्टर प्रेमलाल साह पंत जी को अच्छी तरह जानते थे। श्रीमती कमला नेहरू जब भुवाली में थीं तो पंडित नेहरू डाक्टर साहब के पास कुछ देर रुकते थे। अन्य डाक्टरों के साथ प्रेमलाल भी श्रीमती कमला नेहरू की देखभाल कर रहे थे। डाक्टर प्रेमलाल साह पंत जी से मिले। यशपाल जी के स्वास्थ्य को लेकर काफी कहा–सुनी हुई। डिप्टी कमिश्नर ने मुझसे और यशपाल जी से केवल एक रुपये की ज़मानत देने की बात कही, पर यशपाल जी ने ज़मानत पर छूटने से इनकार कर दिया। एक मास बाद सब साथियों के साथ ही वे भी जेल से रिहा हुये।

यशपाल जी के बार–बार बीमार पड़ने और डाक्टरों का लगातार इलाज चलने पर भी उनकी बीमारी का राज़ मुझे पता न लग सका। बाद में दो बार आल इंडिया मेडिकल इंस्टीट्यूट, दिल्ली में भर्ती कराया था। एक्स–रे करते समय डाक्टर उनके फेफड़ों और श्वास की नली की हालत अपने विद्यार्थियों को भी दिखाते थे परन्तु कुछ साधारण दवाइयां देकर छुट्टी दे देते थे। बस इसी प्रकार वह कभी ठीक, कभी बीमार चल रहे थे। कमज़ोर होने के कारण सांस का कष्ट बढ़ गया था। चलने पर हांफ जाते थे। सीढ़ियां तो बिल्कुल नहीं चढ़ पाते थे। साधारण ठंडी हवा से भी फेफड़े ठंड पकड़ लेते और सांस फूलने लगती थी। ठीक होते ही फिर मेज़ पर लिखने बैठ जाते। धीरे–धीरे दिल और फेफड़ों पर भी असर हुआ। सन् १९७० के बाद से तो ऐसे कई जानलेवा कारण बने जो उनके असमय ही प्राण लेकर रहे।

यह भी पता चला कि रोहतक में सन् १९३० में यशपाल जी ने जब बमों में भरने वाला मसाला पिकरिड एसिड बनाया तो कमरे के दरवाज़े बन्द कर लिये थे। ज़हरीली भाप के निकलने का रास्ता न होने से यशपाल जी की सांस की नली डैमेज हो गयी थी। १९३७ में जेल में मुंह से ढेरों खून गिरने का यही कारण था। यशपाल नाम का जो हृष्ट–पुष्ट और खूबसूरत जवान जेल गया था, बीमारी के बाद वह बात ही नहीं रही।

'विप्लव कार्यालय' हीवेट रोड पर था। इस घर और कार्यालय में देश–विदेशों

से अतिथि आते रहते थे। लेखक-मित्र, कलाकार, राजनीतिज्ञ सभी का मैं दिल से स्वागत करती थी। उनका आतिथ्य अपना सौभाग्य समझती थी। श्री मैथिलीशरण गुप्त, राय कृष्णदास जी जब भी लखनऊ आते, अवश्य भेंट करने आते। अतिथियों का स्नेह हमें सदा मिलता रहा।

यशपाल-साहित्य के प्रशंसक बूढ़े-जवान भारत के कोने-कोने से अपनी समस्याएं लेकर आते थे। पत्रों के माध्यम से भी यशपाल जी समाधान बताते हुए उत्तर देते। कई बार इन पत्रों का उत्तर 'धर्मयुग 'तथा अन्य पत्रिकाओं के माध्यम से भी दिया गया।

लखनऊ में पढ़ने वाले विद्यार्थी भी प्रायः अपनी समस्याएं लेकर आते थे। यशपाल जी बड़े ध्यान से सुनते थे और जीवन में सफलता पाने की प्रेरणा देते थे। एक बार की बात मुझे याद है। श्री दुलारे लाल भार्गव की साली सरस्वती यहां पास ही सुंदरबाग में रहती थी और आई. टी. कॉलेज में पढ़ाती थी। यशपाल जी भी प्रातःभ्रमण के लिए पास ही स्टेशन रोड की तरफ जाते थे। एक दिन यशपाल जी को रोक कर उसने निवेदन किया कि मार्क्सवाद समझना चाहती है। यशपाल जी ने आने का निमंत्रण दे दिया। वह हीवेट रोड पर हमारे मकान पर आयी थी। कुछ दिनों के बाद सुना—वह सेठ डालमिया की चौथी-पांचवीं पत्नी बन दिल्ली चली गयी है। यशपाल जी ने सुना तो खूब हंसे। बोले, सरस्वती ने तो मार्क्सवाद पढ़ लिया।

यशपाल जी देश की राजनीतिक तथा प्रगतिशील गतिविधियों से सदा ही जुड़े रहे। प्रगतिशील विचारों और कम्युनिस्ट पार्टी के कई कार्यक्रमों से उनकी सहमति थी और जहां सहमत न होते थे, वहां विरोध भी करते थे। जैसे भाषा के प्रश्न पर दो रस्मुलखत लादने का उन्होंने डट कर विरोध किया।

हमारे घर पर प्रगतिशील लेखकों की बैठकें होती रहती थीं। लखनऊ के लेखक महीने में प्रायः दो बार मिलते थे। प्रगतिशील लेखक संघ की स्थापना १९४५ में हुई थी। इसके पहले सेक्रेटरी शशिभूषण रस्तोगी थे। हिन्दी के लेखक और उर्दू के अदीब़ भी, जैसे सज्जाद ज़हीर और रज़िया सज्जाद ज़हीर इन बैठकों में आते थे। १९५०-५१ में लखनऊ लेखक संघ की स्थापना हो गयी। पहले रघुबीर सहाय, फिर कृष्णा नारायण कक्कड़ इसके सेक्रेटरी बने। इसकी बैठकों में अमृतलाल नागर, प्रबोध मजूमदार, कमलापति मिश्र, नरेश मेहता, भागीरथ मिश्र, मनोहरश्याम जोशी, भारतभूषण अग्रवाल के अतिरिक्त लखनऊ के अन्य युवा और उभरते लेखक भी आते थे। अपनी नयी रचनाएं पढ़ते थे और उन पर विचार-विमर्श होता था, बहसें होती थीं। इसके अलावा भी हम अन्य राजनीतिक कार्यक्रमों में भाग लेते थे। लेखकों की बैठकों में चाय-पानी का प्रबन्ध भी मैं अपनी देखरेख में करती थी।

लखनऊ के बाहर से जो भी लेखक आता 'विप्लव कार्यालय' में आना न भूलता।

राहुल सांकृत्यायन का तो घर ही था। भदंत आनंद कौसल्यायन भी जब आते, बड़ी सुखद बातचीत के साथ भोजन भी होता। हंसी–मज़ाक के साथ कई जातक कथाओं का वर्णन भी मैं अक्सर उनसे सुनती थी। प्रसिद्ध प्रगतिशील लेखक और विचारक स्टीफेन स्पेंडर का आना भी याद है।

राहुल जी तो आते ही बच्चों की दुनिया में खो जाते थे। आनन्द और किरण को उंगली पकड़ बाज़ार ले जाते। लट्टू–लत्ती, पतंगें और मिठाई के डिब्बे के साथ घर लौटते। आनन्द और किरण अपने हमजोली मित्रों के साथ ड्रामे तैयार करते थे। राहुल जी को देखने के लिए पटा लेते थे। ड्रामा होता था। दर्शकों में बुजुर्ग राहुल जी भी बच्चों के साथ बैठकर मज़ा लेते थे। उनके सब्र का बखान कहां तक करूं। बच्चों की दुनिया के साथ रहने वाले वह ऐसे सरल स्वभाव इंसान थे, जो कभी थकते नहीं थे।

मुझे याद है, एक बार 'उग्र' जी भी आये थे। मैं उस समय उनके बारे में अधिक नही जानती थी। नाम सुना था बस। यशपाल जी को सूचना दी— 'उग्र' जी आये हैं। यशपाल जी ने तुरंत पूछा कौन 'उग्र'? तो वे बोले, 'उग्र' एक ही है। यशपाल जी कमरे में दौड़े आये और माफी मांगी। प्रणाम कर स्वागत किया।

मैं इस समय पुस्तकों के प्रकाशन, बिक्री, प्रेस और बच्चों की देखभाल में व्यस्त थी पर यशपाल जी इस समय लगातार लिख रहे थे। बच्चों के अलावा अब मेरी मां, मेरे भाई–बहन भी मेरे पास आते–जाते थे। उनकी समस्याएं भी हल करनी होती थीं। इसी समय मेरे चाचा की लड़की भी आयी थी। वह कोई काम पाने की चिन्ता में थी। टाइप सीखा, टाइप मशीन भी खरीद ली, काम किया पर गुज़र न हो सकी। लखनऊ में श्रीमती सावित्री दुलारेलाल से एक दिन भेंट हुई तो मैंने बहन का ज़िक्र किया। उसने श्रीमती सरस्वती डालमिया के यहां बच्चों की देखभाल करने तथा पढ़ाने के लिये बहन को उनके यहां काम दिलवा दिया। एक दो बार मैं अपनी बहन से मिलने डालमिया की कोठी पर गयी। बहन से भेंट की। सोचा, श्रीमती सरस्वती डालमिया से भी मिल लूं। पुरानी पहचान है। जब–जब मिलने की बात उठी पता चला वह मालिश करा रही हैं। समझ गयी, अब वह सेठानी हैं। वहीं पर एक दिन मैंने सेठ डालमिया को भी देखा। वैसे तो मारवाड़ियों के बच्चे बिजनेस और पोशाक में सदा ही चुस्त–दुरुस्त देखे हैं पर डालमिया जी को देख मुझे बड़ी निराशा हुई।

डालमिया जी के घर में दीवारों पर रामायण की चौपाइयां चारों तरफ लिखी हुई देखीं, जो स्त्रियों को पतिव्रत धर्म पर कायम रहने की शिक्षा देती थीं। स्वयं सात विवाह करने वाले सेठ पत्नियों को समझाना चाहते थे कि पतिव्रत धर्म ही सब धर्मों से श्रेष्ठ धर्म है। सेठ साहब के घर आने पर अजीब माहौल पैदा हो जाता था। हमेशा सुना था, बड़े चतुर व्यापारी हैं। धोती–कुर्ते, टोपी को देखकर आश्चर्य नहीं हुआ, जितना उनके

व्यक्तित्व को देखकर। सत्य ही किसी ने कहा है—मारवाड़ियों के खून में व्यापार की सूझ–बूझ होती है और वह हर पैदा होने वाले बच्चे में जन्मजात होती है। इसमें संदेह भी नहीं।

मेरी बहन ने कुछ दिनों के बाद वहां से काम छोड़ दिया। वह कानपुर में नर्सों के होस्टल की इंचार्ज हो गयी और अच्छे प्रबंध के लिये बड़ी इज़्ज़त पायी। भाग्य की बात कि एक दिन लखपति रांझा हीर को लेने जम्मू–कश्मीर की घाटी से आ गया। एक ही दिन में सगाई और रात में मेरे हीवेट रोड के घर पर विवाह का प्रबंध हो गया। गाना–बजाना हुआ। फोटोग्राफर को भी फोन करके बुला लिया गया। सबसे बढ़िया बात तो यह हुई कि सुहाग की हाथी दांत की चूड़ियां, जो पंजाब में सुहाग का चिह्न मानी जाती हैं, एक चूड़ीगर शरणार्थी के पास मिल गयीं। बेटे आनन्द ने भाई बनकर विवाह का काम पूरा करवाया। रात के तीसरे पहर तक विवाह सम्पन्न हो गया और उस रांझे ने मेरी बहन को हीरे–मोतियों से ढंक दिया। दूसरे दिन पंजाब मेल से उन्हें विदा कर हमने चैन की सांस ली। मेरी यह बहन अपने घर बहुत सुखी है।

ऐसे कई विवाह हम दोनों ने हीवेट रोड के मकान और महानगर में करवाये। कभी यशपाल को भाई बनना पड़ा तो कभी आनन्द को। महानगर का घर भी भाग्यवान है। हमारे खून–पसीने से बनी इमारत है।

ऐसे ही एक लहीम–सहीम पंजाबी लड़का, जो कभी तपेदिक का मरीज़ था और किसी कारण उसकी काफी पसलियां निकाली जा चुकी थीं, शिमले के अस्पताल में एक बदसूरत ईसाई नर्स को दिल दे बैठा। उसे यह विश्वास था कि ऐसी बीमारी में उससे कोई लड़की विवाह नहीं करेगी। वह लड़की सुन्दर भले ही नहीं थी, पर वह हम से और दूसरों से बड़े स्नेह और आदर से मिलती थी। जब उस लड़की के घर वालों ने सुना कि उसने किसी हिन्दू से शादी कर ली है तो उन्होंने उसकी खोज–खबर तक लेना छोड़ दिया। यह शादी निभी। इस शादी में यशपाल जी उसके भाई बने और मैं भाभी बनी थी। उसे गम यही रहा कि हवन द्वारा शुद्धि के बावजूद उसकी सास उसे स्वीकार नहीं कर पायी। अपने धार्मिक विश्वास के कारण वह बाइबिल को सीने से लगाकर रखती थी। वह प्रायः मेरे घर पर श्रद्धा से आती और अपने दुख–सुख कह जाती थी। मैं बड़े प्यार से उसकी समस्याओं को सुनती। धीरे–धीरे उसके बच्चे बड़े हो गये, एक लड़की का ब्याह भी हो गया। संयोग की बात, जिस पंडित ने बाप का विवाह कराया था वही पंडित लड़की का विवाह कराने आया। बाद में एक दिन उसकी मृत्यु का समाचार सुना। साथ ही यह भी सुना कि उसकी अर्थी उठाते समय उसकी सास ने उसकी बाइबिल कफन के अंदर उसके सीने पर रख दी थी। मैं गयी तो थी शोक प्रकट करने, पर यह सब सुनकर हंसी रोक न सकी। धर्म के नाम पर और विचारों में मतभेद के कारण इंसान कितना

असहिष्णु हो जाता है। इस प्रकार के व्यवहार ने मुझे दुखी भी किया। धर्म कभी–कभी इंसान को कितना हृदयहीन बना देता है, इसका उदाहरण था इस दिवंगत स्त्री की अर्थी पर सास द्वारा बाइबिल रखना, जबकि वह हिन्दू हो चुकी थी। वह अपने मां–बाप, भाई–बहनों से विवाह के बाद रिश्ता तोड़ चुकी थी। लेकिन हमारे कट्टर धर्मावलम्बियों की नज़र में वह उपेक्षित ही रही।

ऐसे ही एक दिन 'विप्लव कार्यालय' में हमारे सम्बंधी का जवान लड़का अपनी प्रेमिका को ले आया और साथ ही पंडित को भी। तुरंत विवाह कराने का आग्रह किया क्योंकि विवाह के बाद लड़की को अपने बाप के घर लौटना था। विवाह माता–पिता की इच्छा के विरूद्ध और उन्हें सूचना दिये बिना हो रहा था। आनन्द लड़की का भाई बना। लड़की वापस मां के घर चली गई। बाद में लड़के के पिता और मित्र के साथ बड़े ढंग से उस लड़की के माता–पिता को सूचना देकर उन्हें मनाना पड़ा। दोनों परिवार सिख थे। तय हुआ कि विवाह एक बार फिर गुरु ग्रंथ साहब के चारों ओर फेरे लेकर होगा और हरिद्वार में होगा। विवाह हरिद्वार में हुआ, दावत भी मिली। अब दोनों परिवारों में अच्छे सम्बंध हैं।

महानगर के घर में हमारे प्रवेश के बाद ही एक प्रेम विवाह हुआ। लड़का था यशपाल जी की बहन का। खूबसूरत पहाड़ी जवान इंजीनियर। कांगड़े का रहने वाला, जिसे कलकत्ता रास न आया। बीमार होने पर अस्पताल में भर्ती हुआ। एक चुस्त पारसी परित्यक्ता, जो उस अस्पताल में नर्स थी, उसकी तीमारदारी करते–करते उससे इश्क कर बैठी। माता–पिता के पास इश्क की खबर और विवाह करने के निर्णय की बात पहुंची तो उन्होंने फैसला मुझ पर छोड़ दिया। मैं इस होने वाली दुल्हन को देखने कलकत्ता गयी। उसका एक लड़का भी था। उम्र में कुछ बड़ी थी पर इश्क तो इश्क है। विवाह हमारे घर पर हुआ। लड़का और उसके माता–पिता तथा अन्य सम्बंधी कांगड़े से आ गये और लड़की की तरफ से कलकत्ते में ही रहने वाले कुछ पारसी रिश्तेदार आकर इकट्ठे हो गये। मकान के निचले भाग में लड़के वाले और ऊपर के भाग में लड़की वाले ठहर गये। जयमाला के बाद विवाह सम्पन्न हो गया। हम दोनों ने भी कुछ मित्रों को निमंत्रण दिया था। विवाह के बाद वर–वधू कांगड़ा के लिये रवाना हो गये, जहां पालकी पर बैठा कर दुल्हन को घर लाकर उसका स्वागत बैंड–बाजे के साथ किया गया। पहाड़ी रिवाज़ के अनुसार दूसरे दिन सभी कांगड़ावासियों को न्योता मिला।

इस घर से एक और विवाह कुमाऊं के पहाड़ी जवान और पंजाबी लड़की का हुआ। लड़की ट्रेंड नर्स थी और अब भी वह नर्सिंग का काम कर रही है। दोनों अच्छा कमा रहे हैं और अपने घर में बहुत खुश हैं। हमारी छत्रछाया में हुए इस तरह के एक और विवाह के समय धर्म संकट का सामना करना पड़ा। हमारा ड्राइवर हमारी नौकरानी पर

आसक्त हो गया। गलत परिणाम हुए। बहुत समझाने पर भी वह अपनी हरकत से बाज़ नहीं आया तो उस ब्राह्मण जवान का हरिजन लड़की से विवाह कराना पड़ा। सबसे अच्छी बात थी कि लड़के के परिवार ने साथ दिया। विवाह की मजबूरी के समय उसके होश गायब थे। मुहब्बत करते समय परिणाम को सोचा ही न था, शायद उसके सपने साकार न हो पाये थे। दो रातें न खा सका न सो सका। अब खुश है। तीन बेटों का बाप है। जिम्मेदारी निबाह रहा है।

इन सब जोड़ों के बच्चे हैं। कुछ तो काफी जवान हो गये हैं। मुझे बड़ा अच्छा लगता है, जब होली–दीवाली पर बहू–बेटियां, नाती–पोते इकट्ठे होते हैं। मुझसे जो भी बन पड़ता है, मैं और मेरी बहू मीना उनका मान रखने में मदद करती हैं।

बहन–भाइयों की समस्याओं को सुलझाने का भी पूरा यत्न किया। ये समस्याएं कोई मामूली नहीं थीं। जो परिवार केवल हाथ–पैर लेकर अपने घरों से उजड़ कर आये हों, उनकी प्रतिदिन की ज़रूरतों को पूरा कर पाना कितना कठिन होता है यह कोई भुक्तभोगी ही जानता है। ऐसे एक नहीं हजारों परिवार थे। बंटवारे के बाद मेरे पास मेरी छोटी बहन–भतीजियां पढ़ने के लिये लखनऊ आ गयी थीं। सरला ने इंटर के बाद आर्टस कॉलेज से डिप्लोमा लिया। एक भतीजी मेडिकल कॉलेज से पास कर अमेरिका चली गयी। आज वह अमेरिका में मेडिकल डायरेक्टर है और बड़ी मोटी रकम पाती है। दूसरी भतीजी ने नर्स बनकर काफी उन्नति की। तीसरी भी डाक्टर बनकर गाज़ियाबाद की एक डिस्पेंसरी की इंचार्ज है। यशपाल जी के भाई की लड़की गोगी ने भी मेरे पास रहकर आर्टस कॉलेज से डिप्लोमा लिया और नेशनल अवार्ड पा चुकी है। इस वर्ष एक जापानी कद्रदान ने कई लाख में उसकी पूरी नुमायश खरीद ली है और वह दो बार जापान हो आयी है। उसकी अकेली नुमायश विदेशों में कई स्थानों पर हो चुकी है। मेरे परिवार के कई बच्चे लखनऊ से ग्रेजुएट होकर चले गये। उन्हें जीवन में सफल देखकर मुझे बड़ी खुशी होती है। ऐसा समय भी आया जब हीवेट रोड पर रहना असम्भव हो गया। चार–पांच एक उम्र की जवान लड़कियां घर से निकलती थीं। हमारा घर तो कारखाना था। यशपाल जी अपने एक छोटे से कमरे में लिखते भी थे और सोते भी वहीं थे। घर के शेष कमरों में खाना–पीना, सोना और वहीं आफिस का काम रात को होता था। सुबह अंधेरे में उठकर काम निपटाती थी। दिन भर तो घर और आफिस में आने–जाने वालों से फुर्सत ही न मिलती थी। इसी समय ज़मीन का एक टुकड़ा महानगर में किस्तों पर ले लिया था।

यशपाल जी का परिवार बहुत छोटा था। मां और भाई धर्मपाल। धर्मपाल भी लाहौर कांस्पिरेसी केस में अभियुक्त था और गिरफ्तार हो गया था। फांसी के समय भगतसिंह लाहौर जेल में बंद था तो धर्मपाल भी वहीं था। उसकी कोठरी भगतसिंह की

कोठरी के पास होने के कारण ऊंची आवाज़ में उससे बातें भी कर लेता था। भगतसिंह के पूरे परिवार से आत्मीयता। उसकी साली भगतसिंह के छोटे भाई कुलबीर को ब्याही थी।

रियाही के बाद न्योली शुगर फैक्टरी में पैंतीस रुपये माहवार की नौकरी करनी पड़ी। बाकायदा पढ़ाई हो न सकी। रिटायर होते समय वह यमुनानगर, हरियाणा की सरस्वती शुगर मिल की वर्कशाप के इंचार्ज, बायलर बनाने में एक्सपर्ट। हाथ में इतना हुनर कि जिस बिगड़े सामान पर हाथ रखता वह जी उठता। इग्लैंड की जान थामसन कम्पनी ने धर्मपाल के हुनर की एक फिल्म बनाई और उसे अपने साथ एक वर्ष के लिये इंग्लैंड ले गये। अफगान सरकार के निमंत्रण पर जलालाबाद में शुगर मिल खड़ी कर चालू की। वह काबुल में डेढ़ वर्ष रहा। अब यमुनानगर में अपना कारखाना है। दोनों लड़कों को सब कुछ सिखा दिया है। वे बायलर पार्ट्स बनाते हैं। कारखाना सफलता से चल रहा है।

सांस्कृतिक गतिविधियां

सन् १९५० में लखनऊ नाट्य संघ की स्थापना हुयी थी। संघ ने यशपाल जी द्वारा लिखित 'नशे–नशे की बात' के मंचन का फैसला लिया। इस घटना का एक ऐतिहासिक महत्व है क्योंकि उस समय इस नाटक का मंचन लखनऊ में नाटक–विकास का आरम्भ था। यह मंचन सर्वप्रथम ३० अप्रैल, १९५१ की संध्या लखनऊ के छतर मंज़िल हाल में, कला पारखियों के सामने प्रस्तुत किया गया। अभिनय में भाग लेने वाले सभी लोगों के नौसिखिया होने पर भी नाटक और उसका अभिनय सफल समझा गया था।

अध्यात्म का नशा मनुष्य को अकर्मण्य और अनुत्तरदायी बना कर समाज के प्रति उसके गैरजिम्मेदाराना व्यवहार से जो असंगतियां पैदा करता है वही असंगतियां परिवारों को तबाह कर डालती हैं। समाज का यही अकर्मण्य और बुज़दिल अंग अध्यात्म का नशा चढ़ा, मनुष्य और समाज को पंगु बना कर अपना उल्लू सीधा करता है।

समाज और देश के प्रति मनुष्य के ऐसे अनुत्तरदायी व्यवहार को देख यशपाल जी तिलमिला उठे थे। उन्होंने स्वयं इन अखाड़ों को देखा जहां अध्यात्म के नशे की गोली दी जाती थी ओर दी जाती है। यशपाल जी की कलम ने इन असंगतियों पर चोट करने के लिये 'नशे–नशे की बात' नाटक लिखा था।

लखनऊ में 'नशे–नशे की बात' नाटक का अभिनय होने पर नाटक के विचार तत्व के सम्बंध में कुछ समाचार पत्र–पत्रिकाओं में आलोचना भी हुई थी। कहा गया कि नाटक के घटना–क्रम द्वारा आध्यात्मिकता के नशे के प्रति शराब के नशे से भी अधिक वितृष्णा प्रकट करने की चेष्टा की गयी है। स्पष्ट था कि ऐसा निष्कर्ष भी आध्यात्मिकता के प्रति आलोचकों की अति श्रद्धा के कारण ही निकाला गया था।

शराब के नशे की प्यास के कारण या उसमें डूबकर अपने पारिवारिक और सामाजिक कर्तव्य के प्रति उपेक्षा के लिये नाटक में कोई सहानुभूति या सहनशीलता

नहीं दिखायी गयी थी। यही भावना आध्यात्मिकता के नशे में कर्तव्य की उपेक्षा के प्रति है। आध्यात्मिकता के नशे के प्रति समाज में जो आदर की भावना जमा दी गयी है उसके प्रति विद्रूप और व्यंग को समझे बिना हम उस सामाजिक तत्व को नहीं समझ पायेंगे जिसे यशपाल जी ने उजागर किया था।

१९५१ में इस नाटक के मंचन में जिन–जिन व्यक्तियों का सहयोग था वे कहीं न कहीं वैचारिक स्तर पर यशपाल से जुड़े हुए थे। यशपाल जी ने स्वयं कामता का पार्ट किया। देवकी पाण्डेय, उस समय प्राध्यापक लखनऊ युनीवर्सिटी, ने कामता की बीवी का पार्ट किया। 'दिनमान' के भूतपूर्व सम्पादक रघुवीर सहाय ने छिद्दू काका का पार्ट किया। कृष्ण नारायण कक्कड़, उस समय मंत्री लेखक संघ, ने दूसरे शराबी का अभिनय किया। कुमारी फिरोज़ तथा निगम जो नेशनल हेराल्ड के सम्पादकीय विभाग में थे मंचन में भाग लिया था। मेरी बेटी किरण ने भी इस नाटक में भाग लिया था । नाटक की प्रबन्ध व्यवस्था का भार कृष्ण नारायण कक्कड़ और रघुवीर सहाय पर था।

१४ जनवरी, १९७८ को इस नाटक का 'संकेत' संस्था द्वारा दुबारा मंचन हुआ। नयी पीढ़ी के सामने इसे प्रस्तुत कर हमारी आने वाली पीढ़ी को अध्यात्म के नशे से बचाकर हमारे पारखी बंधुओं ने समाज में स्वस्थ परम्परा की नींव को मजबूत करने का स्तुत्य काम किया।

बंग प्रादेशिक हिन्दी साहित्य सम्मेलन

कलकत्ता में प्रथम अधिवेशन ३ से ५ मार्च, १९५१ में सम्पन्न हुआ। यशपाल जी कहानी परिषद के अध्यक्ष हो कर कलकत्ता गये थे। श्री ताराशंकर बनर्जी तथा अन्य लेखकों द्वारा भव्य स्वागत हुआ। यशपाल जी ने कहानी के प्रसंग में जो कुछ कहा, उसका कुछ अंश इस प्रकार हैः–

> *"कहानी साहित्य समाज का दर्पण है। दर्पण में अपना प्रतिबिम्ब देख पाने पर हम भावशून्य, निरपेक्ष या तटस्थ नहीं रह पाते। यदि हम अपने प्रतिबिम्ब को, स्वस्थ अथवा सुश्री देखते हैं तो हमें सन्तोष होता है। दर्पण में अपना प्रतिबिम्ब देखने का प्रयोजन निश्चेष्ट और निष्क्रिय रह जाना कभी नहीं हो सकता। इसलिये समाज का कहानी रूपी दर्पण तैयार करने का प्रयोजन समाज सुधारना नहीं है।*
>
> *किसी भी समाज की कहानी उस सामाजिक व्यवस्था का चित्रण और प्रतिपादन होती है और समाज में उत्पन्न हो जाने वाली विषमताओं का भी दिग्दर्शन कहानी साहित्य में रहता है। इन विषमताओं के उल्लेख*

का प्रयोजन होता है विषमताओं का समाधान ढूंढ़ना। समाज की विषमताओं को हम अपने आदर्शों से परखते और तोलते हैं और इन विषमताओं के समाधान भी हम अपने आदर्शों के अनुरूप ही सोच सकते हैं। कहानी वास्तव में समाज के ऐसे आदर्शों का प्रतिबिम्ब है जो इन आदर्शों की व्याख्या और विश्लेषण करता है और कभी–कभी हम आदर्शों के परिवर्तन की भी आवश्यकता अनुभव करने लगते हैं।"

यह अधिवेशन बंगला के प्रसिद्ध लेखक ताराशंकर बनर्जी और अन्य जन–मान्य लेखकों के सहयोग से सम्पन्न हुआ था।

वियाना में विश्व शान्ति सम्मेलन

५ सितम्बर, १९५२ के दिन शान्ति सम्मेलन वियाना में भाग लेने के लिये यशपाल जी ने लखनऊ से बम्बई के लिए प्रस्थान किया। हम सब—दुर्गा भाभी, मैं और बच्चे स्टेशन पर गये और यशपाल जी को हार पहना कर विदा किया। यशपाल जी बम्बई से विमान द्वारा ७ दिसम्बर को चल कर स्विटज़रलैंड पहुंच गये। जिनेवा, ज्यूरिच की सैर कर रेल गाड़ी से वियाना पहुंचे। इस कांग्रेस में विश्व भर के देशों से २५०० प्रतिनिधि भाग लेने आये थे। भारत के भिन्न भाषी लोगों ने अपनी–अपनी भाषा में विचार प्रकट किये। विश्व–शान्ति कांग्रेस का अधिवेशन समाप्त होने पर सोवियत के निमन्त्रण पर रूस पहुंचे। भारतीय प्रतिनिधि मंडल के साथ रूस के कई भागों की यात्रा कर लंदन पहुंच गये। वे कुछ दिन लंदन रुके। लंदन देखा और कई मित्रों से भेंट हुई। नये मित्र भी बने। लंदन की सैर कर १९५३ अप्रैल में यशपाल जी वापस आ गये और क्रान्तिकारी जीवन के संस्मरण 'सिंहावलोकन' का पहला भाग समाप्त करने में व्यस्त हो गये।

यशपाल जी के लिए दिसम्बर १९५३ में बम्बई में हो रहे हिन्दी साहित्य सम्मेलन से निमंत्रण आया। इस सम्मेलन में भगवतीचरण वर्मा और इलाचंद्र जोशी के अलावा अन्य स्थानों से बहुत से लेखक आये थे। सम्मेलन में तो भाग लिया लेकिन यशपाल जी वहां सिनेमा की दुनिया में घिर गये। सिनेमा की दुनिया से मैं आज तक प्रभावित नहीं हुई हूं। मैंने तो यही देखा कि जो भी भला लेखक या कवि इस दुनिया में गया, खो गया और उसकी प्रतिभा लेखक और कवि के रूप में समाप्त हो गयी। वह सिनेमा वाला हो गया। साहित्य से नाता लगभग टूट गया।

सिनेमा की दुनिया ऐसी मोहक दुनिया है, जहां मनुष्य भटकता है, सिर पटकता

है और प्रायः हाथ में कुछ नहीं आता है। लेकिन बड़े परिश्रम और धक्के खाने के बाद कभी–कभी कुछ लोगों के हाथ यदि कुछ आता है तो खूब आता है। यह भाग्य और संयोग की बात है। न जाने देश के कितने जवान इस मोहक दुनिया की ओर आकर्षित होते हैं और पिट कर वापस आते हैं। प्रतिदिन नये सुझाव, नये आकर्षण। यशपाल जी भी सिनेमा वालों के निमंत्रण और उनकी बातों के आकर्षण में उलझ गये। वायदे बहुत हुए, आश्वासन मिले लेकिन परिणाम शून्य। सिनेमा की दुनिया में कहानी पढ़ने की किसी को फुर्सत नहीं होती। उस समय कहानी केवल सुनी जाती थी और मैं इसे लेखक का अपमान समझती थी।

राजकमल कला मन्दिर के संस्थापक श्री शांताराम ने अपनी बेटी राजश्री को चित्रपट के परदे पर लाने के लिये यशपाल जी से एक कहानी लिखवायी थी। राजश्री तब बालिका थी और शान्ताराम चाहते थे कि कहानी की नायिका भी बालिका ही हो। यशपाल जी ने अशोक की कलिंग विजय और व्यापक नरसंहार के बाद उसके हृदय परिवर्तन की पृष्ठभूमि पर एक कहानी लिख डाली। पता चला, अपनी बीवी जयश्री से कुछ मनमुटाव हो जाने के कारण उस कहानी का इस्तेमाल सम्भव नहीं हो पाया। पांच–छः वर्ष बाद कहानी को पुस्तक रूप में छापने की आज्ञा ली गयी और 'अमिता' उपन्यास पूरा हुआ। इसके कई संस्करण हो चुके हैं और अनेक विश्वविद्यालयों के पाठ्यक्रम में सम्मिलित है। इसका अंग्रेजी अनुवाद यूनेस्को द्वारा विश्व साहित्य माला में भारत की प्रतिनिधि पुस्तक के रूप में प्रकाशित किया गया है।

यशपाल जी बम्बई में जुहू बीच पर थियोसोफिकल सोसायटी द्वारा बनाये मकान में श्री प्रेम धवन के साथ पेइंग गेस्ट के रूप में रह रहे थे। वहां पास ही बलराज साहनी भी रहते थे। उस समय दो विचित्र घटनाएं हुयीं। एक दिन जूतों पर पालिश करने वाला एक लड़का आया। बड़ी विनम्रता से निवेदन किया कि पड़ोस के रहने वाले साहब (बलराज साहनी) के जूते पालिश का काम करता चला आ रहा हूं। आप भी अपने जूते दे दें। लिखने में व्यस्त यशपालजी ने इशारा कर दिया कि जूते ले जाओ। लड़का जूते ले गया और कभी नहीं लौटा।

यशपाल जी सदा फाइन निब की कीमती पेन से लिखते थे। बम्बई में रहते समय एक दिन पेन जेब से निकल गया जिस का उन्हें बड़ा गम था। पहचान के एक व्यक्ति को पता लगा तो उसने वह स्थान पूछा जहां पेन जेब से निकला था। दूसरे दिन वह पेन यशपाल जी के पास पहुंच गया। यह घटना उनकी कहानी 'साहू और चोर' की प्रेरणा थी।

बाद में स्थान बदल कर यशपाल जी पाली हिल आ गये। उस समय जुहू बीच की अपनी ही बहार थी। समुद्र के किनारे से पहले दूर तक खुला रेतीला मैदान। डाब का पानी पीकर समुद्र स्नान का आनन्द। वह दृश्य अब कभी भी देखने को नहीं मिल सकता।

१९७७ में मैं जुहू बीच देखने गयी तो मुझे बहुत बुरा लगा। बीच नहीं बाज़ार था; बीच का वह प्राकृतिक सौन्दर्य समाप्त हो चुका था।

यह सही है कि चित्रपट की अस्थायी दुनिया में मनुष्य का कोई मूल्य नहीं। बहुत थोड़े लोग हैं जो पैसे के साथ नाम भी कमाते हैं। कब इंसान आकाश पर पहुंचेगा और कब अकस्मात ज़मीन पर गिरेगा, कोई भरोसा नहीं। सिनेमा के अस्थायी जीवन में सदा अस्थिरता बनी रहती है। मन का चैन छिना रहता है। मैं बम्बई जाकर यशपाल जी को अपने साथ वापस ले आयी। बम्बई से लौटते ही बहुत व्यस्त हो गई। 'सिंहावलोकन' का दूसरा भाग छपना था। बम्बई में रहते समय भी यशपाल जी की कलम नहीं रुकी। लिखने का काम बराबर चलता रहा। एक पुस्तक का अनुवाद भी किया।

भारत-सोवियत सांस्कृतिक संघ की स्थापना

सन् १९५३ अक्टूबर-नवम्बर में रूस से पहली बार एक सांस्कृतिक डेलीगेशन भारत आया। आने की सूचना मिलते ही मैं और कृष्ण नारायण कक्कड़ प्रबन्ध में जुट गये। लखनऊ के नागरिकों की एक कमेटी इस डेलीगेशन का स्वागत करने के लिये बनी। मैं इस कमेटी की संस्थापक सदस्य और सैक्रेटरी थी। तुरन्त ही मेहमानों को ठहराने के लिये कार्लटन होटल में प्रबन्ध कर लखनऊ के कलाकारों को इकट्ठा करना आरम्भ किया। हज़रतगंज में घूम-घूम कर भेंट देने के लिये कुछ उपहार इकट्ठे किये। समय इतना कम था कि फंड इकट्ठे होने मुश्किल हो गये। कांग्रेस के कुछ लोगों ने भी घुसने की कोशिश की पर चंदा देने के लिये कोई तैयार नहीं हो रहा था। कक्कड़ और मैंने दौड़-दौड़ कर कुछ रुपया जुटाया पर काफी कुछ अपने पास से देना पड़ा। 'हिन्दी-रूसी भाई-भाई' का नारा भी बुलन्द हुआ। स्टेशन रोड पर रेलवे इंस्टीट्यूट में हमारे कलाकारों ने नृत्य का भव्य प्रदर्शन किया और रूसी कलाकारों ने भी लोक नृत्य का प्रदर्शन किया। शहर से मिले उपहार भेंट में दिये। इस डेलीगेशन के साथ मैं इलाहाबाद भी गयी।

रूस में प्रकाशित काफी सारा साहित्य हमें भेजा गया। इसमें कुछ तो प्रचार साहित्य था, साथ ही थे विश्व प्रसिद्ध लेखकों की रचनाओं के सस्ते पर बढ़िया छपे संस्करण। ये हमने स्कूल-कालेजों की लाईब्रेरियों में खूब बांटे। इस बहाने लोगों को अच्छा साहित्य पढ़ने को मिला। अगर यह प्रचार था तो धड़ल्ले से दिखायी जा रहीं अमरीकी विचारधारा का प्रचार करती हालीवुड की फिल्में क्या थीं?

रूसी चित्रकारों की कलाकृतियों की एक प्रदर्शनी भी लखनऊ विश्वविद्यालय में बने विद्यार्थी संगठन के हाल में प्रदर्शित की। इस प्रदर्शनी का उद्घाटन उस समय के मुख्यमंत्री गोविन्द बल्लभ पंत ने किया।

'हिन्दी-रूसी भाई-भाई' समारोह में जनता का बड़ा सहयोग मिला। कुछ समय

बाद हमारे राजनैतिक साथियों ने जाल रच कर यह संस्था मुझ से छीन ली। एक रेस्तरां का मालिक बी.पी. शुक्ला इसका सैक्रेटरी हो गया। सांस्कृतिक संघ से असांस्कृतिक लोगों ने काफी लाभ उठाया।

इलाहाबाद का कुम्भ

जनवरी १९५४ में यशपाल जी के बहुत पुराने मित्र डाक्टर धर्मानन्द केसरबानी अचानक इलाहाबाद आ गये। कुम्भ की बड़ी चर्चा थी। शासन भी बहुत प्रचार कर कुम्भ के मेले में आने के लिये प्रोत्साहित कर रहा था। प्रतिदिन विज्ञापनों में दी जाने वाली सुविधाओं का लम्बा-चौड़ा बखान रहता था। डाक्टर साहब ने कुम्भ के समय इलाहाबाद आने का बहुत आग्रह किया। स्वास्थ्य विभाग की ओर से कैम्प में रहने की व्यवस्था भी थी। मुझे याद है, १९३५ में अर्द्ध कुम्भ के समय एक मित्र का परिवार संगम पर नाव में बैठकर स्नान करने गया था। तब मैंने भी गंगा जी में डुबकी लगा ली थी। उस समय भीड़ थी ही नहीं। किसी प्रकार की असुविधा नहीं हुई।

इस बार तो जनता की मानसिकता ही बदल गयी। जिसे देखो इलाहाबाद जाने की तैयारी कर रहा था। बस से, ट्रेन से। इलाहाबाद से पचास मील दूरी वाले गांव-शहरों से लोग पैदल ही रेल की पटरी के किनारे-किनारे प्रयाग को चले जा रहे थे। कुम्भ का मेला देखने का उत्साह मन में भर कर मैंने भी तैयारी कर ली। कम्युनिस्ट नेता स्वर्गीय पूरनचन्द्र जोशी इस समय इलाहाबाद में ही रह रहे थे। मैं उनके पास ठहर गयी। डाक्टर केसरबानी का मकान पास ही था। उनकी पत्नी किसी स्कूल में प्रिंसिपल थीं। मैं डाक्टर के साथ रात को गंगा पार चली गयी।

जिस समय मैं गंगा पार जा रही थी, उस समय गंगा के इस पार स्नानार्थ आये यात्री अपना-अपना स्थान घेरकर विश्राम कर रहे थे। प्रबन्धकों द्वारा यह प्रबन्ध नयनाभिराम था। बड़ा भारी हुजूम बड़े सलीके से लेटा और बैठा था। इतनी विशाल भीड़ को देखकर मैं आश्चर्य-चकित रह गयी। यह दृश्य आज भी मेरी आंखों के सामने है। रात कैम्प में गुजारी। प्रातः अंधेरे में ही मैं गंगा किनारे चली गई। भीड़ तेज प्रवाह की तरह गंगा किनारे की ओर चली जा रही थी। स्नान के बाद गंगा किनारे पंडित लोग, बछिया की दुम पकड़ कर एक ही बछिया का दान कई यजमानों से कराकर, गऊदान का पुण्य बांटकर अपनी जेबें भर रहे थे। सीधे स्वर्ग जाने की मांग करने वालों के अन्धविश्वास का इससे बड़ा उदाहरण और क्या हो सकता था ? इस गऊदान से पुण्य लूटने वालों के चेहरों पर अपार संतोष था कि स्वर्ग की पहली सीढ़ी पर पांव रख लिया है।

कुम्भ के मेले में घूम-घूम कर व्याख्यान सुने, उपदेश सुने, साधु-सन्तों के

अखाड़े देखे, धर्म–प्रचारकों को मज़मा लगाते देखा। सब ओर कैम्प ही कैम्प थे। इन कैम्पों पर अपने–अपने धर्म विश्वास के झंडे लहरा रहे थे।

साधु–संतों के अखाड़े में भक्तों की अपार भीड़ जमा थी। मठाधीशों के कुम्भ स्नान का प्रबन्ध हो रहा था। भक्तों द्वारा तैयार नयी पोशाकें महात्माओं को पहनायी जा रही थीं। हाथियों की सजधज भी अनोखी थी। धर्मान्ध लोगों की खुशी का ठिकाना नहीं था। भक्तों में अपार उत्साह था। उत्साही अपने पूज्य मठाधीशों, गुरुओं के लिये बड़ी श्रद्धा से रेशमी कपड़ों पर सलमें–सितारे से मढ़ी पोशाकें बनवाकर लाये थे। कुछ ही देर में साधु–सन्यासियों का यह जुलूस सजधज कर संगम–स्नान के लिये चल पड़ा। अंध–विश्वासी स्त्रियां साधु–संतों के पाओं को झुक–झुक कर छू रही थीं।

साधु–सन्यासी, उदासी, नागा, साधुओं के झुण्ड क्रमबद्ध संगम की ओर बढ़ रहे थे। सब से भ्रष्ट नागाओं का जुलूस था, जिन्हें देख उबकायी आती थी पर स्त्रियां सब से अधिक पुण्य इन नागाओं के पाओं की धूल को माथे पर लगाकर कमाना चाहती थीं। मुझे इन मूर्खाओं के व्यवहार पर बड़ा क्रोध आया।

कुछ देर में भीड़ में भगदड़ मच गयी। कुछ समय तक बात समझ में न आयी। भीड़ रुक नहीं रही थी। लोग एकदम गंगा पार कर अपने घरों की ओर भागने की चिंता में थे। भीड़ में से ही सुनाई दिया कि गंगा पार शहर की ओर किनारे पर कोई हादसा हो गया है। पुलिस ने भीड़ पर लाठी चलाई और भगदड़ मचने के कारण लोग एक पर एक दब कर मर गये हैं। जब इस प्रकार की अफवाहें उड़ती हैं तो बहुत सी सुनी–सुनाई बातों के साथ कुछ अफवाहें जुड़ कर भयंकर रूप धारण कर लेती हैं।

मैं भी एक भीड़ में फंस गयी। डाक्टर साहब का साथ छूट गया। कंधे से शाल खिसक कर कहीं दूर चला गया। इस भारी भीड़ के दबाव से मेरा दम घुटने लगा। मैंने धक्के मार–मार कर, भीड़ को काट कर किसी तरह जान बचाई। डाक्टर साहब मुझे खोज रहे थे और मैं उन्हें खोज रही थी। हम दोनों मिलते ही गंगा पार कर घर की ओर चल दिये। उनकी गाड़ी तक जाने के लिये बहुत लम्बा रास्ता तय करना पड़ा क्योंकि कुछ रास्ते इस हादसे के कारण बन्द कर दिए गए थे।

हम लोग किसी तरह कार के पास पहुंचे। सन्ध्या का झुटपुटा था। घर पर जोशी जी थे। किसी ने सूचना दे दी कि मैं और डाक्टर की पत्नी कुम्भ के इस भयंकर कांड में समाप्त हो गये हैं। पूरनचन्द्र जोशी चिन्ता में मुंह लटकाये कुछ मित्रों के साथ कमरे में बैठे हुए थे कि अचानक मैं वहां पहुंच गयी। मुझे देख वे हैरान रह गये। कुछ देर वह आश्चर्य मिश्रित खुशी में डूबे रहे फिर मुंह से बोल फूटा, "हम तो सोच रहे थे यशपाल को क्या मुंह दिखायेंगे।"

सद्भावना सम्पर्क और लेखक सम्मेलन

यूरोप में लड़ाई समाप्त हुए दस वर्ष हो चुके थे, परन्तु शांति कांग्रेस का आयोजन दुनिया के किसी न किसी भाग में होता चला आ रहा था। संसार के लोगों को युद्ध के भयानक परिणामों की याद लगातार दिलायी जा रही थी। मनुष्य द्वारा मनुष्य पर होने वाली बर्बरता और अत्याचारों की दास्तानें लोगों के दिलों पर अब भी ताज़ा थीं। यातनाओं के शिकार व्यक्तियों की मानसिकता बदल चुकी थी। कुछ देशों में भयंकर बर्बादी के चिह्न अब भी बरकरार थे।

सन् १९५५ में हेलसिंकी शांति कांग्रेस में जाने का निमंत्रण मिला। उत्तर प्रदेश में इस समय कानपुर के मिल मज़दूरों ने जनरल स्ट्राइक कर रखी थी। इस हड़ताल का साथ कम्युनिस्ट दे रहे थे। पी.सी. जोशी, कामरेड युसूफ तथा अन्य नेता भूमिगत थे। हेलसिंकी शांति कांग्रेस में जाने के लिए मैं भी तैयार हो गयी। शांति कांग्रेस में भाग लेने और विदेश देखने का बड़ा उत्साह था। पासपोर्ट के प्रयत्न फेल हो गये। उस समय के मुख्यमंत्री सम्पूर्णानंद जी से मिली, परन्तु कुछ न बना। मैं दिल्ली में गृहमंत्री गोविंदवल्लभ पंत से मिली। पंत जी का यशपाल जी पर बड़ा स्नेह था। वे सदा उनके स्वास्थ्य का कुशल समाचार पूछते रहते थे। मैं सीधे उनके बंगले पर पहुंची और अधिकार से पूछा, "मुझे पासपोर्ट क्यों नहीं दिया जा रहा ?" उस समय सम्पूर्णानंद पंत जी के बंगले पर कानपुर की हड़ताल के सम्बंध में ठहरे हुए थे। भूमिगत पी.सी. जोशी को मैं वहां देखकर हैरान रह गयी। हैरानी इसलिए थी कि उनके नाम पर वारंट थे और वह पंत जी के बंगले पर थे। पता चला, कानपुर स्ट्राइक के बारे में विचार-विमर्श हो रहा है। पंत जी ने सुझाया, पासपोर्ट के लिए सम्पूर्णानंद जी से बात करूं। मैं यह सुनकर परेशान थी क्योंकि वे तो पासपोर्ट देने से इंकार कर चुके थे। फिर भी मैं उनसे मिली। सम्पूर्णानंद

जी ने आश्वासन दिया, "मैं आज रात नैनीताल जा रहा हूं। कल मैं ए.डी.एम. को फोन कर दूंगा, तुम उनसे मिल लेना।" उस रात मैं भी लखनऊ के लिए रवाना हो गयी।

दूसरे दिन प्रातः ९ बजे के लगभग दरवाज़ा खटका। झांककर देखा, मकान के बाहर बरामदे में सी.आई.डी. का इंस्पेक्टर खड़ा है। पूछा, "कैसे आये ?" वह बोला, "पासपोर्ट के सम्बंध में जांच के आदेश मिले हैं।" बातचीत कर इंस्पेक्टर चला गया। ए.डी.एम. के कोर्ट पहुंच कर सब कागज़ात दे दिये गये। दूसरे दिन पासपोर्ट मिल गया।

शांति कांग्रेस फिनलैंड की राजधानी हेलसिंकी में जून मास में हो रही थी। यशपाल जी तो वियाना में शांति कांग्रेस और लेखकों की कांग्रेस के निमंत्रण पर विदेशों में काफी घूम चुके थे। उन्होंने प्रस्ताव रखा कि हवाई जहाज़ से उड़कर तो काफी घूम आये, असली मज़ा तो सड़क के रास्ते जाकर देशों और वहां के रहने वालों को देखने में है। बात समझ में आ गयी। मन खुशी से भर उठा। तय किया कि पाकिस्तान और अफ़गानिस्तान सड़क के रास्ते देखा जाय। पाकिस्तान का तो हम दोनों का चप्पा-चप्पा देखा हुआ था—यह दूसरी बात है कि तब वह पाकिस्तान नहीं हिंदुस्तान था। अब वह हमारे लिए नया देश था और उसे देखने की लालसा थी। उस समय भी इंडियन एयर लाइन के जहाज़ काबुल जाते थे।

लाहौर में

पाकिस्तान के लिए तुरन्त वीज़ा मिल गया, साथ ही शुभकामनाएं भी। ट्रेन का टिकट लेकर लाहौर के लिए रवाना हो गये। जाने-पहचाने लाहौर स्टेशन को देखने की बड़ी उत्सुकता थी। मन में गुदगुदी हो रही थी। लाहौर स्टेशन आया और सब यात्री उतर कर स्टेशन के बाहर चले गये। यह वह लाहौर स्टेशन था, दिन हो या रात, जहां कंधा से कंधा भिड़ता था। जैसे कीर्तन समाप्त होते ही संगत एकदम घरों को चल देती है और कीर्तन से गूंजता स्थान खामोश और वीरान हो जाता है, यहां भी वैसे ही प्लेटफार्म पर सन्नाटा छा गया। सोचा था, नाश्ता स्टेशन पर ले लेंगे। बड़ी खोज के बाद कुछ हल्का-सा खाने को मिला। कभी इसी लाहौर स्टेशन के रेस्तरां और होटल लंच और डिनर के लिए भारत में प्रसिद्ध थे। काफी प्रतीक्षा के बाद रेस्तरां में स्थान मिलता था और क्या लाजवाब आमिष और सामिष भोजन था। लेकिन अब तो भोजन खोजने पर भी निराशा ही हाथ लगी।

लाहौर में रात को रुकने की इच्छा नहीं थी। स्टेशन से बाहर आकर एक तांगा किराये पर तय किया और शहर देखने के लिए चल पड़े। रेलवे रोड से डब्बी बाज़ार होते हुए शहर का काफी हिस्सा लांघकर शाही मुहल्ले में पिताजी के मकानों को देखने

पहुंच गये। बंटवारे के समय जो व्यक्ति किरायेदार के तौर पर रह रहा था, वही अब मालिक बन गया था। मैंने बड़ी हसरत–भरी निगाहें तीनों मकानों पर डाली। मुख्य द्वार पर उर्दू में नाम व पते का पत्थर लगा था। दरवाज़े पर दस्तक देते ही मकान मालिक बाहर आया। भाई का संदेश दिया। उसने मेहमानदारी के नाते शर्बत से हमारी खातिर की। यह सब देख मेरी आंखों की कोरें भर आयीं। देश को आज़ाद कराने का व्रत ले मैंने इसी मकान की सीढ़ियों से अपना नाता तोड़ा था। आज मैं वर्षों बाद इन्हीं सीढ़ियों को प्रणाम करने आयी थी लेकिन, अब यह मुख्य द्वार मेरे पिता का, मेरे परिवार का नहीं था। अब यह बेगाना हो गया था। मेरे पिता के खून–पसीने की कमाई को अब अजनबी भोग रहे थे। सोचने लगी, यदि पिता ज़िंदा होते तो उन्हें कितना कष्ट होता। न जाने कितनों को इसी प्रकार कष्ट हुआ होगा। सुनती थी, बादशाहत बदलती है रिआया नहीं बदलती। बीसवीं सदी में यह भी हो गया जबकि अब तो इंसान बहुत समझदार हो चुका है। आंखों की कोरें रूमाल से पोंछ लीं।

लाहौर के अपने पुराने घर से सजल आंखों से विदा ले, यशपाल जी के साथ तांगे में आ बैठी। तांगा शहर की छोटी–बड़ी सड़कें लांघता, गुरुदत्त भवन, लौहारी, शहालमी दरवाज़ा पार कर अनारकली बाज़ार में पहुंच गया। आंखें फाड़े इधर–उधर ताकते हुए अपनी जात को देखने का, खोजने का प्रयत्न किया। उस समय लगा था यह मर्दों का शहर है। कहीं भी कोई स्त्री नज़र न आयी। अनारकली बाज़ार में एक भद्र महिला पर नज़र पड़ी, शायद वह किसी अफसर की बीवी रही होगी, वह परदे में नहीं थी। बाज़ार और दुकानों पर सन्नाटा–सा छाया हुआ था।

किसी ज़माने में यह अनारकली बाज़ार ऐसा गुंजान होता था कि यहां सवारी एक सड़क से आकर दूसरी सड़क से वापस जाती थी। कभी लाहौर पंजाब का पेरिस था लेकिन ठंडी सड़क भी अब गर्म आहें भर रही थी। उदास मन से स्टेशन वापस आ गये। पेशावर जाने वाली गाड़ी तैयार थी। रिज़र्वेशन में न जाने क्या गड़बड़ी इन नयी सीखी लड़कियों ने कर दी कि अच्छी–खासी दौड़–धूप करनी पड़ गयी। किसी तरह ट्रेन में बैठ गये। पूरे डिब्बे में केवल हम दो। पूरी ट्रेन में भी बहुत कम लोग थे। रात सोकर कैसे काटते। आशंकाओं के कारण पूरी रात बड़ी भारी मालूम हुई। दिन फूटते ही पेशावर स्टेशन निकट आता देखकर धीरज बंधा।

पेशावरी तांगे बहुत मशहूर हैं। तांगे पर सवार हो एक अच्छे होटल में पहुंच गये। जल्दी ही तैयार हो पेशावर घूमने और जलालाबाद का बस टिकट लेने निकले। तांगे वाले से खूब बातें हुईं। बंटवारे पर बात होते ही उसने बंटवारा कराने वाले लोगों को धुनकर रख दिया। न जाने कितने अपशब्द उसके मुंह से निकले और निकलना चाहते थे। पूरे रास्ते वह कोसता और बंटवारे से पहले के दिनों की याद कर दुखी होता तांगा

हांके जा रहा था।

होटल के मालिक या मैनेजर ने हमारे लौटने पर सूचना भिजवाई—आप विदेशी हैं, पहले पुलिस स्टेशन जाकर शहर में रह सकने की इजाज़त ले आइये।

पुलिस का हुक्म और वह भी विदेश में ! नाश्ते में जो कुछ मिला खा लिया। फिर यशपाल जी ने फोन पर पेशावर पुलिस स्टेशन के अधिकारी से बात की और अपने आने की सूचना देकर पूछा, "किस समय हाज़िर हों ?"

उत्तर मिला, "आ जाइये।"

कोतवाली पहुंचकर हम दोनों ने संतरी को अपना नाम और आने का प्रयोजन बताया। ऐसा लगा वे हमारी प्रतीक्षा में थे। संतरी हमें तुरंत एक कमरे में ले गया। यह कमरा वैसा ही था जैसा कि कोतवाली का दफ्तर या मुंशीखाना होता है। खड़खड़ बेरौनक फर्नीचर। फर्श से दीवार तक फाइलें। दीवार के साथ स्टील की आलमारियां। कमरे में दो मेज़ों पर दो व्यक्ति—मुंशी और कांस्टेबल जैसे लगे।

बड़े मुंशी ने हमें कुर्सियों पर बैठने का संकेत किया। हमारे पासपोर्टों पर नज़र डाली। पल भर सोचा। स्टील की आलमारी खोल एक फाइल निकाली। अच्छी भारी पुरानी फाइल। कुछ समय तक हमारे पासपोर्टों और फाइल से मिलान करता रहा। फिर पूछा, "आप लखनऊ में रहते हैं ?"

"जी हां, पासपोर्टों में दर्ज है।"

"आप हिन्दी में रिसाला बीपलो (विप्लव) और उर्दू में रिसाला 'बाग़ी' शाया करते थे ?"

"जी हां" यशपाल जी ने उत्तर दिया।

"सन् १९२९ में लाहौर साज़िश के मुकदमे में, दिल्ली साज़िश के मुकदमे में भी आप पर वारंट थे ?"

"जी हां, ज़रूर थे।"

इसके बाद इलाहाबाद में यशपाल जी की गिरफ्तारी और रिहाई के बारे में प्रश्न पूछे गये, जिनके सही उत्तर उन्हें दे दिये।

मुंशी हमारे पासपोर्ट और फाइल लेकर एक पर्दे के पीछे दूसरे कमरे में चला गया। दस मिनट बाद कमरे में लौटा। बोला, "आपके लिए ऑर्डर है कि अड़तालीस घंटे बाद पाकिस्तान की हद से बाहर हो जायें।"

पेशावर में भी भयंकर पर्दा। स्त्रियां बाहर नहीं निकलतीं। पुलिस स्टेशन लौटते समय हम एक छोटी सी मार्केट के पास पहुंचे तो देखा सबकी नज़रें मेरी ओर उठ गयी

हैं। तुरन्त तांगा मोड़ा और हम दोनों होटल वापस आ गये।

होटल लौट कर मैनेजर से जलालाबाद जाने की बात की तो पता चला कि दो दिन से दूतावासों में मनमुटाव चल रहा है, लिहाज़ा बसें जलालाबाद नहीं जा रहीं। बड़े असमंजस में पड़ गये। यह नाराज़गी एक दिन क्या एक मास भी चल सकती थी।

पता चला, इसी होटल में एक सिख परिवार भी ठहरा है। यह काबुली सिख परिवार था। बंटवारे से पहले जलालाबाद के रास्ते ढका गांव में रहता था। मुद्दतों बाद उस गांव में परिचितों से मिलने जा रहा था। टैक्सी बहुत रुपया मांग रही थी। समस्या थी—क्या करें।

सरदार ने सुझाव दिया, क्यों न हम अफगानिस्तान की सीमा पर चलें। कुछ प्रबंध तो होगा ही। मुश्किल यह थी कि बीच में 'नो मैन्स लैण्ड' पार करने की आज्ञा लेनी थी और यह सीमा सामान गधों पर लादकर, खुद पैदल चलकर ही पार कर सकते थे। प्रबंध हो गया और हम सीमा पार पहुंच गये। सीमा पार करने से पहले पेशावर छोड़ने की सूचना देने पहुंचे तो यशपाल जी को देखने के लिए पुलिस के कई लोगों ने घेर लिया। एक दिन पहले यशपाल जी के आने की सूचना उन्हें मिल चुकी थी। कहने लगे, हम उस व्यक्ति को देखना चाहते हैं जिसके कारण हमारी कई रातों की नींद खराब हुई है। पुलिस के लोग अपनी उत्सुकता वश में कर काफी सहानुभूति और आदर से पेश आये।

संयोग से पाकिस्तान की हद पार एक ट्रक मिल गया जो ढका गांव तक जा रहा था। हम ढका गांव पहुंच गये। यह ढका गांव दरिया के किनारे बसा है। पेशावर और जलालाबाद के बीचों–बीच है। चारों ओर मजनू के पेड़। दरिया में चार फुट के लगभग पानी था। हम सब दरिया के निकट आकर बैठ गये। सरदार की बीवी लगभग घूंघट खींचे थी। मुझे घूंघट काढ़कर चलने का अभ्यास न था। पास ही नज़र पड़ी एक अफगान सिपाही पर जो छोटे से टेंट के बाहर चौकीदारी कर रहा था। वह मेरे चेहरे की ओर एकटक नज़रें गड़ाये था। न जाने कितनी मुद्दत बाद औरत का चेहरा देखने को मिला होगा। यह भी पता चला कि उस समय एक भारतीय रुपये के ग्यारह सिक्के महीने में और एक सेर आटा रोज़ मिलता था। उसकी नज़रों से बचने के लिए मैंने घूंघट खींच लिया। दरिया के किनारे पहुंचते समय गांव में कहीं–कहीं प्याज़ और खरबूज़े देखे थे।

सरदार का परिवार बच्चों के साथ था, इसलिए साथ में रोटियां लाया था। उसने हमें भी रोटियां और खरबूज़ा खाने को दिया। भूख से हम दोनों कुलबुला रहे थे। एक प्याला हरी चाय भी पीने को मिली। हम खा–पी रहे थे कि सामने दरिया पर नज़र पड़ गयी। जैसे भारत में नदियों में बाढ़ आती है, वैसे यहां भी मार्च–अप्रैल में आती है। नदियां भर जाती हैं। कभी–कभी पानी मई माह तक रहता है। एक लहीम–शहीम पठान सलवार सिर पर रखकर पानी में घुस गया। जब पानी कमर से ऊपर तक आया तो कुरता

भी उतार कर सिर पर रख लिया। स्नान कर उसी प्रकार कुरता पहन कर बाहर निकल आया और सलवार पहन ली। अनुमान हो गया—पठान के पास बस यही कुल कपड़े हैं।

सरदार और यशपाल जी जानते थे कि रात को इस गांव में ठहरना असम्भव है। क्योंकि जाहिल पठानों के गांव में रात काटने का कोई प्रबंध नहीं था। ढका तक तो आ गये पर जलालाबाद पहुंचना अत्यन्त आवश्यक था। जल्दी-जल्दी दौड़-भाग शुरू की। सरदार ने अपने परिचितों से भी बात की, परन्तु जलालाबाद जाने के लिए बस में स्थान ही न था। अचानक एक पत्थर ढोने वाला ट्रक मिल गया। इस ट्रक का जवान मालिक बड़ा सहृदय था। हमारी बात मानकर कि ट्रक खाली जलालाबाद जा रहा है—हमें जलालाबाद ले जाने को तैयार हो गया। ट्रक में बैठने का कोई स्थान न था। खड़े-खड़े ही जाना पड़ा। पहुंच तो गये पर लोहे की पटिया पकड़े-पकड़े हाथों में छाले पड़ गये। जाते ही भारतीय हाई कमीशन का पता लिया और जलालाबाद में काबुल के स्टेट गेस्ट हाउस में ठहर गये।

इस गेस्ट हाउस में काफी अमीर पठान और अफगान व्यापारी ठहरे हुए थे। कुछ तसल्ली हुई। सभ्यता से बातें कर रहे थे, लेकिन मन में जानती थी, यशपाल जी का दिल धड़क रहा था। साथ में बेनकाब बीवी—क्या पता किसी की नीयत का। कोई भी हादसा हो सकता था। खाना खाकर आराम की इच्छा हुई। दो बिस्तर मसहरी लगे मिल गये। मेरी चारपाई दीवार से सटाकर लगा दी गयी और मेरी चारपाई के साथ यशपाल जी की चारपाई। रात कुशलतापूर्वक कट गयी। प्रातः उठते ही बस के अड्डे पर पहुंचे। नमक से नान खाकर हरी चाय पी। सोचा, एकदम चल देना चाहिए। तुरन्त काबुल के लिए टिकट खरीद लिये। बस काबुल के लिए तैयार खड़ी थी।

ऊंची पहाड़ियों पर, जिन पर ढूंढ़ने पर भी घास का तिनका नहीं मिल सकता था, हमारी बस दौड़ती चली जा रही थी। आधे रास्ते में एक नीची पहाड़ी के करीब पानी का सोता बह रहा था। वहीं एक बहुत छोटी-सी चाय की दुकान थी। नान और मुर्गा मिल गया। प्रायः लोग सोचते हैं कि इस्लामी सभ्यता का देश होने के कारण मुर्गा-मांस खूब मिलता होगा, लेकिन अफगानिस्तान और राजधानी काबुल में न मुर्गा देखने को मिला न और किसी तरह का मांस। मिला बस नान-नमक और हरी चाय। अब क्या हाल है मैं नहीं कह सकती। तंदूरों पर सिवाय इसके और कुछ न था। पठानों का यही भोजन देखने को मिला था। यह भाग्य की बात थी कि इस सूने स्थान पर साधारण ढंग का पका मुर्गा नान के साथ मिल गया।

शहर काबुल में

किसी तरह भूख शांत कर पानी पिया। बस आगे बढ़ी और हम कुछ घंटों में

अफगानिस्तान की राजधानी काबुल में पहुंच गये। तब यहां एक ही होटल था और वह स्टेट काबुल होटल था। पूरे होटल में फ्रेंच व जर्मन इंजीनियर और उनके परिवार भरे थे। दरिया काबुल को बांध पानी–बिजली का प्रबंध हो रहा था। कुछ लोगों से दुआ–सलाम हुई। यहां पहली बार ढंग से नाश्ता मिला।

होटल से बाहर निकले तो सामने ही एक पंजाबी भाई की जनरल मर्चेण्ट की दुकान दिखी। दुकान का मालिक बड़ा जिंदादिल इंसान था। कुछ सुकून मिला, साथ ही काबुल के बारे में जानकारी और कुछ हिदायतें। दुकान के मालिक की पहली हिदायत थी कि पानी अपने सामने उबलवा कर पियें। बाज़ार में खुली बिकती कोई चीज़ न खायें और फल आदि अच्छी तरह धो कर खायें। बीमार पड़ गये तो डाक्टर आसानी से न मिलेगा। चोरों से सावधान रहें।

यह भी पता चला कि शहर में काफी पंजाबी परिवार हैं, जो बंटवारे के पहले से कपड़े, मेवे और फलों का व्यापार करने आये थे। कुछ वहां अपने परिवारों के साथ रह रहे थे। काबुल शहर के चारों ओर सूखी–नंगी–नीची पहाड़ियां हैं। वर्षा बहुत कम होती है। जब होती है तो छप्पर फाड़कर। शहर के बीच काबुल दरिया है। यह दरिया काफी चौड़ा है। बीचोंबीच पानी की धार की छोटी–सी लकीर। उस समय शहर में पानी की किल्लत थी। अब शायद कुछ समस्या हल हो गयी हो। अफगानों को दरिया के चौड़े पाट में दिन–दहाड़े हाजत रफा के लिए जाते देखा। धूप निकलते ही एक गंध नाक में भर जाती थी, जो खुशनुमा नहीं होती है। बड़ा आश्चर्य हुआ यह जानकर कि यहां जमादार होते ही नहीं। घरों में मैला जहां गिरता है, उसे कोई साफ नहीं करता। मकानों के पिछवाड़े हवा और धूप से सब सड़कर मिट्टी हो जाता है।

हमारे पंजाबी मित्र ने बताया, काबुल में आठ–दस अमीर परिवार हैं जिनकी ढेरों सम्पत्ति है, अच्छा–खासा बिजनेस है लेकिन शेष सब गरीब हैं। गरीबों की अमानत है—एक जोड़ा कपड़े, खाने के लिए नॉन–नमक और हरी चाय।

यहां के अमीर परिवारों के बच्चे फ्रांस और इंगलैण्ड में पढ़ते थे। घरों में पश्तो के साथ बच्चे फ्रैंच भाषा या अंग्रेज़ी भी बोलते थे। बड़ी इच्छा थी किसी अमीर अफगा का रहन–सहन देखें। हमारे मित्रों ने प्रबंध किया। हमें निमंत्रण मिला। मैं परिवार की स्त्रियों से मिली। ज़मीन पर मोटे गद्दे और मसनदें लगी थीं। स्त्रियों का रंग बड़ा साफ और पोशाक अंग्रेज़ी। घरों के कमरों में बड़े–बड़े कालीन टंगे थे। इन घरों में बड़े ठाठ थे, पर नफ़ासत और सुंदरता की कमी थी।

मैंने पंजाबी परिवारों से मिलने का प्रयत्न भी किया। साधारण घरों में बढ़िया रहन–सहन। इन घरों में मैंने बर्तन मांजने और सफाई करने वाली हजारा कौम की स्त्रियों को भी देखा। इन स्त्रियों के शौहर चौकीदारी करते थे या छोटी–मोटी मनियारी की दुकान

चलाते थे। इन स्त्रियों का रूप देख मुझे बड़ा अचम्भा हुआ। ऐसी सुंदरता मैंने पहले कभी न देखी थी। एकदम उमर खय्याम की रुबाइयों के हाला-प्याला और सुंदरियों के वर्णन और रूप के बखान याद आये। इस सुंदरता पर मैं रीझ गयी। सफेद गोरे गालों पर गुलाब की पंखुड़ियों को मात देने वाला गुलाबी रंग, आंखे अनुपात में छोटी, गोल और मंगोलों जैसी। सोचा, उमर खय्याम ने इसी सौंदर्य और छटा को निहारकर मदहोश हो, दिल की गहराइयों से निकले उच्छ्वासों को कलमबद्ध किया होगा।

ये औरतें सलवार और लम्बा कुरता पहने थीं। उन्हें देखकर लगता था कि इनके पूर्वज मंगोलों के पड़ोसी रहे होंगे। छोटा कद, छरहरा बदन, गुलाबी मखमली गालों पर दो सेब, चमकती आंखें। विश्वास है इस रूप को देख चांद भी ठिठक जाता होगा, पर हाथों में मेंहदी के स्थान पर राख देख शर्म से बादलों में मुंह छिपा लेता होगा। मैं इस सुंदरता को निहारती हुई उनसे खूब हंसी-मज़ाक करती रही। इन स्त्रियों का पंजाबी घरों में काम था—बर्तन मांजना और सफाई करना।

मुझे तुलसीदास की वह चौपाई फिर याद आयी—"नारी न मोहे नारी के रूपा।" रूप की प्रशंसा के लिए शब्द उधार नहीं लेने पड़ते वे स्वयं मुंह से निकल पड़ते हैं। रूप चाहे स्त्री का हो या पुरुष का, आप अकस्मात् अद्वितीय सुंदरता को देख भौंचक रह जायेंगे और प्रशंसा किये बिना न रह सकेंगे।

काबुल के सरदा (खरबूज़ा) अनार, सेब, अंगूर, खुबानी में भरपूर मिठास है। हमारे पंजाबी मित्र ने एक दिन सरदा खिलाने की जिद की। बहुत अच्छा लगा। काबुल के फलों की मिठास को देख सोचा—कारण क्या है जो बिना मेहनत के ढेरों फल, वह भी इतने मीठे होते हैं। सोचकर निष्कर्ष निकाला कि इसका कारण अवश्य ही इंसानी खाद होगी। मार्च-अप्रैल में नदियों में बाढ़ आती है तो यह पानी खेतों-पेड़ों और उनके फलों में मिठास भरता होगा। दूसरा कारण खुश्क आबोहवा भी हो सकती है। नान और हरी चाय पीकर भी यहां के लोग हृष्ट-पुष्ट थे।

बड़े घरों की स्त्रियां सड़कों पर पैदल बहुत कम निकलती थीं। आम स्त्रियां खरीद-फरोख्त परंजा पहन कर करती थीं। कुछ वर्ष बाद सुना था कि परदा सरकारी ऑर्डर से हट गया था। स्कूलों में पश्तो के साथ अंग्रेज़ी, फ्रेंच या जर्मन इन तीनों में से एक भाषा अवश्य पढ़नी पड़ती थी।

एक दिन काबुल के कुछ बाज़ार देखने के लिए तांगा किराये पर ले लिया। तांगे में बैठते ही आठ-दस अफगान तांगे के पीछे खड़े एकटक देखने लगे। यशपाल जी को दुकान से कुछ खरीदना था। मेरी परेशानी का कोई ठिकाना ही नहीं था। पठान ऐसे देखते जैसे मैं भटक कर इस शहर में आयी हूं। यहां लोगों का स्त्रियों के प्रति यह रुख देख कर अच्छा नहीं लगा।

काबुल में कुछ काबुली हिंदू परिवार थे। इन परिवारों के बारे में सुना था कि महमूद गज़नवी ने इन्हें यहां बसाया था। मुद्दतों से कुछ सिख परिवार भी यहां रह रहे थे। इन सिखों का एक छोटा–सा गुरुद्वारा देखने गये, यहां दो कमरे मुसाफिरों के ठहरने के लिए भी बने थे। मैं काबुली हिंदुओं के घरों को देखने गयी। उनके घर छोटी बस्तियों में थे। घर साफ–सुथरे और औरतें भी बुर्का पहनती थीं। उस समय कोई काबुली हिंदू या सिख किसी मुसलमान स्त्री से मुहब्बत दिखाये या भगाने का प्रयत्न करे तो उसे संगसार कर दिया जाता था, यानी बोरे में ज़िंदा बंद कर पत्थर मार–मार कर उसे खत्म कर दिया जाता था। मैं काबुल की सड़कों पर जब बिना पर्दा किये निकलती थी तो मेरे पैरों पर पत्थर आ–आकर लगते थे। काबुल के मर्दों को स्त्री का बेपर्द होकर सड़क पर चलना पसंद नहीं था। अब परदा न रहने से यह हरकत शायद नहीं होती होगी।

काबुल में पानी की कमी थी, पीने के लिए केवल पगमान चश्मे का पानी ही मिलता था। उस समय तक कोई और प्रबन्ध नहीं था। बिजली के बल्ब भी मोमबत्तियों की तरह रोशनी देते थे। पूरे अफगानिस्तान में पानी का अभाव था। एक दिन हम बाज़ार से गुजर रहे थे। एक व्यक्ति को पास के होटल से निकलते देखा। इस होटल के पास ही एक सोता था, जिसका बड़ा धीमा पानी सड़क की गंदी नाली में आता था। उसने होटल से बाहर आकर इस नाली के पानी से प्लेटें धो डालीं। हम दोनों यह देख सिर से पांव तक कांप गये। जब तक काबुल में रहे, सिवाय शाही होटल के खाने के बाहर कुछ न खाया। पानी भी उबाल कर पिया।

हेलसिंकी की रातें

काबुल के इन कड़वे–मीठे तजुर्बों से जल्दी ही वहां से विदा ली और हम हवाई जहाज़ से ताशकद–मास्को होते हुए हेलसिंकी पहुंच गये। यह दिन २४ जून था। पंजाब में जैसे लोड़ी के दिन आग जलाकर सारी रात नाच और जश्न मनाते हैं, ऐसा ही जश्न उस दिन यहां मनाये जाने का प्रोग्राम था।

हेलसिंकी के इस खुले स्थान पर गेहूं निकले भूसे के ढेर जमा थे। ज़रा अंधेरा होते ही इस भूसे में आग लगा दी गयी। जवान लड़के–लड़कियों ने आग के चारों ओर बांहों में बांहें डाल मस्ती में झूमना और नाचना आरम्भ कर दिया। आसपास खेल–तमाशे का भी प्रबंध था। सारी रात कोई नहीं सोया। हम सब इस जश्न में डूबे रहे। ये सफेद रातें थीं। अंधेरा होता ही न था। घड़ी देखकर और खिड़कियों पर पर्दे डालकर सोने का प्रयत्न किया जाता था। हेलसिंकी में इन सफेद रातों के समय खूब शादियां होती हैं। रात भर सड़कों पर नवविवाहित जोड़े और नागरिक घूमते दिखायी देते थे।

विश्व के कई देशों से मेहमान डेलीगेट पहुंच गये और पहुंच रहे थे। हेलसिंकी

के बहुत बड़े भव्य हाल में यह जलसा आरम्भ हुआ। रात को नाच गाने और गोष्ठियों से भी वातावरण में विचारों का आदान–प्रदान हो रहा था। एक बहुत बड़े हॉल में खाने–पीने का प्रबंध था। सबकी मनपसंद चीज़ों का ध्यान रखा गया था। आमिष–सामिष भोजन की व्यवस्था थी।

हेलसिंकी शहर को घूम–फिर कर देखा। इन्सानों की संख्या बहुत कम थी। खूब चौड़ी छोटे पत्थर मढ़ी सड़कें। चार–पांच मंज़िले मकानों की सुंदर बालकनियों पर फूलों के गमले। सड़कों–बाज़ारों में कहीं भीड़ नहीं थी। हेलसिंकी में जनसंख्या बहुत कम है। कुछ लोगों ने बताया कि शासन नवदम्पति को बहुत सुविधाएं देता है और बच्चे पैदा करने के लिए प्रोत्साहित किया जाता है। मां बनने वाली स्त्रियों की बहुत देखभाल होती है। बच्चे के जन्म पर शासन की ओर से मां और बच्चे को भेंट में बहुत कुछ दिया जाता है ताकि दम्पति पर बच्चे के खर्च का बोझ न पड़े। शांति कांग्रेस अधिवेशन सम्पन्न होते ही भारतीय तथा अन्य कई देशों से आये मेहमान रूस के निमंत्रण पर, ट्रेन से लेनिनग्राद होते हुए मास्को गये। मैं और यशपाल जी भी उन्हीं के साथ चले गये।

लूज़ान में माताओं की कांग्रेस

इस समय लूज़ान, स्विट्ज़रलैंड में विश्व की माताओं की कांग्रेस हो रही थी। इस डेलीगेशन में आयी स्त्रियों को लूज़ान कांग्रेस में जाना था। हम कुछ भारतीय और विदेशी स्त्रियां लूज़ान पहुंच गयीं। लूज़ान झील के किनारे बसा बड़ा मनोरम स्थान है। इस कांग्रेस में संसार भर के देशों से आयी स्त्रियां एकत्रित हो एक–दूसरे से गले मिल कर अपना परिचय देकर हमसे परिचित हो रही थीं। अलग–अलग देशों के अलग परिधान थे। भारतीय साड़ी से मिलती कोई पोशाक नहीं थी। सब स्त्रियां अपने उद्‌गार प्रकट कर रही थीं। किसी मुस्लिम देश की स्त्रियां वहां होने वाले अत्याचारों का हवाला देकर रो रही थीं। इस जलसे की अध्यक्षा फ्रांस की एक काफी उम्र की दुबली–पतली महिला थी, लेकिन उसकी आवाज़ की गरज सुनकर दिल थामकर रह जाना पड़ता था। अध्यक्षा के जोश और लगन को देखकर जवान स्त्रियां त्रस्त थीं। कई प्रस्ताव पास हुए। मिलन गोष्ठियां हुईं, विचारों का आदान–प्रदान हुआ। स्मृति–चिह्न के रूप में कुछ दिया भी और कुछ मिला भी।

कांग्रेस समाप्त होते ही चेकोस्लोवाक स्त्रियों की कमेटी से चेकोस्लोवाकिया में शांति संदेश पहुंचाने का निमंत्रण मिला। इन निमंत्रित स्त्रियों में भारत, आस्ट्रेलिया, इंग्लैंड और अन्य देशों से आयी माताएं थीं। निमंत्रित स्त्रियां तीन ग्रुपों में बंट गयीं। मेरे साथ एक आस्ट्रेलिया और एक ब्रिटिश महिला थी। हमारा ग्रुप गोथवालडोव (बाटा नगर), ओस्त्रावा के लिए रवाना हो गया। गोथवालडोव में शांति कमेटी की ओर से बड़ी

सभा हुई। मैं अंग्रेज़ी काम चलाने के लिए बोल लेती थी, पर भाषण मेरे बस का न था। मैंने अपना भाषण हिंदी में लिख कर दिया। दुभाषिया लड़की ने मेरे भाषण का चेक भाषा में अनुवाद कर दिया। गोथवालडोव में यह सभा १९ जुलाई, १९५५ के दिन बहुत बड़े सिनेमा हाल में हुई थी। १९ जुलाई के दिन ही मेरी बेटी किरण का जन्म–दिवस था। कमेटी की ओर से किरण के लिए एक गुड़िया भेंट की गयी जो चेकोस्लोवाकिया के पारम्परिक परिधान में थी।

गोथवालडोव में दुनिया की मशहूर बाटा फैक्टरी रबड़ के जूते बनाने के लिए प्रसिद्ध है। चमड़े के जूते व सैंडिल भी यहां बनते हैं। इस फैक्टरी का काफी बड़ा आफिस लिफ्ट द्वारा हर मंज़िल पर चला जाता था। हमारे आने की सूचना फैक्टरी में लगे प्रसारण–यंत्र द्वारा कारीगरों को दे दी गयी। हमने भी प्रसारण द्वारा अपनी शुभकामनाएं दीं। पूरी फैक्टरी में घूमकर हमने वहां के मज़दूरों से बातचीत की। प्रबंधकों ने बाटा फैक्टरी का सुंदर एलबम और रबड़ के छोटे–छोटे गम बूट सोवेनीर के रूप में भेंट दिये।

इस फैक्टरी के असली मालिक देश छोड़ चुके थे। उनका सुंदर टीक लकड़ी से बना पैलेस वहां के बच्चों के क्लब को भेंट में दे दिया गया था। फैक्टरी से दूर एक खुला भव्य पार्क था। वहीं एक रेस्तरां में भोजन किया और प्राकृतिक चिकित्सा पद्धति के लिए बने सेनिटोरियम देखे।

इस पार्क में घूमते समय दो जुड़वां बहनें मेरी साड़ी देख कर मेरे पास दौड़ी आयीं। इन लड़कियों का जन्म मद्रास में हुआ था। तब इनके पिता वहां बाटा कम्पनी में मैनेजर थे। मुझसे इन लड़कियों ने अपनी धाय मां के बारे में पूछा। वे अपने घर से कुछ फोटो उठा लायीं। आया इन बच्चियों को गोद में लिए बैठी थी। मैंने आश्वासन दिया कि मैं उनकी धाय मां को खोजने का प्रयास करूंगी। उन्हें क्या पता था कि भारत कितना विशाल देश है और मद्रास कितना बड़ा शहर !

इन लड़कियों ने यह भी बताया कि उनकी मां अब इसी रेस्तरां में बर्तन धोने का काम करती है। उनके पिता को मां ने छोड़ दिया है क्योंकि वह सारी कमाई शराब में पी जाता था। हम ओस्त्रावा तथा अन्य शहर देखकर प्राहा लौट आये। चेक स्त्रियों की कमेटी ने हमें बड़े स्नेह से विदा दी। बहुत कुछ भेंट में दिया तथा साथ ही मास्को लौटने के लिए टिकट भी।

वापस मास्को में

मास्को पहुंची तो यशपाल जी अस्पताल में थे और उनके गले का सफल आपरेशन हो चुका था। वह स्वस्थ हो रहे थे। लेखक संघ के सुझाव पर हम दोनों को सोची में काले

समुद्र के किनारे बने आराम गृह में भेज दिया गया। सोची शहर काले समुद्र के किनारे बसा है। यह स्थान समतल नहीं ऊंचा–नीचा है। समुद्र तल से ऊंचाई पर है। सोची में काले समुद्र के चारों ओर विश्राम गृह बने हैं। विश्राम के साथ छोटी–मोटी बीमारियों की भी देखभाल होती है। गंधक के पानी से स्नान के लिए शहर से दूर बहुत बड़ा अस्पताल बना है। इस अस्पताल के पास कोई अस्सी गंधक के चश्मों का पानी इकट्ठा किया जाता है। यहां के पानी में गंधक की मात्रा बहुत अधिक है। मीलों दूर तक गंधक की सुगंध नाक में भर जाती है। इस अस्पताल में लोहे की कीलों का इस्तेमाल बहुत कम है। गंधक की तेज़ी से लोहा–सोना सब गल जाते हैं। स्नान के लिए जाते समय हाथों और गले से सब कुछ उतार कर जाना पड़ता है।

अस्पताल में कई बीमारियों का इलाज गंधक के पानी से किया जाता है। रोज़ाना तीन–चार हजार मरीज़ों के इलाज की व्यवस्था है।

हमारे दिन का अधिक भाग समुद्र किनारे बीतता था। इस आराम गृह में सैकड़ों सोवियत नागरिक छुट्टियां मनाने आते थे। उन्हें गर्मियों के कुछ महीने ही धूप सेंकने के लिए मिलते थे।

समुद्र किनारे तीन अलग–अलग हिस्सों में समुद्र में नहाने और धूप–स्नान का प्रबंध था। एक भाग में केवल मर्द, जहां निर्वस्त्र हो आज़ादी से धूप–स्नान करते थे। इसी प्रकार एक भाग में स्त्रियां। तीसरे भाग में स्त्रियां और मर्द इकट्ठे परिवार के साथ धूप–स्नान और समुद्र–स्नान का आनंद लेते थे। इस तीसरे भाग में कोई भी व्यक्ति निर्वस्त्र नहीं होता था।

समुद्र किनारे प्रायः दो बज जाते। लौटकर भोजन के बाद थोड़ा विश्राम करके शाम को घूमने निकल पड़ते। सिनेमा–थियेटर भी जाते थे और विश्राम गृह में फिल्मों की व्यवस्था भी थी। कभी–कभी नृत्य के प्रोग्राम भी होते थे। नृत्य में लोग इतने विभोर हो जाते कि समय का अन्दाज़ ही न रहता।

इस विश्राम गृह का नाम 'मलयाखुन' था। हमारे साथ हमारी दुभाषिया कुमारी एलग्ज़ेंड्रा थी। वह खूब पढ़ी लिखी चुस्त स्त्री थी। बातचीत अंग्रेज़ी में होती थी। इस विश्रामगृह का वातावरण बड़ा शान्त–सुखद था। कुछ भाग विदेशी अतिथियों के लिए सुरक्षित था। इस विश्राम गृह से समुद्र दो फर्लांग के लगभग था। डाक्टरों ने मेरे शरीर की जांच–पड़ताल की और गंधक के पानी से स्नान की व्यवस्था कर दी। विश्राम गृह का भोजन बहुत अच्छा रुचिकर और स्वादिष्ट था। अंगूर, तरबूज़, सेब, दही हर समय हमारे कमरे की मेज़ पर रखे रहते। इससे पहले इतने ढेर सारे अंगूर इतने थोड़े समय में हमने नहीं खाये थे।

सोची में, आसपास घूमने के अलावा पानी के जहाज़ से सुखूमी तक सैर की।

विश्राम क्लब में सायं बिलियर्ड तथा अन्य खेल भी खेले जाते तथा लोगों से बातचीत और मिलन भी होता।

मैं जोड़ों के दर्द की पुरानी मरीज़ थी। मैंने प्राकृतिक चिकित्सा द्वारा गंधक के पानी से स्नान आरम्भ कर दिया। महीने भर में १५ स्नान। काले समुद्र में तैरना भी इलाज में शामिल था। मैं समुद्र में चार–पांच घंटे नहाती और नाव चलाकर मील–ड़ेढ़ मील समुद्र के अंदर चली जाती।

एक दिन इस काले समुद्र में तूफान आ गया। लहरें बहुत ऊंची और बहाव बहुत तेज़ था। विश्राम गृह के डॉक्टर और मैं उस तूफानी समुद्र में कूद गये। मैं समुद्र से निकलने का प्रयत्न करती, पर बार–बार पानी के वेग से खिंच कर अंदर चली जाती। दिल में डर समा गया, पर समुद्र से बाहर आने की हिम्मत मैंने नहीं छोड़ी। काफी कोशिशों के बाद मैं पानी से निकल पायी। यशपाल जी कुछ इंच पानी में खड़े थे, मगर वह पानी से निकलकर किनारे तक आ ही नहीं पा रहे थे। ज्योंही वह पांव उठाते पानी का वेग उन्हें किनारों से दूर कर देता। मैं और डाक्टर यशपाल जी की ओर दौड़े। पानी से ज़रा हट कर अपना हाथ बढ़ाकर उन्हें पानी से बाहर की ओर खींचा। हालांकि यशपाल जी बहुत अच्छे तैराक थे पर बहाव की तेज़ी के कारण वहां से पांव हटा ही न पाते थे। बहाव की तेज़ी किनारे पर जानलेवा बन जाती है। कुछ देर तक गीले कपड़ों में खड़े रहना पड़ा। यशपाल जी ठंड खा गये।

सोची में लोग समुद्र से निकलते ही कपड़े बदल लेते हैं। ठंड लगने से यशपाल जी को तेज़ बुखार और बदन में असहनीय दर्द था। उनका शरीर पीड़ा से टूट रहा था। इसी हालत में मास्को पहुंचे। तुरंत ही चार–पांच महिला चिकित्सक आ गयीं। इतनी महिला चिकित्सकों को देख यशपाल जी कुछ असुविधा अनुभव कर रहे थे। उन्होंने कहा कि कम से कम एक पुरुष डाक्टर को भी बुला लिया जाय।

रूस के मेडिकल विभाग में महिला डाक्टर अधिक हैं। मकानों की रंगाई करने वाली, टैक्सी ड्राइवर भी अधिक हैं। इस के दो कारण हो सकते हैं—पहिला यह कि हल्के और आसान काम हैं। दूसरा कारण युद्ध में मरने के कारण पुरुषों की कमी। इलाज आरम्भ हो गया। दो दिन बाद कुछ आराम मिला। उनके वज़न में जितना सुधार हुआ था, सब बेकार हो गया।

देव पुरस्कार की सूचना

मास्को पहुंच कर घर पर फोन किया। यशपाल जी को 'देव पुरस्कार' मिलने की सूचना मिली। विंध्य प्रदेश सरकार द्वारा दिया जाने वाला यह पुरस्कार गिने–चुने लोगों को ही मिलता था। यशपाल जी समारोह में रीवां तो पहुंच नहीं सकते थे। पुरस्कार–राशि

चेक से लखनऊ पहुंच गयी।

घर छोड़े हमें तीन महीने हो चुके थे। हम दोनों घर लौटकर बच्चों को देखने के लिए बेचैन थे। हमने मास्को से विदा ली। हवाई जहाज़ से हम स्टाकहोम आये। उस समय दिल्ली के लिये हवाई टिकट सोवियत संघ की ओर से स्टॉकहोम से एस.ए.एस. (स्कैंडिनेवियन एयर लाईन) हवाई कम्पनी द्वारा दिये जाते थे। यूरोप या लंदन के रास्ते होकर ही भारत की हवाई यात्रा का प्रबंध था।

स्टॉकहोम झीलों का शहर है। गोवा की तरह समुद्री पानी झीलों के रूप में शहर के कई हिस्सों में फैला हुआ है। शहर बहुत सुन्दर लगा। वहां की इमारतें बहुत भव्य हैं। यहां सूर्य कब चढ़ता है और कब अस्त हो जाता है पता नहीं चलता। रातें यहां भी सफेद होती हैं। यहां चार–पांच महीने तो लगातार दिन बना रहता है।

मास्को से आते समय हवाई जहाज़ में एक स्टॉकहोम निवासी से भेंट हो गयी। वह हमें स्टॉकहोम के रेस्तरां में काफी पिलाने ले गया। उस रेस्तरां में उस समय फैशन परेड हो रही थी। कॉफी और कुछ खाने के लिए सेल्फ सर्विस भी थी पर उसने अलग मेज़ पर कॉफी और सैंडविच लाने का आर्डर दे दिया। मित्र के आग्रह से रेस्तरां में बैठना पड़ा। कॉफी और सैंडविच आने से पहले हमारा तिरंगा झंडा मेज़ पर आ गया। बिल भी काफी भारी आया। हम दोनों बहुत चौकन्ने हुए। अगर इसी प्रकार दो दिन और गुज़ारने पड़ते तो हमारी सारी पूंजी समाप्त हो जाती लेकिन स्टॉकहोम में हवाई जहाज़ टिकट के प्रबंधकों ने टिकट बनाने में विलम्ब होने के कारण हमें अपना मेहमान बना कर बहुत शानदार होटल में भेज दिया। हम दोनों टिकट का प्रबंध होने तक रुके रहे और शहर की सैर करते हुए कुछ खरीद–फरोख्त करने निकल गये। यशपाल जी बढ़िया पेन के शौकीन थे। उन्होंने एक मोटा माउंट ब्लांक पेन खरीदा। सोवेनियर के रूप में कुछ और भी छोटी–मोटी खरीद–फरोख्त की।

हमारे टिकट का प्रबंध लंदन के रास्ते भारत पहुंचने के लिए हो गया। लंदन देखने की बड़ी इच्छा थी। यशपाल जी भी लंदन में अपने पुराने मित्रों से भेंट के लिए उत्सुक हो उठे। हम दो दिन बाद स्टॉकहोम से लंदन पहुंच गये।

लंदन

लंदन में पहुंचकर हम एक होटल में ठहर गये। उस समय आले हसन लंदन बी.बी.सी. में काम कर रहे थे। यशपाल जी अपनी पहली लंदन यात्रा में उनसे भेंट कर चुके थे। आले हसन लखनऊ रेडियो स्टेशन पर जब विद्यार्थी थे, मेरे साथ काम कर चुके थे। हमारे आने की सूचना मिलते ही उनकी हिंदू बीवी कृष्णा हमें होटल से अपने घर पर ले गयीं।

हम दोनों कुछ दिन लंदन ठहरे। घूम-फिर कर लंदन देखा। पिकाडिली चौराहे के पास फव्वारे के चारों ओर कबूतरों की भीड़ देख उन्हें दाना खिलाया। कबूतर मेरे सिर पर, कंधों पर और हाथों पर आ बैठे। एक बड़े स्टोर 'सेल्फरिज' से मैंने बहुत सुंदर और महंगा ओवरकोट खरीदा और यशपाल जी ने सूट। यह बात १९५५ की है। यह कोट मैंने, मेरी बेटी किरण ने और मेरी बहन सरला ने भी पहना। बढ़िया कपड़ों पर सबकी नज़र रहती है। भारत में वर्ष में दो-ढाई मास सर्दी के होते हैं। यहां तक कि यह कोट मेरी बहू मीना ने भी पहना। ३५ वर्ष बाद भी यह कोट मेरे पास है हालांकि घिस ज़रूर गया है। एक बार स्टोर में चले जाओ तो मन में आता है कि यहां की हर चीज़ हमारी ज़रूरत की है। इस्तेमाल का सामान बड़ी सूझ-बूझ से तैयार किया जाता है। लंदन बी.बी.सी. से हम दोनों को कुछ प्रोग्राम मिल गये। प्रोग्राम मिलने से कुछ खर्च की सहूलियत हो गयी।

लंदन से बम्बई होते हुए हम लखनऊ पहुंचे। बच्चों ने प्रेस के एक मैनेजर से मिलकर काम सम्भाल रखा था पर वे बहुत बेचैन हो गये थे। ढेरों काम इकट्ठा हो गया था। पत्रों के उत्तर, प्रेस की देखभाल, पुस्तकों की सप्लाई-बंधाई। बस जितना आराम और ऐश करके लौटे थे, लखनऊ पहुंच कर कसर पूरी हो गयी, पर इस मेहनत का मूल्य बहुत महंगा पड़ा। कस कर मेहनत करने के कारण मैं सख्त बीमार पड़ गयी।

सोची में गंधक के पानी से इलाज कराते समय डॉक्टरों ने बताया था कि इस इलाज का असर शरीर पर तीन माह बाद होगा। यह बात सही निकली। तीन मास बाद मैं खूब तेज़ चलने और दौड़ने लगी, मेरे जोड़ों में दर्द बहुत कम हो गया। हिदायत थी कि ठंड लगने से बचाव करना होगा। इस बचाव में मैंने लापरवाही की। लगातार मेहनत और ठंड से मुझे बुखार आ गया। यह बुखार उतर ही न रहा था। हमारे मित्र डॉक्टर साधन बोस देखने आये तो उन्हें कुछ शक हो गया। तुरन्त एक्सरे हुआ। पता चला कि पीठ की ओर के जो ग्लैंड्स फेफड़ों को खून पहुंचाते हैं, उसमें सूजन आ गयी है। फेफड़ों का आधा भाग बेकार हो गया। मेरा वज़न एकदम कम हो गया। यशपाल जी की परेशानी की तो कोई सीमा ही न थी। मेरे बिस्तर-बर्तन अलग कर दिये गये। मैं लेटे-लेटे ही प्रेस प्रकाशन की सहायता करती रही। कारण था, पुस्तकों की बिक्री और हिसाब-किताब के बारे में केवल मुझे ही मालूम था। हमारे दफ्तरी वाहिद ने बहुत मदद की।

इस बीमारी के दिनों में राहुल जी घर पर पधारे। मेरी बीमारी की बात जान कर वे रात-दिन मेरे बिस्तर के पास ही बैठे रहते। वे उन दिनों शायद 'मध्य एशिया का इतिहास' लिख रहे थे। वे इस पुस्तक के पन्ने पढ़ कर मुझे सुनाते, कई और अन्य कथाएं सुनाकर मेरा दिल बहलाते रहते।

मैं डाक्टर बोस के इलाज से दो महीनों में बिल्कुल स्वस्थ हो गयी। १९५६ और

१९५७ में मैं फिर मास्को होते हुए सोची काले समुद्र के किनारे इलाज के लिए गयी। वहां के डॉक्टरों ने जांच करके मुझे चिंतामुक्त कर दिया और कहा कि आप अस्सी वर्ष तक जिएंगी, मैं अब अस्सी की हो गयी हूं। इलाज से मेरे घुटनों का दर्द ठीक हो गया। मैं फिर चलने-फिरने लगी और बीस-बाइस वर्ष तक ठीक रही। इस सहायता और इलाज के लिए मैं लेखक संघ, मास्को की बहुत आभारी हूं। सन् पचपन-छप्पन के गंधक स्नान ने मुझे बिल्कुल स्वस्थ कर दिया था लेकिन २२ वर्ष बाद मैं इस रोग से फिर जकड़ गयी। इस बार कनाडा के मॉन्ट्रियल शहर के एक हस्पताल में मेरी दाहिनी टांग में नया घुटना ही डाल दिया गया। अब मैं बिना सहारे के काफी कुछ चल-फिर लेती हूं।

इस प्रसंग में मुझे आदरणीय श्रीनारायण चतुर्वेदी की याद आती है। एक कारणवश मैं चतुर्वेदी जी के यहां गयी थी। चतुर्वेदी जी पुराने कागज़-पत्र सम्भाल रहे थे। बताने लगे कि मेरे पिता की बनवायी मेरी जन्मपत्री मिली है। यह जन्मपत्री १९३४ की बनी है और बहुत बड़े विद्वान के हाथों बनायी गयी है। इसके अनुसार मैं ९४ वर्ष तक जिऊंगा। चतुर्वेदी जी जिन नियमों का पालन कर अपनी दिनचर्या व्यतीत करते थे, जिस प्रकार संयत भोजन की उनकी व्यवस्था थी, मुझे विश्वास था वह ९४ वर्ष क्या सौ वर्ष लांघ जाएं तो कोई आश्चर्य नहीं। एक शुभचिंतक के नाते उनके दीर्घायु होने की कामना की और यह बात सही भी हुयी।

पेप्सू सरकार द्वारा अभिनन्दन

सन् १९५६ में ही पेप्सू सरकार ने यशपाल जी का अभिनन्दन करने के लिए हम दोनों को पटियाला आमंत्रित किया। दरअसल जब पटियाला रियासत थी तब से प्रतिवर्ष लेखकों, कलाकारों, विद्वानों का सम्मान करने की परम्परा चली आ रही थी। राज दरबार की ओर से यह समारोह बड़ी धूमधाम से मनाया जाता था। पटियाला विश्वविद्यालय के कुछ उत्साही अध्यापकों, विद्यार्थियों, लेखकों और सम्मानित व्यक्तियों ने इस बार सम्मानित करने के लिए यशपाल जी को चुना। कुछ विद्यार्थी अभिनंदन ग्रंथ तैयार करने में रात-दिन जुट गये। कुल चालीस दिन में यह सब काम सम्पन्न हुआ। जब मैं पटियाला में इन विद्यार्थियों और अध्यापकों से मिली तो देखा उनके उत्साह का कोई ठिकाना ही न था। भारत भर के विशिष्ट व्यक्तियों के संदेश, विशिष्ट लेखकों द्वारा लेख इकट्ठे कर काफी मोटा अभिनंदन ग्रंथ तैयार हुआ था। कार्यकर्ता बताते थे कि वे लोग इस काम को सम्पन्न करने के लिए कई रातें सोये ही नहीं। कुछ व्यक्ति प्रेस में जुटे रहते थे तो कुछ पत्र-व्यवहार करते रहते थे। सब काम तार भेज-भेज कर सम्पन्न हुआ। समय पर कुल पांच प्रतियां बंध कर तैयार हुईं। एक मास में पूरी सामग्री इकट्ठी कर छपवा लेना आश्चर्यजनक बात थी। उनका कहना था कि इस काम को पूरा करने के लिए किसी ने निराश नहीं किया।

लालबहादुर शास्त्री उस समय केंद्र में गृहमंत्री थे। इस समारोह को सम्पन्न करने में पटियाला आये। श्री शास्त्री जी से हमें सदा ही स्नेह मिला। इस समारोह में अपने भाषण में भी शास्त्री जी ने कहा, "यशपाल जी की पुस्तक 'गांधीवाद की शव परीक्षा' का उत्तर अवश्य दूंगा।" उन्होंने यशपाल जी को सरोपा और अभिनंदन ग्रंथ की प्रति भेंट की।

विश्वविद्यालय के जिन उत्साही युवकों ने रातों-रात जागकर इस काम को सम्पन्न किया, उनमें से एक श्री महेंद्र जम्ब भी हैं। अब वह केंद्र में प्लानिंग विभाग में अफसर हैं। कभी-कभी भेंट करने लखनऊ आ जाते हैं और दिल्ली पहुंचने पर मैं भी उनका कुशल पूछना नहीं भूलती। आज भी उनका स्नेह हमारे साथ है।

इसी वर्ष मुझे सोची-सेनेटोरियम में इलाज़ के लिए फिर जाना था। इंडियन एयर लाइन का छोटा जहाज़ काबुल तक जाता था। दिल्ली से चलकर अमृतसर में रुक गये क्योंकि जहाज़ घने बादलों के कारण ऊंचाई पर नहीं जा सकता था। दो दिन अमृतसर में रुकना पड़ा। मौसम साफ हुआ तो काबुल पहुंच कर मैं 'काबुल होटल' में ठहरी। अकेले ठहरने में बहुत घबराहट हुई। वहां पहुंच कर रूसी दूतावास को सूचना दी। उस समय ताशकंद जाने वाले जहाज़ भी छोटे थे। ऊंचाई पर उड़ने पर ऑक्सीजन सूंघनी पड़ती थी। ताशकंद से मास्को के लिए जहाज़ लेना होता था। ताशकंद में मुझे होटल में ठहरा दिया गया जो हवाई अड्डे के करीब था। दुभाषिये के साथ मैं ताशकंद शहर देखने और ताशकंद विश्वविद्यालय में गयी। विश्वविद्यालय बंद था लेकिन ढेरों छोटे-छोटे पार्सल विद्यार्थियों के माता-पिता अपने बच्चे का नाम लिखकर छोड़ रहे थे।

बातचीत करने पर पता चला कि अचानक मौसम खराब हो जाने से कपास के खेतों से कपास बीनना आवश्यक था अन्यथा पूरी फसल बरबाद हो जाती। विश्वविद्यालय के सभी विद्यार्थी इस काम को सम्पन्न करने के लिए खेतों में पहुंच चुके थे। माताएं विद्यार्थियों के खाने का मनपसंद सामान पैकेटों में बांधकर विश्वविद्यालय के कार्यालय में पहुंचा रही थीं। मेरे सामने तीन ट्रक भरकर सामान खेतों में पहुंचाया गया। शासन ने तो खान-पीने की व्यवस्था की ही होगी पर मां तो मां ही है। बच्चों के मनपसंद का सामान भेजने में वे बड़ी उत्साहित थीं।

ताशकंद वैसे तो सूखा शहर है पर ढेरों वृक्ष लगाकर, सड़कों पर छिड़काव कर देने से मौसम सुहावना था। स्थान-स्थान पर फव्वारे चल रहे थे। लोग चलते-फिरते आइसक्रीम का मज़ा ले रहे थे। मास्को पहुंचने पर मेरे शरीर की एक बार फिर जांच हुई क्योंकि मैं भारत में काफी बीमार पड़ चुकी थी। सोची पहुंच कर वहां स्वास्थ्य गृह में एक मास गंधक के पानी से मेरा इलाज हुआ और मैं मास्को वापस आ गयी। मास्को में उस समय काफी भारतीय अनुवाद का काम कर रहे थे। भीष्म साहनी भी सपरिवार थे। हमारे मित्र राधेश्याम दुबे भी थे। इस बार मैं भारत से और खास लखनऊ

से आये खन्ना परिवार के साथ रही।

रूस ने पहला स्पूतनिक इन्ही दिनों छोड़ा था। लोग स्पूतनिक की खबर से बड़े उत्साहित थे। सब लोग मास्को विश्वविद्यालय की ओर जा रहे थे। मैं श्रीमती खन्ना के साथ मेट्रो और बस द्वारा विश्वविद्यालय कैम्पस में पहुंच गयी, बहुत भीड़ जमा थी। यूनिवर्सिटी का भवन शहर से कुछ ऊंचा होने के कारण लोगों का ख्याल था कि संभवतः आकाश में उड़ता स्पुतनिक दिखायी दे जाये पर दिखा कुछ नहीं।

रोम में पड़ाव

मास्को से लौटने का प्रबंध यूरोप के रास्ते हुआ। मौसम खराब होने से दो दिन रोम में रुकना पड़ा। एयर इंडिया ने रोम के एक होटल में ठहराने का प्रबंध किया। रोम शहर मुझे बहुत पसंद आया। बड़े-बड़े स्मारक चौराहों पर थे। भारत की तरह लोग सड़कों पर घूम रहे थे। बीचों-बीच बाज़ार में ट्राम चल रही थी और सड़कों पर दोपहर बाद खूब पानी का छिड़काव किया गया था। होटल की खिड़कियों से मैंने शहर को चारों ओर से देखा। पुरानी इमारतें। साथ-साथ जुड़े मकान और लाहौर की तरह ऊपर खुले में बनी रौंसें (चबूतरे) देखकर लगा कि मैं रोम में नहीं लाहौर में हूं। तंग गलियां और कई स्थानों पर फुटपाथ थे ही नहीं। शाम को सड़कें पैदल चलने वालों की चहल-पहल से भरी रहती थीं।

होटल की तीसरी मंज़िल पर हरी बेलें चढ़ाकर लतामंडप-सा बना रखा था जहां लोग संध्या समय जमते थे। भोजन यहीं किया। अंगूर-आडू-नाशपाती खूब खाये। एक गिलास औरेंज जूस मांगा तो तीन पाव का बड़ा गिलास (जैसा लाहौर में लस्सी पीने को मिलता था) आ गया। गिलास का मतलब बड़ा लम्बा जगनुमा गिलास रस से भरा हुआ था। किसी तरह पूरा जूस पीना पड़ा।

सोचा, जब रोम रुकी हूं तो शहर को भी देखा जाय। रोम घुमाने वालों ने तीन हिस्सों में रोम को बांट दिया था। मैं वेटिकन सिटी देखने के लिए जाने वाले लोगों के साथ बस में बैठ गयी। वेटिकन सिटी के पास पहुंचते ही प्रबंधक ने कहा, "अपनी आस्तीन के बटन बंद कर लीजिए और सर को कपड़े से ढक लीजिये।" वह कुछ अधिक ही तमाशा कर रहा था। वेटिकन सिटी के अंदर जाकर कला के नमूने देखे। बड़ी सुंदर छतें और दीवारें थीं। तरह-तरह की चित्रकारी। एक म्यूज़ियम रोम की मूर्तियों को दर्शाने के लिए सुरक्षित था। अचानक एक मूर्ति को देखकर यशपाल जी द्वारा लिखे उपन्यास के एक प्रसंग की याद आ गयी। मूर्तिकार ने शिला पर स्त्री शरीर का आभास देकर किसी पूर्ण युवती नारी का केवल उन्नत स्तन दर्शाया था। 'दिव्या' उपन्यास में मूर्तिकार मारिश ने इसी भाव की व्याख्या की थी, इसी भाव को शिला पर दर्शाया था—"नारी का यही अंग

उसके नारीत्व की सार्थकता के लिए पुरुष का आह्वान करता है और फिर उस फलीभूत सार्थकता का पोषण करता है। यही नारी है। यही पाषाण के चिरस्थायी स्वर में नारी के जीवन की व्याख्या है।"

भारत लौट कर म्यूज़ियम में शिला पर देखे रोम के मूर्तिकार द्वारा इस भाव की व्याख्या के सम्बंध में यशपाल जी से चर्चा की और सोचा, विश्व के कलाकार या मूर्तिकार मानव भावनाओं को भिन्न–भिन्न परिस्थितियों में रहते हुए भी किस प्रकार एकमत होकर दर्शाते हैं या दर्शाने की प्रेरणा पाते हुए अपनी अनुभूति का प्रदर्शन करते हैं। रोम के म्यूज़ियम की यह कलाकृति उदाहरण स्वरूप समक्ष थी।

रोम से बम्बई होते हुए मैं लखनऊ पहुंची। लखनऊ पहुंचते ही फिर व्यस्तता। पिछड़े हुए काम को देखना। बच्चों की, परिवार की समस्याओं को सुलझाना।

प्रेस में यशपाल जी की नयी पुस्तकों के नये संस्करणों का काम लगा ही रहता था। अपने काम के अलावा मैं बाहर की छपाई का भी काम करती थी। मशीनों ने बड़ा तंग कर रखा था। पूंजी के बिना कोई भी व्यापार नहीं चल सकता। जो कुछ आय होती थी नयी पुस्तकों का कागज़ खरीदनें में खप जाती थी। पुरानी मशीनें खरीदने के कुछ कड़वे अनुभव भी हुए। एक सिलेंडर मशीन कानपुर से खरीदी वह कभी ठीक से चली ही नहीं। एक ऑटोमैटिक मशीन का मैंने सौदा किया। मशीन चला कर देखने पर पेमेण्ट किया होता तो ठीक रहता। बैंक में पेमेण्ट कर मशीन ले ली। उस आटोमैटिक मशीन ने कभी सही काम न किया। इस तरह से काफी पूंजी बरबाद हुई। खोने को कुछ न होने पर भी अगर कुछ खो जाय तो कष्ट उठाना ही पड़ता है। डूबते--उतराते गाड़ी खिंच रही थी।

एशियाई लेखक सम्मेलन

इसी वर्ष दिल्ली में एशियाई सम्मेलन हुआ। इस सम्मेलन में हिंदी--उर्दू तथा अन्य भारतीय भाषाओं के लेखकों के अतिरिक्त विदेशों से आये कुछ लेखकों ने भी भाग लिया। यशपाल जी की मित्र नाटककार फिलिप्पा बर्ल भी लंदन से आयी थीं। इस सम्मेलन में— 'लेखक की व्यक्तिगत स्वतंत्रता' बहस का मुख्य विषय था। यशपाल जी के भाषण का कुछ अंश इस प्रकार था:—

'साहित्य और कला पर निर्देशन के बंधन लगाना, उन्हें 'कला के लिये कला के' मार्ग पर न चलने देना 'जीविका के लिए कला' के मार्ग पर लेखकों की व्यावसायिक स्वतंत्रता और क्षमता पर बंधन है।... यदि लेखक स्वयं यह बंधन तोड़ने का यत्न नहीं करते तो फिर कोई भी यह काम

नहीं कर सकता।... यह लेखक समुदाय की, अपने धर्म की, व्यवसाय और अधिकार की चेतना है...।'

इस सम्मेलन में वर्षों बाद मेरी भेंट मेरे पड़ोस के भाई प्रीतमसिंह और अमृता से हुई। अमृता को मैंने पहली बार देखा था। दोनों ने हमें घर पर आने के लिए बहुत प्यार से आमंत्रित किया। प्रीतमसिंह परिवार और मेरी मां के परिवार में गहरी मित्रता थी। हमारा मकान गुमटी बाज़ार, लाहौर के पास की एक गली में था। भाई प्रीतमसिंह के मकान के सामने नहीं दो मकान हटकर था। कभी–कभी छत पर पतंग उड़ाते प्रीतमसिंह को देख कर मैं उसे आवाज़ देकर बुलाती और बातचीत होती। इस परिवार में हमारा बहुत आना–जाना, मेल–मिलाप था। हम दुख–सुख के साथी थे। आपस में एक–दूसरे का बहुत आदर–मान करते थे।

प्रीतमसिंह के पिता की दुकान लाहौर के डब्बी बाजार में थी। यह थोक खरीदारी का बाज़ार था। दुकान में होज़री और जनरल मर्चेण्टी का सामान था। प्रीतमसिंह के पिता को देखते ही लगता था जैसे किसी संत के दर्शन हो गये। प्रीतमसिंह की दादी मुझे बहुत प्यार करती थी।

घर छोड़ने के बाद इस लेखक सम्मेलन में मैंने प्रीतमसिंह को वर्षों बाद और अमृता को दिल्ली में पहली बार देखा था। डियर और डार्लिंग का रिश्ता। जहां तक याद है—एक छोटी बच्ची साथ थी। अमृता के लेखन के बारे में तब तक मुझे कुछ भी पता न था। उस समय हम घर आने का निमंत्रण स्वीकार नहीं कर सके। आश्वासन दिया, फिर कभी अवश्य घर चलेंगे।

दरअसल ज़िंदगी में कभी--कभी ऐसी घटनाएं घट जाती हैं कि हम आपस में इन हादसों के कारण किसी को भी दोष नहीं दे सकते या जिम्मेवार नहीं ठहरा सकते। कुछ ऐसे सम्बंध भी होते हैं जिनसे मुनष्य अलग होकर भी जुड़ा रहता है। अमृता ने नये जीवन में पांव रखते ही अपनी पहचान प्रीतम से रिश्ता जोड़कर बनायी थी। यह सम्बंध नाता तोड़ने पर भी अपनी पहचान बनाये है। आज भी अमृता प्रीतम के साथ तन–मन से नहीं भावना से जुड़ी है जिसे एक दिन जीवन–साथी के रूप में अपनाया था। आज भी प्रीतम के बिना अमृता की पहचान अधूरी रहेगी।

कई वर्ष बाद मैं यशपाल जी के साथ अमृता के निवास हौज़खास में दो–तीन बार अवश्य गयी थी। अमृता को मैं देखती रही और अमृता मुझे। मेरी ज़बान सांझी नहीं हुई।

एक बार मैं भाई प्रीतमसिंह से मिलने दिल्ली के सदर बाज़ार में उसकी दुकान पर गयी थी। वह मुझसे बड़े आदर प्यार से मिला। दो–तीन घंटे सुख–दुख की और

पुरानी बातें होती रहीं। अमृता के बारे में यही कहा, जो होना था हो गया। यह भी बताया कि अमृता से मेरी फोन पर बातचीत होती रहती है।

मुझे सदर से कुछ खरीदना था। प्रीतमसिंह ने सब कुछ खरीदवा दिया। कुछ खिलाया-पिलाया भी। प्रीतमसिंह मेरे छोटे भाई का हमदम मित्र। पंजाबी में कहूंगी— बहुत बीबा इंसान। १९७७ में जब मेरे छोटे भाई का निधन हुआ वह अफसोस करने आया था। उस समय हम दोनों चुप थे। आज भी जब दिल्ली जाती हूं, सोचकर जाती हूं, भाई प्रीतमसिंह से ज़रूर मिलूंगी। बचपन की यादें। आंखें बंद करते ही उसके पूरे परिवार की शक्लें मेरी आंखों के सामने घूम जाती हैं।

मैं कुछ वर्ष पहले अमृता से फिर मिली थी। पहली बार जब अमृता के पास अकेली बैठी तो काफी देर बातचीत हुई। अब मैं दूर से ही उसे दुआएं देती रहती हूं, अब वह बहुत व्यस्त है। मैने उसका पूरा साहित्य पढ़ डाला है। वह बहुत अच्छा लिखती है।

१९५७ मई मास में मुझे फिर गंधक स्नान के लिये रूस जाना था। गंधक स्नान लगातार तीन वर्ष लेना होता है। इस इलाज से मैं बहुत अच्छी तरह चलने लगी थी। मास्को में फिर पुराने भारतीय रूसी मित्रों से भेंट हुई। इस बार हिन्दी के गांधीवादी लेखक यशपाल जैन मिल गये। हम दोनों एक संग काबुल के रास्ते भारत लौटे।

हैदराबाद में तुलसी जयन्ती

तुलसी जयंती के अवसर पर हम दोनों हैदराबाद गये। इस सम्मेलन में यशपाल मुख्य अतिथि थे। यह समारोह हिन्दी प्रचार सभा, हैदराबाद के तत्वधान में हुआ था। हम दोनों को उस समय शासन के वित्त सेक्रेटरी श्री गुप्ता के निवास पर ठहराया गया था। जहां तक याद है, उनका यह मकान बंजारा हिल पर था और यह स्थान शहर से कुछ ऊंचाई पर है। श्री गोपाल रेड्डी उत्तर प्रदेश के राज्यपाल रह चुके थे। इस समारोह में वह विशेष रूप से सक्रिय दिखाई दे रहे थे। इस अवसर पर मुख्य अतिथि के रूप में यशपाल के भाषण 'तुलसी की देन' के मूल्यांकन का विचार अंश इस प्रकार थाः

> *"तुलसी की कलात्मक सामर्थ्य प्रभाव की तुलना में दूसरा उदाहरण विश्व साहित्य में मिलना दुर्लभ होगा। तुलसी रामचरित मानस के माध्यम से जन समुदाय को कलात्मक रस की तृप्ति देते हुए उन के विश्वासों और दृष्टि की सीमाओं तक को भी निर्देशित करने में समर्थ हुए हैं। यह निःसंकोच कहा जा सकता है कि रामचरित मानस में शक्ति है। जहां वह साहित्य के नव रसों को पूर्णतः चरितार्थ करता है वहां*

अध्यात्म, धर्म विश्वास, दर्शन, नीति और सामाजिक व्यवहार के किसी भी प्रश्न पर एक निर्धारित मान्यता दिये बिना नहीं रहता है। कला और शास्त्र का ऐसा समन्वय मिलना दुर्लभ है। तुलसी ने हमारी कला के लिए कला का आदर्श रखा है यानी सोद्देश्य कला का।"

समारोह समाप्त होने के दूसरे दिन ही उर्दू अदीबों और प्रेमियों ने यशपाल से मिलने की इच्छा प्रकट कर समय मांगा। दो राज भाषाओं के सम्बंध में चर्चा लखनऊ में होती रहती थी। हैदराबाद के उर्दू प्रेमी इस चर्चा से अच्छी तरह वाकिफ थे। लखनऊ में यशपाल तथा अन्य लेखक साथी, नागरिक और विचारक इस चर्चा में भाग लेते रहते थे। हैदराबाद के उर्दू अदीब और प्रेमी इस चर्चा पर खुल कर बात करना चाहते थे। यशपाल जी ने समझाया कि उर्दू पढ़ने-पढ़ाने और उर्दू भाषा की उन्नति के प्रश्न पर कोई मतभेद नहीं है। प्रश्न जनता पर दो ज़बानें लादने का है। यशपाल से विचारों के आदान-प्रदान से उर्दू प्रेमियों का काफी समाधान हुआ और वे सब बड़े संतुष्ट होकर विदा हुए।

हम दोनों हैदराबाद के आस-पास के ऐतिहासिक स्थानों को देखने गये। सिकन्दराबाद, अजंता-एलोरा तथा कई ऐतिहासिक दुर्ग और सालारजंग म्यूज़ियम देखा। निज़ाम के समय रज़ाकारों के अत्याचार की कहानियां भी सुनीं। जेल में उस समय बंद होने वाले तथा राजनैतिक समझ रखने वालों की यह दर्द भरी कहानियां थीं। ऐसे साथियों से भेंट भी हुई। हैदराबाद शहर को घूम-फिर कर देखा और बच्चों के लिये कुछ खरीददारी भी की। प्यार और सद्भावना से मिले कई और निमंत्रणों को स्वीकार कर लखनऊ लौटे।

ताशकन्द लेखक सम्मेलन

एशिया के लेखकों का एक बड़ा सम्मेलन १९५६ में दिल्ली में हुआ था जिसमें 'लेखक की व्यक्तिगत स्वतंत्रता' बहस का मुख्य विषय था। १९५८ में एशिया-अफ्रीकी लेखक सम्मेलन ताशकन्द में था। भारत से काफी बड़ा प्रतिनिधि मंडल ताशकन्द गया था।

ताशकन्द लेखक सम्मेलन में यशपाल जी भी भाग लेने गये थे। उनके लौटने पर जो गोष्ठियां विप्लव कार्यालय में हुयी थीं वे बहुत महत्वपूर्ण थीं। ताशकन्द कांग्रेस में एशिया से आये लेखकों के अलावा अफ्रीका से भी लेखकों का प्रतिनिधि मंडल आया था। ताशकन्द कांग्रेस के संयुक्त मन्तव्यों से प्रस्ताव का अंश था :

"साहित्य और कला द्वारा मानव के विकास, राष्ट्रों की पूर्ण

स्वतंत्रता और औपनिवेशिक दमन से मुक्ति की भावना को प्रश्रय देना।"

इस लेखक सम्मेलन में भारतीय प्रतिनिधि मंडल के नेता बंगला लेखक स्वर्गीय ताराशंकर बनर्जी थे। उन्होंने 'औपनिवेशिक दमन से मुक्ति' शब्दों पर आपत्ति की। वे नहीं चाहते थे कि किसी प्रकार की राजनीति में फंसें। इस सुझाव पर एशिया के अन्य और अफ्रीकी देशों के प्रतिनिधियों को बहुत विस्मय हुआ और वे इस संशोधन पर सहमत नहीं थे। स्वर्गीय ताराशंकर बाबू का ख्याल था कि औपनिवेशिक दमन से मुक्ति की बात करने--कहने से संसार की बड़ी शक्तियों पर आक्षेप होगा। उनका कहना था कि लौट कर वे उस समय के प्रधान मंत्री पंडित जवाहरलाल नेहरू को क्या मुंह दिखायेंगे ? भारतीय प्रतिनिधि मंडल के अधिकतर प्रतिनिधि ताराशंकर बाबू से सहमत नहीं थे। सम्मेलन में औपनिवेशिक दमन से मुक्ति का प्रस्ताव बहुमत से पास हो गया। भारत का विरोध सुनकर अफ्रीका के प्रतिनिधियों की प्रतिक्रियाएं इस प्रकार थीं :

"भारत जब स्वयं औपनिवेशिक दमन का शिकार था तब भारत के विचार और व्यवहार दूसरे थे। विदेशी शासन से मुक्ति मिल जाने के बाद भारत के विचार और भाषा में परिवर्तन हो गया है।" एक दूसरे नौजवान अफ्रीकी लेखक ने भारतीय लेखकों से प्रश्न किया "लेखक के नाते हम साहित्य और कला से क्या आशा करें ? साहित्य और कला भाव-शून्य नहीं रह सकते। वे मानवता और राष्ट्र की सबसे बड़ी समस्याओं पर मौन नहीं रह सकते। यदि साहित्य और कला मानव और उसके समाज को जीवन का अवसर पाने में सहायता नहीं दे सकते तो वे निश्चय ही उसके विपरीत दिशा में जायेंगे।हमारे सामने सर्वप्रथम मानवीय अधिकार पाने का और विदेशी राष्ट्रों और साम्राज्यवाद के दमन के पंजे से अपना गला छुड़ाने का है। हम लोग साहित्य और कला का प्रयोग इस प्रयोजन से नहीं करेंगे तो किस प्रयोजन से करेंगे? जो साहित्यिक और कलाकार इन प्रश्नों को महत्वहीन समझते हैं उनकी दृष्टि में हमारे राष्ट्र के जीवन का क्या महत्व हो सकता है?"

अफ्रीका की एक नवयुवती लेखिका ने भारतीय प्रतिनिधि मंडल के सामने ये उद्‌गार प्रकट किये, "हम साहित्य को केवल दया, करुणा, दैन्य, विलाप का माध्यम नहीं मानना चाहते। न हम अपनी अवस्था के प्रति किसी से करुणा और दया की याचना चाहते हैं। अयाचित दया को हम ठुकरा देते हैं। हमारी अवस्था के प्रति किसी को दुख प्रकट करने की आवश्यकता नहीं। न किसी को आवश्यकता है कि हम पर किये गये अत्याचारों के लिये अत्याचारियों की ओर से क्षमा मांगें। हम स्वयं मनुष्य हैं, हम स्वयं अपनी अवस्था पहचानते हैं। यह भी जानते हैं कि हमें क्या करना है। अपने प्रति अत्याचारों का प्रतिशोध हम स्वयं कर सकते हैं। हमारे प्राणों के साथ हमारा साहित्य और कला सब कुछ उसके लिये समर्पित है।"

प्रस्ताव बहुमत से पास हुआ। भारतीय प्रतिनिधि मंडल पर यह काफी चोट थी। यह सही है कि लेखक का व्यक्तित्व समाज, शासन और व्यवस्था के प्रभाव से मुक्त नहीं रह सकता।

आज भी दक्षिण अफ्रीका के निवासी नस्ली भेदभाव और औपनिवेशिक दमन के विरूद्ध वहां के शासन से लोहा ले रहे हैं। संसार के अन्य कई राष्ट्र भी इस दमन से मुक्ति के लिये अफ्रीका निवासियों का साथ दे रहे हैं। भारत भी इस प्रयत्न में पीछे नहीं है। अफ्रीकी कांग्रेस के नेता नेलसन मंडेला की जेल से मुक्ति के प्रयत्न सफल हुए हैं और वे अपने प्रयास में प्रयत्नशील है। अमरीका के महात्मा मार्टिन लूथर किंग इस उत्पीड़न के विरूद्ध आवाज़ उठाने के प्रयत्न में अपनी जान सन् १९६८ में गंवा चुके हैं।

पुस्तक प्रकाशन के समय ही समाचार मिला है कि अश्वेतों के दमन के विरूद्ध दक्षिण अफ्रीकी काँग्रेस के नेता नेल्सन मंडेला के प्रयास सफल हो गये हैं और अश्वेतों की सरकार की स्थापना हो गई है। पीड़न के विरूद्ध उठी आवाज ने अश्वेतों को गुलामी से मुक्त कर दिया।

हरदत्त से भेंट

ताशकन्द कांग्रेस समाप्त होते ही यशपाल जी कई उज़बेक लेखकों से मिले। निमंत्रण पर उनके घर भी गये। इस लेखक कांग्रेस के समय यशपाल जी की भेंट ताशकन्द निवासी मदन हरदत्त से हुयी। हरदत्त ने जो अपनी आपबीती सुनाई उसकी चर्चा से पहले कुछ उल्लेख आवश्यक हैं।

सन् १९३१ फरवरी में हमारे क्रांतिकारी नेता चन्द्रशेखर आज़ाद पुलिस मुठभेड़ में इलाहाबाद में शहीद हो गये थे। उन के शहीद होने से पहले यशपाल जी और साथी सुरेन्द्र पांडे को सशस्त्र क्रांति के प्रयत्नों में सहायता के लिये रूस भेजने की योजना थी। चौधरी रामधनसिंह पेशावर जाकर आश्वासन ले आये थे। आज़ाद की शहादत के कारण रूस जाना टल गया।

सन् १९४२ में यशपाल जी ने 'देशद्रोही' उपन्यास लिख डाला, जिस का नायक भारत में सशस्त्र क्रांति करने और अंग्रेज़ों से लोहा लेने के लिये अफगानिस्तान के रास्ते रूस जाता है। रूसी पुलिस उन्हें जासूस होने के संदेह में गिरफ्तार कर जेल में डाल देती है। १९५८ में ताशकन्द में मदन हरदत्त ने बताया—वे 'देशद्रोही' के नायक की भांति सन् ४२ में अफगानिस्तान के रास्ते रूस पहुंचे थे और संदेह में गिरफ्तार होकर कई वर्ष रूसी जेलों में रहे थे। 'देशद्रोही' का काल्पनिक नायक साक्षात् 'देशद्रोही' के लेखक के सामने खड़ा था। संयोग से 'देशद्रोही' के नायक ने भारत लौटकर जैसा जीवन जिया और यातनाएं सहीं, हरदत्त ने भी भारत लौट कर वही सब कुछ सहा।

रूस के प्रधान मंत्री ख़ुश्चेव के समय जेल से छूटने के बाद हरदत्त ताशकन्द में उर्दू पढ़ाने लगे और रेडियो में नौकरी मिल गयी। कुछ वर्षों बाद वे रूस छोड़ अपनी रूसी पत्नी अवगेनिया और बेटी शान्ति के साथ सदा के लिये भारत आ गये। भारत लौटने के सम्बंध में स्वर्गीय गोविंदवल्लभ पंत से मिल कर यशपाल जी ने हरदत्त की सहायता की थी। इसी बीच विभाजन के समय खोये उन के माता–पिता का भी पता चल गया। अपने पूरे परिवार से भी वे दिल्ली में मिले। भारत लौट कर भी जो उन्होंने कष्ट सहे उसकी एक लम्बी दास्तान है। अमृता प्रीतम ने 'हरदत्त का ज़िंदगीनामा' छपवाया है। हरदत्त की पत्नी अवगेनिया बहुत सहनशील स्त्री है। महानगर के मकान में वे दोनों हमारे साथ दो वर्ष रहे। आवश्यकता पड़ने पर जो हमसे बन पड़ा किया। हरदत्त हमारे बहुत प्यारे मित्र हैं। हम सदा उनके स्वास्थ्य की शुभ कामना करते हैं।

ताशकन्द सम्मेलन समाप्त होते ही मास्को लेखक संघ के निमंत्रण पर भारतीय प्रतिनिधि मंडल मास्को पहुंचा। लेखक संघ ने बताया—यशपाल जी की कुछ पुस्तकों के अनुवाद रूसी भाषा में हुए हैं। अपनी रायल्टी लेकर खर्च कर सकते हैं। पुस्तकें लाखों की तादाद में छपती हैं। पता चला काफी रूबल रायल्टी के रूप में जमा हैं। यह सूचना प्रकाशन गृह ने दी थी। सवाल था कि इनका इस्तेमाल कैसे हो ? इस समय तक रूसी लेखक संघ 'वर्ल्ड कापी राइट एक्ट' के बन्धन में नहीं था। उनका कहना था कि हम आपका साहित्य छापते हैं आप हमारा छापें। इस पर भी वह भारतीय लेखकों को रायल्टी रूबल में देने को तैयार थे। भारतीय मुद्रा में रूबल परिवर्तित नहीं हो सकता था। लेखक संघ की उदारता थी कि वे रूबल में रायल्टी दिलाने को तैयार थे।

लखनऊ में हमारा प्रेस चल रहा था पर मशीनों के सौदों में हमने बुरी तरह धोखा खाया और आर्थिक नुकसान उठाया। नयी मशीनों के लिये पूंजी की आवश्यकता थी और पूंजी हमारे पास नहीं थी। बहरहाल भली सूझ ने काम किया। मास्को लेखक संघ के सैक्रेटरी से बात की कि हम अपनी पुस्तकों के स्वयं प्रकाशक हैं हमें रायल्टी के बदले छपाई की मशीनें दे दी जायं। उस समय रूस भारत को छपाई की मशीनें बेच रहा था। भारत और रूस के सम्बन्ध दिनोंदिन अच्छे हो रहे थे। सवाल था, यह मशीनें ड्यूटी से मुक्त हों।

रायल्टी की राशि को ट्रेडल मशीन के दामों से मिलाया तो दो छोटी मशीनों के लिये कुछ रूबल कम पड़ते थे। यशपाल जी ने मदन हरदत्त से तथा अपने मित्र राधेश्याम दुबे से बात की। दुबे कुछ वर्ष पहले से मास्को प्रकाशन गृह में काम कर रहे थे। मदन हरदत्त और दुबे तुरन्त सहायता के लिये तैयार हो गये। लेखक संघ के प्रधान तिखोनोव भी इस प्रस्ताव पर सहमत हो गये। अब सवाल इम्पोर्ट लाइसेंस का था।

छपाई की मशीनें और इम्पोर्ट लाइसेंस

यशपाल जी के रूस से लौटते ही मैंने इम्पोर्ट लाइसेंस के लिये प्रयत्न आरम्भ कर दिये। मशीनें मंगाने के लिये बिना ड्यूटी के लाइसेंस की ज़रूरत थी। स्वर्गीय त्रिभुवन नारायण सिंह केन्द्र के शासन में मंत्री थे। लखनऊ से ही हमारे उनके सम्बंध बहुत अच्छे थे। समस्या उनके सामने रखी। उस समय लाइसेंस देना केन्द्र शासन के मंत्री मनु भाई शाह के हाथ में था। श्री त्रिभुवन नारायणसिंह ने मनु भाई को फोन किया और मुझे उनके नाम पत्र भी दिया। मनु भाई शाह ने यह लाइसेंस मुझे अपने पास बैठाकर एक ही दिन में दे दिया। हमारी एक छोटी मशीन १९५९ में ही कलकत्ता स्थित चाइना बैंक की मार्फत आ गयी। कलकत्ता जाकर मशीन लखनऊ के लिये बुक करा दी गयी। प्रेस के काम में सहूलियत हो गयी।

कलकत्ते में यशपाल जी के मित्र दीनानाथ वर्मा 'ट्रिब्यून' समाचार पत्र, कलकत्ता के इंचार्ज थे। 'रानी' नाम की मासिक पत्रिका का भी सम्पादन कर रहे थे। भवानीपुर में मैं उन्हीं के पास ठहरी थी। उस समय कलकत्ते का माहौल बड़ा ही तनावपूर्ण था। नये बसे पंजाबी शरणार्थियों द्वारा व्यापार में सफलता तथा व्यापारी मारवाड़ियों की प्रधानता—जिनका बड़े व्यापार पर पूरा कन्ट्रोल था—कलकत्ता के बंगाली निवासी बड़े नाराज़ थे।

इन कार्यालयों में बंगाली क्लर्कों की भरमार थी। कलकत्ते के बंगाली भद्र समाज में रोष था कि बंगाल में अन्य बसे लोग उनको चूस रहे हैं और कमायी का बड़ा भाग बाहर से आकर बसे लोगों की जेबों में जा रहा है। यह रोष कुछ एक्सट्रीमिस्ट असंतुष्ट बंगाली नवयुवक अन्य प्रान्त से आये निवासियों को धमका कर या लूट-पाट कर निकाल रहे थे। ऐसी कई घटनाएं घटीं जिन के कारण लोगों को मकान छोड़ने पड़े। बड़े-बड़े व्यापारिक संस्थान, कारखाने, कई प्रतिष्ठान देश के अन्य भागों में ले जाये गये क्योंकि उनके कर्मचारियों ने काम करना ही बन्द कर दिया था लेकिन पगार के लिये धमकाते थे।

कलकत्ता में उस दिन पता चला कि बैंक तथा अन्य प्रतिष्ठान जल्दी बन्द हो रहे हैं। लोग अपने-अपने घरों को जल्दी वापस लौट रहे हैं। उस रात कलकत्ते में भारी दंगे की आशंका थी। यह दंगा बंगाली और अबंगालियों में रोष के कारण होने वाला था। जो बंगाली परिवार अबंगाली मुहल्लों में थे वे मकानों को ताला लगाकर बंगाली मुहल्लों में आ गये। इसी प्रकार दूसरे प्रान्तवासियों के परिवार बंगाली बस्ती छोड़ कर दूसरे मुहल्लों में चले गये थे।

मैं चाइना बैंक में काम निपटा कर इंडिया एक्सचेंज के पास टैक्सी की प्रतीक्षा

में थी। मुझे एक भी टैक्सी न मिली। हर व्यक्ति घर लौटने की जल्दी में था। हमारे एक सम्बन्धी सेन्ट्रल बैंक में अफसर थे। मैंने उन्हें फोन कर स्थिति से अवगत कराया। वह अपनी गाड़ी लेकर आये और मुझे भवानीपुर छोड़ गये।

भवानीपुर में दीनानाथ जी ने हालात की गम्भीरता को भांप संध्या होते ही मुहल्ले के टैक्सी ड्राइवरों को बुलाकर स्थिति समझायी और कहा कि आज रात कोई शराब नहीं पियेगा और न सोयेगा। हम सब को मिलकर मुहल्ले की रक्षा करनी है। इन दिनों कलकत्ते में कम्युनिस्ट पार्टी का बहुत ज़ोर था। अब कई वर्षों से कम्युनिस्टों का शासन है। दूसरे दिन पता चला कि कम्युनिस्ट पार्टी और सहानुभूति रखने वाले लोगों के जत्थे उन मुहल्लों में भेजे गये जहां लूट–पाट या अशांति का अन्देशा था। यह रात किसी प्रकार कटी।

कलकत्ता पहुंचते ही कुछ मित्रों ने आगाह कर दिया था कि अपने बटुए का ध्यान रखना। बाद में सही बात पता चली कि कुछ असन्तुष्ट मनचले नौजवान बटुए को अपना ही समझ झपट लेना न चूकते थे। यह सब जल्दी ही शांत हो गया और उनकी समझ में आ गया कि इन सब कामों से पेट नहीं भरेगा, न समस्या हल होगी।

'झूठा सच' की योजना

भारत के विभाजन की पृष्ठभूमि पर उपन्यास लिखने की योजना काफी पहले से थी पर वास्तव में लेखन आरम्भ हुआ सन् १९५६ के आस पास। यशपाल जी का लाहौर से सम्बन्ध और लगाव पुराना था। लाहौर क्रान्तिकारी गतिविधियों का केन्द्र रह चुका था। सन् १९३८ में जेल से रिहा होने के समय पंजाब जा सकने की पाबन्दी के कारण मन में कसक भी थी। सन् १९५६ में ही उपन्यास के सम्बन्ध में छान–बीन आरम्भ हो गयी थी। इस सम्बन्ध में अम्बाला से ट्रिब्यून दैनिक की फाइलें आ गयीं। घटनाओं को यथा–सम्भव तथ्य का आधार और रंग देने के लिये यशपाल जी विभाजन के सम्बन्ध में खोजबीन करने स्वयं भी दो बार १९५६–५७ में पंजाब गये। अमृतसर में विभाजन के समय जिन लोगों या मित्रों ने स्वयं शरणार्थियों की सहायता और रक्षा की थी, कैसे उन्होंने अपनी जान की परवाह न कर दंगे में फंसे लोगों के प्राण बचाये, यह दर्दभरी अनथक कहानियां सुनीं। कैसे इन लोगों ने अमृतसर से लाहौर और लाहौर से अमृतसर आने–जाने वाली ट्रेनों और काफिलों को क्रूर और नृशंस लोगों के हमलों से बचाकर इंसानियत की लाज रखी थी। अच्छा भला इंसान कैसे वहशी और खूंखार बन जाता है—ऐसी एक नहीं कई मिसालें थीं।

दोनों ओर से आने–जाने वाले काफिलों को संभालना, उनके ठौर–ठिकाने की व्यवस्था, खाने–पीने और दवा–दारू का प्रबन्ध कोई छोटा–मोटा काम न था। विभाजन के बाद लोग कई शहरों में बंट गये। इन शरणार्थियों ने स्थायी रूप से जमने के लिए बड़े कष्ट उठाये। किस कर्मठता और बहादुरी से नये बसेरे बने यह बयान भी कम दर्दनाक न थे। कितनी परेशानियां, कितनी असुविधाएं। इन सब ने लोगों को झकझोर कर रख दिया था। *अब यह सब कुछ केवल दुखद स्मृतियां ही थीं। यशपाल जी ने यह सब देखा था। मित्रों से सुना और समझा भी। लाहौर में मेरे और मेरी देवरानी के परिवार पर भी कुछ कम न बीती थी।*

सन् १९५६ में इलाज के लिये जब मैं दूसरी बार मास्को गयी थी तो मैं अपनी मित्र नताशा तोल्सताया तथा कातेनिना से मिलने लेनिनग्राद गयी थी। होटल छोड़ मैं उनके पास घर पर आ गयी थी। युद्ध की चर्चा चली तो लेनिनग्राद के बहादुरों की कहानियां सुननी चाहीं तो मित्रों ने चुप्पी साध ली। रूसी साथिन ने इशारा किया—यह प्रसंग न छेड़ें तो भला हो। इस युद्ध में लेनिनग्राद-वासियों ने बहुत कुछ सहा था। हर घर से किसी का बाप, पति, पुत्र बलिदान हो चुके थे। अब वे युद्ध की भयानकता की बात छेड़ना ही न चाहते थे। प्रसंग बदल मैं चुप हो गयी।

पहले भाग का प्रकाशन

'झूठा सच' का पहला भाग १९५८ में 'धर्मयुग' में धारावाहिक छपना आरम्भ हो गया था और छः मास तक छपा। प्रायः ही जिज्ञासा भरे पत्र आते थे। ज्योंही छपना बंद हुआ कि पत्रों की बाढ़ आ गयी। सैकड़ों पत्र प्रतिदिन आते थे। समझ में नहीं आता था कि किस किस को उत्तर दें। इसी वर्ष 'झूठा सच' का पहला भाग ('वतन और देश') छपकर तैयार हो गया। इसकी सैकड़ो प्रतियां पाठकों ने डाक द्वारा खरीदीं। हमारे किसी और प्रकाशन की इतनी बिक्री अलग से एक-एक प्रति मंगा कर नही हुई।

आज भी वे लोग जो उम्र में बड़े हैं और तजुर्बेकार गृहस्थ हैं—उनसे भेंट होती है तो वे बताते हैं, कैसे 'धर्मयुग' की प्रति की बेचैनी से प्रतीक्षा होती थी। जवान लड़के-लड़कियों में होड़ होती थी और वे ताक में रहते थे कि धर्मयुग आते ही सब से पहले 'झूठा सच' की किस्त पढ़ कर दूसरों को हाथ लगाने दें। कुछ लोगों ने यह भी बताया कि महानगर में बने मकान में लिखे यशपाल जी के नाम को प्रणाम कर जाते थे।

'झूठा सच—देश का भविष्य' यशपाल जी ने देश का भविष्य लिखते समय भी शरणार्थियों के नया जीवन जीने की कशमकश, व्यापार, नौकरियों में अफसरशाही की धांधलियों को सहते देखा—यह गांव-शहर की समस्या नहीं, देश की समस्या थी, लाखों व्यक्तियों के नये सिरे से जमने और जीविका का प्रश्न था। देश के भविष्य में इन्हीं समस्याओं को सुलझाने की कठिनाइयों को दर्शाया है।

'झूठा सच' के लिये सामग्री बटोरने के वर्णन से ही कहानी समाप्त नहीं होती। हिन्दी के सबसे महत्वपूर्ण उपन्यासों में से एक इस १२०० पृष्ठों के उपन्यास को लिखते समय यशपाल जी अन्य कामों में भी व्यस्त थे। १९५६ में चेकोस्लोवाकिया लेखक कांग्रेस के निमंत्रण पर चेकोस्लोवाकिया और पूर्वी योरूप का भ्रमण किया। जर्मनी, हंगरी, रूमानिया के निमंत्रण। लौटते ही 'राहबीती' पुस्तक लिख डाली और हमने तुरन्त प्रकाशित कर दी। 'ओ भैरवी!' कहानी संग्रह और 'बीबी जी कहती हैं मेरा चेहरा रोबीला

हैं निबंध संग्रह १९५८ में तैयार हो गया था। लखनऊ से प्रकाशित 'नयापथ' का सम्पादन भी जारी था। १९५८ में ताशकन्द लेखक सम्मेलन में भाग। 'नयापथ' के मासिक स्तम्भ लिखने का दायित्व भी संभाला। उस समय मास्टर तारासिंह द्वारा उठाये पंजाबी सूबे के प्रश्न तथा हिन्दी और उर्दू के बीच जबरदस्ती पैदा किये जा रहे भेद के विरोध में भी यशपाल जी लगातार लिख रहे थे। विप्लव कार्यालय हमारा घर तथा आफिस ही नहीं साहित्यिक और सांस्कृतिक चहल-पहल का केन्द्र भी था। विदेशी अतिथियों के अलावा प्रशंसक पाठक और सहयोगी लेखकों का आकस्मिक आना-जाना लगा रहता था।

इसी समय चीनी प्रकाशन गृह से 'लू सुन' की कहानियों का हिन्दी अनुवाद करने के लिये मिल गया। यह तुरन्त समाप्त किया और इसकी पेमेंट भी भारतीय मुद्रा में हुयी। कमला मार्कण्डेय के उपन्यास Nectar in a Sieve का अनुवाद 'चलनी में अमृत' १९५७ में समाप्त हो कर प्रकाशित हो गया। उज़बेक लेखक अस्कद मुख्तार के उपन्यास का अनुवाद 'जुलैखां' १९५९ में प्रकाशित हुआ। १९६० तक 'झूठा सच' के दोनों भाग प्रकाशित हो गये। दूसरा भाग ('देश का भविष्य') भी 'धर्मयुग' में छः मास तक धारावाहिक रूप से छपता रहा।

हमारी आमदनी का एकमात्र स्रोत लेखन, प्रकाशन और प्रेस था। छपाई के लिये रूस से दो नयी मशीनें आ गयी थीं। बढ़ गये खर्चों में कुछ राहत मिली थी।

अब ऐसी स्थिति होती जा रही थी कि हीवेट रोड स्थित विप्लव कार्यालय में रहना असंभव हो गया। कागज़ के स्टाक और दफ्तरीखाने के लिये बड़ा स्थान आवश्यक था। हमारा घर तो क्या कारखाना था। १९३९ में जब हम दोनों यहां आये थे 'विप्लव पत्रिका' का प्रकाशन कर रहे थे। धीरे-धीरे पुस्तकों का प्रकाशन किया। प्रेस भी हो गया। अब हमारे दो बच्चे भी थे। विभाजन के बाद आये परिवारों का आना-जाना भी लगा रहता था। जहां सोते थे उसी कमरे में पार्सल बांधते थे। बस कारखाने में बसेरा था। यशपाल जी के पास एक बहुत छोटा कमरा था जिसमें उनके लिखने के लिये एक मेज़ थी और सोने के लिये एक चारपायी। जिस कमरे में लेखक संघ की बैठकें होती थीं उसी में मेहमान ठहरते थे या बच्चे रात को लेटते थे। छोटे से खुले आंगन में क्यारियां बनाकर यशपाल जी बगीचे का शौक पूरा करते थे। यशपाल जी की अनुवाद समेत चालीस पुस्तकें प्रकाशित हो चुकी थीं। छपी और बंधी पुस्तकें रखने का स्थान ही न मिलता था। बच्चे भी तंग थे। उनकी पढ़ाई भी ठीक़ से न हो पाती थी। मेरी छोटी बहन आर्ट्स कालेज में थी। मेरे भाई की दो लड़कियां मेडिकल कालेज में थीं। बेटी कालेज और बेटा स्कूल में पढ़ रहा था।

भवन-निर्माण

मकान की चिंता में मैंने सस्ते दामों नगर महापालिका से लीज़ पर एक प्लाट किस्तों पर ले लिया था। एक प्लाट मेरी मां ने खरीदा। हम अपनी छोटी सी पूंजी से किस्तें भर रहे थे। यशपाल जी ने तो साफ इन्कार कर दिया कि हमें मकान नहीं चाहिये। मैं प्रयत्नशील थी कि किसी तरह दो तीन कमरे नई ज़मीन पर डाल लें। विप्लव कार्यालय का तो कोना-कोना भरा था। मकान बनाने के सम्बन्ध में हां न करने का कारण था—नयी पुस्तकों के प्रकाशन पर खर्च, बच्चों की पढ़ाई पर खर्च, मेहमानों और परिवार पर खर्च। आमदनी का स्रोत एक ही था। बचता कुछ भी न था पर भूखे भी न मर रहे थे।

जब मकान की नींव दशहरे के दिन १९५९ में रखी तो यशपाल जी के पास केवल दस हज़ार रुपया था। यह वह रुपया था जो उन्होंने कहानी-लेख लिखकर पारिश्रमिक जमा किया था। मैं प्रकाशन और प्रेस के लिये यशपाल जी से यह रुपया नहीं मांगती थी। मकान के लिये यह जमा पूंजी लेनी पड़ी। इसी के बूते मकान की नींव रखने की सोची। सोच लिया, दो-तीन कमरे डाल कर गुज़ारा कर लेंगे।

मकान का काम आरम्भ होते ही यह रुपया कुछ ही दिनों में समाप्त हो गया। पता चला नगर महापालिका बहुत कम सूद पर कर्ज़ देती है। तुरन्त ही प्रार्थनापत्र देकर रुपया तो मिला पर इससे भी कुछ न बना। मेरी मां ने अपना प्लाट बेच दिया और रुपया मुझे दे दिया। समस्या बढ़ती जा रही थी। 'झूठा सच' का दूसरा भाग धारावाहिक धर्मयुग में छप रहा था। इस आड़े समय में हमारी सहायता सैन्ट्रल बैंक, हजरतगंज के एजेंट और इन्टरनेशनल क्लब के सदस्य श्री वाडिया ने की।

लखनऊ की इण्टरनेशनल क्लब के हम दोनों सदस्य थे। दरअसल जिस समाज या शहर में आप रहते या मिलते-जुलते हों वहां की सामाजिक या राजनैतिक संस्थाओं का बड़ा महत्व होता है। यदि आप किसी ऐसी संस्था से सम्बन्धित हों तो जान-पहचान का दायरा तो बढ़ता ही है समय पर मित्रों से सहायता भी मिलती है। इस क्लब के लगभग सभी सदस्य पढ़े-लिखे, ऊंचे ओहदों पर बैठे सम्मानित व्यक्ति थे। एक दूसरे से बड़े मान-सम्मान तथा आदर-भाव से मिलते थे। सदस्य अधिक नहीं थे। यही कोई साठ-सत्तर।

लखनऊ का मिज़ाज, यहां की संस्कृति, बात करने का अंदाज़, अपने ही ढंग का है। यहां के इण्टरनेशनल क्लब का ढंग भी अनोखा था। प्रोफेसर मुरारीशरण मांगलिक इसके कर्त्ता-धर्त्ता थे और संस्थापक सदस्य भी। प्रोफेसर मांगलिक का सम्बन्ध वर्षों से लखनऊ विश्वविद्यालय से तथा शहर के भिन्न-भिन्न कालेजों से था। उनकी पत्नी को सब चाची कहते थे। महानगर में हमारे मकान के पड़ोस में रहते थे। बड़ी उम्र में भी

ज़िन्दादिल। उनका फोन मिलते ही प्रणाम करने चली जाती थी। अब वे नहीं रहे।

इण्टरनेशनल क्लब ने लखनऊ में बड़ा नाम कमाया। इस क्लब ने न जाने कितने दिलों और परिवारों को इकट्ठा किया। मित्रता और पहचान का दायरा बढ़ा कर एक परिवार का रूप दिया। नये चेहरे, नये मित्र, हर सप्ताह बुद्धवार की प्रतीक्षा। कभी पिकनिक पार्टी, तो कभी संगीत की महफिल। देश-विदेश से महत्वपूर्ण व्यक्ति आते और विचारों का आदान-प्रदान होता रहता। बढ़िया चाय और कुछ नया चखने की चाह, नयी बात सुनने का उत्साह। क्लब में सदस्यों की संख्या अधिक न होने पर भी वातावरण आत्मीयता भरा था। शहर के जाने-माने डाक्टर साधन बोस क्लब के सम्मानित सभापति। वे अब कैंसर के शिकार हो चुके हैं।

लखनऊ इण्टरनेशनल क्लब की सदस्या श्रीमती सोफिया प्रकाश से हमारी मित्रता हो गयी। उनकी नफ़ासत का क्या बयान करूं ? बड़ी अफ़सर, रईस मुस्लिम खानदानी संस्कृति में पली, कान्वेंट की शिक्षा, संयत व्यवहार, हिन्दू पति, ईसाई और हिन्दू मित्रों से अधिक मेलजोल। जिस सरकारी विभाग में वे अफसर थीं, उस विभाग द्वारा उत्पीड़न किये जाने पर उन्हें क्लब के हमारे जैसे मित्रों के सहयोग का बल मिला, वे प्रायः क्लब के सदस्यों को अपने निवास पर आमंत्रित करती थीं। जब भी उनके यहां मित्र मंडली जमती हंसी के फव्वारे छूटते, कुछ गुनगुनाया जाता, दिल खींचने वाले स्वर, मुक्त गलों से वाह ! वाह ! यह स्वर होते थे मारिशस निवासी डाक्टर ईश्वरदत्त नंदलाल के। अचानक एक दिन क्लब में सांवले-सलोने, नाटे कद के एक मुस्कराते चेहरे से परिचय हो गया। नाम पक्का आर्यसमाजी। अत्यन्त सभ्य, संजीदा व्यक्तित्व। पता चला, समुद्र पार मारिशस से भातखण्डे संगीत विद्यालय में संगीत कला में 'निपुण' होने आये हैं। चेहरे पर सौम्य मुस्कान, सूट-बूट पहने, निहायत चुस्त, हाज़िर जवाब। यशपाल जी से साक्ष्य हमारे घर खींच लाया। हमारे बच्चों के वे चाचा नंदलाल थे।

डाक्टर नंदलाल प्रायः ही घर पर आते। साहित्य तथा मारिशस द्वीपवासियों के सम्बंध में बातचीत होती। भारतीय मूल के लोग कैसे बंधुवा मज़दूरों के रूप में मारिशस द्वीप पहुंचे और कैसी भयंकर यातनायें सहीं। मास्टर सदा बदलते रहे। धीरे-धीरे अक्षर अभ्यास, रामायण की चौपाइयों, हिन्दी भाषा और आर्य समाज ने भारतवासियों को सहन करने की शक्ति देकर जीवित रखा। इसका तो इतिहास साक्षी है।

नंदलाल हम सब के बीच बड़े प्रिय थे। क्रिश्चियन कालेज होस्टल में रहते थे। बिजली से गिटार बजा वे जब-जब सिनेमा के गानों की धुनें बजाते तो अपनी मधुर आवाज़ से सब का मन जीत लेते। वे जब भी घर आते, यशपाल जी अपनी कलम रख चाय का संदेश भिजवाकर खूब गप्प लगाते। कुछ क्षण तो बहुत ही रसमय व्यतीत होते। वे प्रायः गुनगुनातेः-

ज़ालिम तुमने बुरी नज़र डाली, मेरी हस्ती तबाह कर डाली।

डाक्टर नंदलाल १९६० में भातखण्डे से 'निपुण' की डिग्री लेकर मारिशस लौटे। आरम्भ में उनके बड़े निराशा भरे पत्र आये। उनके आग्रह-भरे पत्र मारिशस बुलाते। हम मारिशस पहुंचे भी। भारत और खासकर लखनऊ से उनका लगाव छूटा न था। वर्षों बाद तक वे प्रायः प्रतिवर्ष भारत आते और संगीत की महफिलें जमतीं। गज़लों और पक्के रागों की धुनें बजतीं। एक गज़ल थी :

जिऊंगा जब तलक तेरे फसाने याद आयेंगे।

वे अब नहीं रहे पर उनके फसानों और मारिशस की बहुत याद आती है। उनकी यादें हमारे साथ जुड़ी हैं। लगता है वह आने ही वाले हैं।

झूठा सच प्रथम भाग और द्वितीय भाग की कमायी का अधिकतर भाग कागज़, प्रेस के खर्चों और मशीनें मंगाने में लग चुका था। बिक्री लगातार हो रही थी। हमारे सामने समस्या इस समय मकान पर छतें डालने की थी। सेन्ट्रल बैंक के एजेंट वाडिया साहब के आफिस में मैं स्वयं गयी। पूरी समस्या उनके सामने रखी। वाडिया साहब ने तुरंत ही मदद का आश्वासन दिया। दस हज़ार ओवर ड्राफ्ट और पांच हज़ार अस्थायी कर्ज़ की सुविधा कर दी। इस सुविधा से हमें बड़ा बल मिला।

'झूठा सच' की बिक्री, 'धर्मयुद्ध' से पेमेंट, बैंक की सुविधा, मां, मित्रों और सम्बंधियों की मदद से मकान पूरे एक वर्ष में बनकर तैयार हो गया। इरादा नीचे का भाग ही बनाने का था। जब नीचे का भाग बन गया तो यशपाल जी ने राय दी--अगर दो कमरे ऊपर डालने हों तो अभी डाल लो अन्यथा कभी न बनवा पाओगी। खर्चा भी कम आयेगा। बात समझ में आ गयी। तुरन्त ही ऊपर कमरे डालने की व्यवस्था कर ली। यशपाल जी की बात सही थी। शायद हम जीवन में ऊपर का भाग कभी न बनवा पाते। आज कोई विश्वास नहीं करेगा कि इतना बड़ा मकान कितने कम दामों में बन कर तैयार हो गया।

कुल तीस वर्ष पहले की बात है। यह वह समय था—जब मज़दूर की मज़दूरी डेढ़ रुपया, कारीगर मिस्तरी तीन रुपया, बढ़िया बढ़ई पांच रुपया प्रतिदिन लेता था। फर्स्ट क्लास ईंट ३५ रुपया हज़ार, सीमेंट की एक बोरी ६ रुपया २५ पैसा। अब मूल्यों के मिलान करती हूं तो रूह कांप जाती है।

छठे दशक में जीवन

सन् १९६० अक्टूबर में महानगर का मकान पूरे वर्ष की दौड़–भाग के बाद पूरा हो गया। सन १९५९ में दशहरे के दिन नींव रखी थी। एक वर्ष बाद दशहरे के ही दिन गृह प्रवेश हुआ।

गृह प्रवेश के शुभ अवसर पर हमने सब लेखक–मित्रों, अन्य मित्रों तथा मैंने पूरे मायके और ससुराल के लोगों को आमंत्रित किया। इस अवसर पर हमारे मित्र और शुभचिंतक तथा सम्बंधी सब आये। मेरी मां का पूरा परिवार, यशपाल जी के भाई धर्मपाल और उनका परिवार और हमारे मित्रों ने इस अवसर पर नेग–शगुन किये और शुभ कामनाओं के रूप में हमें बहुत कुछ दिया। मां ने पूरे परिवार को नये कपड़े और आशीर्वाद के रूप में नकद भेंट भी दी थी। मेरे भाई–बहनों और सम्बन्धियों ने इतना दिया कि हाथ में पकड़ी थैली का मुंह बंद करने में मुश्किल आयी। पंजाब में गृह प्रवेश को उत्सव का रूप दिया जाता है। लखनऊ में विभाजन के बाद हमारे घर में सब के इकट्ठा होने का यह पहला मौका था। यशपाल जी ने अपनी माता के साथ बैठ कर हवन किया। लखनऊ से हमारे मित्र और लेखक श्रीनारायण चतुर्वेदी, भगवतीचरण वर्मा, अमृतलाल नागर आये। हमारे पड़ोसी मांगलिक दादा और चाची भी मौजूद थीं। अन्य लेखक तथा मित्र भी आये। हमें सब का आशीर्वाद मिला ।

१९६० में लखनऊ की बाढ़

गृह प्रवेश को अभी छः–सात दिन ही बीते थे। जल्दी जाने वाले मेहमान चले गये। अधिकतर अभी महानगर ही में थे कि गोमती में भयंकर बाढ़ आ गयी। लखनऊ की जापलिंग रोड की ओर से कोई बांध टूट गया। पानी एक दीवार की तरह बढ़ा और हर मकान की दीवार तोड़ता हुआ मकानों में घुस गया। कुछ भागों में तो लोगों को इतना

समय भी न मिला कि कुछ बचा सकें। बस जान बचाने की चिन्ता में जैसे भी संभव हुआ लोग छतों पर चढ़ गये। मोती महल और स्टेट बैंक की तरफ से पानी हज़रतगंज में घुस गया। अशोक मार्ग पर घुटने से ऊपर पानी था। स्टेडियम पानी से भर गया था।

महानगर का आधा भाग पानी में डूब गया। माउंट कार्मल स्कूल से नावें चल रही थीं और डूबे मकानों की छतों पर से लोगों को निकाल रहे थे। माउंट कार्मल स्कूल हमारे घर से सौ कदम पर है। हमारा मकान कुछ ऊंचे हिस्से पर है। सामने खुले मैदान में सैकड़ों आदमी अपनी जमा–पूंजी साथ बांधे शरण ले चुके थे। मैदान के साथ ही कंधे जितना ऊंचा पानी। हम पूरे शहर से कट गये। एक बात कमाल की थी कि न तो बिजली–पानी गया, न टेलीफोन। घर में ढेरों मेहमान। इस पर महानगर कालोनी से पहचान के परिवार घर पर आ गये। राशन की व्यवस्था आस–पास के गांवों से करनी पड़ी। मिट्टी का तेल भी जुटाया गया। हेलीकाप्टर से लगातार भोजन के पैकेट, मोमबत्ती, दियासलाई छतों पर फेंके जा रहे थे ताकि बाढ़ में फंसे लोग कुछ भोजन पा सकें। पूरी सरकारी कालोनी सिर तक ऊंचे पानी में डूब गयी।

दस दिन बाद जब गोमती का पानी उतरा तो मेरे भाई और यशपाल जी ने डालीगंज पुल पर रेल लाइन के किनारे चल कर पुल पार किया और लखनऊ शहर में गये। हीवेट रोड पर अपने पुराने घर और प्रेस की सुध ली। कुछ खाने–पीने का सामान खरीद कर महानगर लौटे। विप्लव कार्यालय और घर उस समय हमारे एक पुराने कम्पोज़ीटर श्याममनोहर शुक्ला के भरोसे था। वे रात–दिन चौकीदारी करते थे। बहुत वृद्ध हो गये हैं पर अभी जीवित हैं और कभी–कभी मिल जाते हैं।

बाढ़ समाप्त होते ही घर का शेष सामान महानगर आ गया। प्रेस के खाली कमरे तुरन्त ही पुस्तकों के छपे फर्मों, कागज़ और बंधी पुस्तकों से भर गये। लगता था अभी भी सामान के लिये स्थान का अभाव है।

महानगर के मकान में धीरे–धीरे जमना आरम्भ कर दिया। प्रेस से महानगर दूर होने के कारण काफी असुविधा महसूस हुई पर कुछ ही दिनों में आने–जाने की आदत पड़ गयी। यशपाल जी को फूलों से बेहद लगाव। महानगर में आते ही बागवानी में जुट गये। ज़मीन साफ कराकर क्यारियों में तरह–तरह के गुलाब लगा दिये।

नये मकान में बच्चों ने भी राहत की सांस ली। अपने–अपने कमरों में जम गये। मेरी बहन सरला का आर्ट्स कॉलेज में अंतिम वर्ष था। उसकी मूर्तिकला और चित्रकला के उत्कृष्ट नमूने आज भी मेरे घर में मौजूद हैं। नये मकान में यशपाल जी की माता भी हमारे पास थीं। यशपाल जी अपनी मां की खूब देख–भाल करते थे। दिन में भोजन के समय खूब हंसी–मज़ाक होता। वह पक्की आर्य समाजी। दयानन्द सरस्वती को लेकर खूब चर्चा और नोक–झोंक होती।

मुझे प्रातःकाल जल्दी ही प्रेस जाना होता था। नाश्ते के समय तय हो जाता कि दोपहर में भोजन में क्या मिलेगा। यशपाल जी को मछली और आलू की भाजी के साथ गर्म–गर्म पतली पूरियां बहुत पसंद थीं। रोज़ नहीं कभी–कभी।

तीज–त्यौहार मनाने में उनका पूरा सहयोग रहता। धार्मिक अनुष्ठान नहीं उत्सव मनाने में उन्हें अच्छा लगता। जब बच्चे छोटे थे तो होली–दिवाली पर रंग और खिलौने दिलाने यशपाल जी स्वयं ले जाते। पंजाबी त्यौहार लोड़ी उन्हें बहुत पसंद था। पंजाब में मकर संक्रांति के एक दिन पहले लोड़ी का त्योहार धूम–धाम से मनाया जाता है। मुहल्लों, घरों और चौराहों पर लकड़ी के बडे–बड़े कुन्दे इकट्ठे कर जलाये जाते हैं। गन्ना, मक्का, चिड़वा, तिल और गजक भेंट कर अग्नि–पूजा होती है। अलाव के चारों ओर परिवार और मित्रों के साथ बैठकर भोजन होता है। अब भी हम अपने घर में इस त्यौहार को परम्परागत मनाते हैं।

यशपाल जी के जन्म दिवस पर मैं उनके मित्रों को शानदार दावत देती थी। लॉन में गपशप के बाद भोजन होता। वह मेरे जन्म दिन की भी प्रतीक्षा में रहते।

यशपाल जी को एकान्त कभी पसंद नहीं था न मूड का प्रश्न। वे नियम से लिखते और जानते थे कि उन्हें अमुक बात कहनी है। कभी ऐसा भी होता कि कोई अचानक मिलने आ गया मिलते थे, बातचीत करने के बाद कलम उठाकर आगे लिखना आरम्भ कर देते। वातावरण तैयार करने की ज़रूरत न होती थी, न बच्चों के शोर का असर पड़ता था। कभी–कभी भोजन करते समय किसी समस्या में खो जाते तो मुझे टोकना पड़ता। मैं उनके चेहरे से जान जाती थी कि यशपाल जी किसी समस्या के समाधान में खो गये हैं।

यही हाल उनके साथ सड़क पर चलने पर होता था। वैसे तो हम साथ–साथ चलते थे पर कभी–कभी सोच में उनके कदम तेज़ हो जाते और मैं पीछे छूट जाती। जब विचार–तंद्रा टूटती तो उन्हें एहसास होता कि मैं पीछे छूट गयी हूं। तब वह अपनी चाल धीमी कर मेरी प्रतीक्षा करते। हीवेट रोड पर रहते समय संध्या को हम नियम से हज़रतगंज घूमने जाते। मित्रों से भेंट होती और घर में ज़रूरत का सामान भी खरीद लाते। प्रायः यशपाल जी के कपड़ों की चिन्ता भी मैं स्वयं करती। कभी–कभी अपनी पसंद से भी कपड़े खरीदते। बने बनाये जूते उन्हें फिट नहीं आते थे। चीनी मोचियों को दिये स्पेशल आर्डर पर जूते बनवाते। उनके पांव के तलवे मैंने कभी मैले नहीं देखे। हाथ–पांव और अंगुलियों की बनावट बहुत सुन्दर और नाज़ुक। महानगर के नये मकान में भी यशपाल जी से भेंट करने वाले काफी मित्र और मेहमान आते रहते थे। यशपाल जी समय के निहायत पाबंद। प्रातः सूर्य निकलने से पहले चाय का प्याला पीकर बगीचे के कई चक्कर लगा लेते। स्नानादि से निपट कर साढ़े आठ बजे नाश्ता। एक–आध घंटा विश्राम के बाद लिखने की मेज़ पर। दिन में ग्यारह बजे चाय और मिलने वालों से भेंट। दिन में

एक बजे भोजन और विश्राम। तीन से छः बजे तक फिर अपनी मेज़ पर। सायं छः बजे के बाद काफी हाउस मित्रों से मिलने जाते। काफी हाऊस में काफी मज़मा लगता था। वहां जाने के लिये प्रायः भगवतीचरण वर्मा और यशपाल घर से एक साथ निकलते। काफी हाउस में जमने के बाद साथ–साथ घर लौटते। काफी हाउस चलते समय मैं याद से कुछ रुपये जेब में डाल देती। कभी भूल हो जाती तो काफी हाउस से लौटने पर सुननी पड़ती। यशपाल जी कुछ समय काफी हाउस के प्रेसीडेंट भी रहे। कभीकभार मैं भी काफी हाउस पहुंच जाती। कर्मचारी मुन्नासिंह, श्यामलाल तथा अन्य उनके साथी यशपाल जी की बड़ी आवभगत काफी हाउस में करते। लेखक मित्रों से मिलकर और थकान मिटाकर, मस्तिष्क में ताज़गी भर कर घर लौटते थे।

'संकटमोचक' द्वारा संकटमोचन

महानगर में अपने नये मकान में हम सब बहुत प्रसन्न थे। धीरे–धीरे प्रेस में चार मशीनें आ गयी थीं। दो सिलेडर, दो ट्रेडल। सिलेंडर मशीनों का लाइसेंस लालबहादुर शास्त्री ने दिया था। वह उस समय इस विभाग के केन्द्र में कैबिनेट मन्त्री थे। प्रेस का काम ज़ोरों पर था। पुस्तकों की बिक्री हो रही थी परन्तु कर्ज़े भी कम न थे।

कुछ वर्ष बाद इस आर्थिक संकट में ऐसी सहायता मिली कि हम बैंक के कर्ज़ों से मुक्त हो गये। यशपाल जी देश में बेतहाशा बढ़ती जनसंख्या और इसके आर्थिक विकास में बाधक होने की समस्या पर निरंतर सोचते रहते थे। इस गंभीर समस्या को जनमानस तक पहुंचाने के लिये उन्होंने परिवार नियोजन पर एक लम्बी कहानी 'संकटमोचक' लिखी थी जो 'सारिका' में प्रकाशित हुई थी। यह छोटी सी पुस्तिका छप कर तैयार हो गयी। परिवार नियोजन पर केन्द्र और प्रान्तीय शासन काफी ज़ोर दे रहे थे और इस विषय पर साहित्य खरीद कर जनता में बांटा जा रहा था। इस पुस्तिका को लेकर मैं दिल्ली पहुंची और विभाग से सम्बन्ध स्थापित किया। पुस्तिका का मूल्य एक रुपया था। परिवार नियोजन विभाग को पुस्तक पसंद आ गयी। उन से मुझे पच्चीस हजार 'संकट मोचक' की प्रतियों की खरीद का आर्डर मिल गया। नकद अट्ठारह हज़ार रुपया हाथ में आने से तुरन्त बैंक के तथा अन्य कर्जों से राहत मिली।

१९६२ में भारत–चीन युद्ध

चीन की आज़ादी की लड़ाई में भारत सदा ही साथ देता आ रहा था। चीन से सम्बंध ठीक चल रहे थे। इन सम्बंधों को और दृढ़ करने के लिये चीन के प्रधान मंत्री चाऊ एन लाई सन् १९५४ में भारत आये। 'हिन्दी चीनी भाई–भाई' का नारा बुलन्द

हुआ । सांस्कृतिक डेलीगेशन लखनऊ में भी आया। चाऊ एन लाई जब भारत आये तो उन्होंने पंचशील सिद्धान्तों पर विचार कर हस्ताक्षर किये। पंचशील सिद्धांत इस प्रकार थे:

१. दोनों देश क्षेत्रीय अखंडता और प्रभुसत्ता का सम्मान करेंगे।

२. अनाक्रमण को मानेंगे।

३. एक-दूसरे के आन्तरिक मामलों में हस्तक्षेप नहीं करेंगे।

४. समानता तथा परस्पर लाभ का ध्यान रखेंगे।

५. शांतिपूर्ण सह-अस्तित्व में विश्वास को निभायेंगे।

भारत का सुझाव था कि इस प्रस्ताव को मान्यता २५ वर्ष के लिये दी जाय पर चीन ने मान्यता आठ वर्ष के लिये ही स्वीकार की।

'हिन्दी चीनी भाई भाई' का नारा बुलन्द कर दोनों देशों ने विश्वास प्रकट किया।

सन् १९५९ में तिब्बत की राजधानी लासा में विद्रोह हो गया और दलाई लामा ने तिब्बत छोड़ भारत में शरण ली। उनके साथ कई बौद्ध परिवार और बौद्ध भिक्षु भी भारत आये। दलाई लामा के भारत आगमन पर चीनी लोग नाराज़ हो गये।

इसी वर्ष जुलाई १९५९ में भारत के लद्दाख क्षेत्र पर चीनियों ने भारत के विरुद्ध छेड़खानी की और कुछ भारतीयों को पकड़ लिया। भारत के विरोध पर वे छोड़ दिये गये, पर तुरन्त ही २५ अगस्त के लगभग लांगचू चौकी पर चीनियों ने दुबारा हमला किया। जब चीनियों का बड़ा हमला कोहकुर्म दर्रे में हुआ तो कुछ भारतीयों को मार दिया, कुछ को बन्दी बना लिया। हजारों किलोमीटर हमारी ज़मीन पर कब्ज़ा कर लिया।

दो-ढाई वर्ष के अन्तराल के बाद जुलाई १९६२ में चीनियों ने भारतीय चौकियों पर छेड़खानी आरम्भ की और भारत की सीमा के अन्दर घुस आये। प्रधान मंत्री पंडित जवाहरलाल नेहरू इस हरकत को सहन नहीं कर पाये। अक्टूबर मास में भारत और चीन में जम कर युद्ध हुआ।

हमारे बहुत सैनिक मारे गये, हताहत हुए। दो हज़ार के लगभग जवान अफसर मारे गये। २२ नवम्बर को अचानक ही युद्ध-विराम की घोषणा। एक दिसम्बर तक चीनी पूर्ण रूप से सीमा के पार चले गये।

'हिन्दी चीनी भाई-भाई' का नारा पिट कर रह गया। चीनियों ने इन आठ वर्षों मे पंचशील सिद्धान्तों का पालन किया ही नहीं।

हमारे प्रधान मंत्री पंडित जवाहरलाल नेहरू चीनियों के इस हमले से बहुत दुखी हुए। युद्ध आरम्भ होते ही यशपाल जी ने युद्ध से खिन्न होकर तुरन्त ही उस समय के मुख्यमंत्री चन्द्रभानु गुप्त को युद्ध में अपनी सेवाएं देश को अर्पित करने के लिये पत्र लिखा।

यशपाल जी का साहित्य इसी माइने में ही प्रगतिशील नहीं है कि उन्होंने आम आदमी के दुख–सुख पर, सामाजिक वैषम्य और निहित वर्ग स्वार्थ के विरूद्ध अपनी प्रतिक्रिया व्यक्त की है बल्कि वे प्रगतिशील इसलिये भी हैं कि अपने समय की चुनौतियों पर न केवल उन्होंने विचार ही किया बल्कि आवश्यकता पड़ने पर विरोध भी किया।

सिखिस्तान की मांग

देश के कुछ राजनैतिक दलों ने भाषावार राज्यों के संगठन के आधार पर पंजाबी सूबे की मांग का समर्थन किया था। मास्टर तारासिंह ने स्पष्ट कर दिया कि पंजाब में से पंजाबी सूबे को पृथक करने की मांग सिख पंथ के लिये पृथक राज्य (सिखिस्तान) की मांग है और यह मांग केवल सिखों के गौरव और सम्मान का प्रश्न है।

यह स्पष्ट हो जाने पर कि पंजाबी सूबे की मांग भाषा के आधार पर पंजाबी भाषियों की नहीं है, केवल अकाली दल के अनुयायियों, हिन्दुओं से अपने को पृथक करना चाहने वालों की, सिख सम्प्रदाय के लिये पृथक राज्य के निर्माण की मांग है।

खालिस्तान या सिखिस्तान की समस्या देश का सर्वाधिक विवादास्पद मसला था। इस के चलते न सिर्फ दो भाइयों—हिन्दु-सिखों के पारस्परिक सम्बंध बिगड़े बल्कि देश को तोड़ने के लिये उग्रवादियों ने खूनी खेल भी खेले।

सब से मज़े की बात है कि सन् ४७ में मुस्लिम राष्ट्र—पाकिस्तान की मांग के विरोध में मास्टर तारासिंह ने अपनी तलवार खींच ली थी। उस मास्टर तारासिंह ने सन् १९६१ में साम्प्रदायिकता के आधार पर सिखिस्तान की मांग पर तूल दिया अपने भाषणों से। और तो और पत्रकार सरदार खुशवंतसिंह जो सिख उग्रवाद का विरोध कर रहे थे उन्होंने भी १३ अगस्त, १९६१ को स्टेट्समैन में पत्र लिख कर सिखिस्तान की मांग को जायज़ ठहराया था। मास्टर तारासिंह और सरदार खुशवंतसिंह के अतार्किक, सम्प्रदायवादी दृष्टिकोण की धज्जियां बिखेरते हुए सिखिस्तान की मांग के विरोध में यशपाल जी ने डट कर लिखा जो अत्यन्त सामयिक था :–

'एक सम्प्रदाय निरपेक्ष राष्ट्र में साम्प्रदायिक या पंथ के राज्य की कल्पना कैसे की जा सकती है। यह कहना कि सिख पंथ के राज्य का निर्माण हो जाने के बाद भी वह राज्य या सूबा भारतीय राष्ट्र का अविभाज्य अंग होगा, उतना ही गलत होगा जितना कि

सिख पंथ के राज्य की मांग को भाषावार राज्य की मांग कहना। यदि अकालियों की मांग के अनुसार, पंजाबी सूबे या राज्य के रूप में सिख पंथ के राज्य के निर्माण की कल्पना की जाय तो, यह भारतीय संविधान की भावना के अनुसार भारतीय राष्ट्र का अंग नहीं, एक पृथक राष्ट्र ही होगा। जिस राज्य या राष्ट्र के निर्माण का आधार साम्प्रदायिकता हो वह राज्य या राष्ट्र सम्प्रदाय निरपेक्ष संविधान को स्वीकार नहीं कर सकता। ऐसी अवस्था में सिखिस्तान का साम्प्रदायिक राष्ट्र, भारत के सम्प्रदाय निरपेक्ष राष्ट्र का अंग अथवा उसके अंतर्गत कैसे हो सकेगा !'

आंखों का आपरेशन और साठवीं वर्षगांठ

आंखों के कष्ट के कारण यशपाल जी को चलने–फिरने में कष्ट नहीं था पर लेखन का सृजन डिक्टेशन देकर ही कर रहे थे। ढंग के व्यक्ति की तलाश में थे कि जो सुन कर सही लिख सके, प्रस्तर की मूर्ति बन कर नहीं। समझदारी का विश्वास देकर सहयोग कर सके अन्यथा विचारों की श्रृंखला में आघात पड़ने से लेखक मूर्खबुद्धि व्यक्ति से खीझ सकता है। कुछ दिन हमारे घर पर रहकर अवध नारायण मुद्गल ने डिक्टेशन लेना आरम्भ किया। इससे यशपाल जी को काफी सहायता मिली। बाद में मुद्गल टाइम्ज़ आफ इंडिया के हिन्दी प्रकाशनों में काम करने बम्बई चले गये। 'सारिका' पत्रिका में काम आरम्भ कर कुशल सम्पादक बने। इस सम्बंध में समय पर यशपाल जी ने सहायता की थी।

यशपाल जी की आंखों में मोतिया भी बेढब था। डाक्टर कहते थे यह लेखकों का मर्ज़ है। मोतिया पक ही न रहा था। लखनऊ मेडिकल कालेज के डाक्टर मेहरा आपरेशन के लिये तैयार हो गये। सन् १९६३ में यशपाल जी के कमरे को आपरेशन रूम बना कर लखनऊ के डाक्टर मेहरा ने सफलतापूर्वक आपरेशन कर दिया।

मैं यशपाल जी की देखभाल के साथ–साथ प्रेस भी संभाल रही थी। नयी पुस्तकें, नये संस्करण लगे रहते थे। हमारा बेटा आनन्द पढ़ाई से फुर्सत मिलते ही प्रेस में आ जाता था। मैंने कभी घबराना नहीं सीखा था। यशपाल जी प्रेस से लौटने की मेरी प्रतीक्षा करते थे। माता जी तो मेरी प्रतीक्षा में गेट के पास चक्कर लगाती रहतीं।

३ दिसम्बर, १९६३ में यशपाल ने जीवन के साठ वर्ष पूरे किये थे। इस अवसर पर लेखकों और नागरिकों ने यह जन्म दिवस कई शहरों—लखनऊ, इलाहाबाद, देहली, मेरठ, गाज़ियाबाद, चण्डीगढ़ तथा हिमाचल प्रदेश (कांगड़ा, मंडी, हमीरपुर, धर्मशाला) में बड़ी धूमधाम से मनाया गया। इस सम्बन्ध में कई बार यात्रायें करनी पड़ीं और अभिनंदन समारोहों में भाग लेते रहे।

साठवीं वर्षगांठ का अभिनंदन-समारोह सब से पहले श्री कमलेश्वर की देख-रेख में देहली में सम्पन्न हुआ। इस अवसर पर हिन्दी के प्रसिद्ध लेखक श्री जैनेन्द्र कुमार और डाक्टर नगेन्द्र के अतिरिक्त कई अन्य लेखक उपस्थित थे।

इसी वर्ष २० दिसम्बर, १९६३ में हमारी बेटी किरण का विवाह सम्पन्न हुआ।

५ जनवरी, १९६४। साठवीं वर्षगांठ के अवसर पर यह अभिनंदन समारोह इलाहाबाद में भैरव प्रसाद गुप्त और श्री सी. बी. राव की देख-रेख में बहुत धूमधाम से मनाया गया। इलाहाबाद और आस-पास की चौबीस संस्थाओं ने यशपाल का स्वागत किया। इस अभिनन्दन समारोह में इलाहाबाद के सभी लेखक बन्धु—सुमित्रानन्दन पंत, महादेवी वर्मा, इलाचन्द्र जोशी, रामकुमार वर्मा, अमृतराय तथा अन्य लेखक उपस्थित थे। यह स्वागत समारोह अपने ढंग का अनोखा था। सारा हाल अतिथियों से खचाखच भरा था। यशपाल के व्यक्तित्व और कृतित्व के सम्बन्ध में बहुत कुछ कहा गया।

चांदी के सुन्दर कास्केट में मान पत्र रखकर श्री सुमित्रानन्दन पंत ने यशपाल जी को इलाहाबाद के लेखकों और नागरिकों की ओर से भेंट किया। ये अभिनंदन समारोह अप्रैल १९६४ तक चलते रहे।

इन्हीं दिनों यशपाल एक और कष्ट से भी परेशान थे। प्रोस्टेटग्लैण्ड बढ़ जाने से उन्हें बहुत असुविधा होती थी। भारत में यह आपरेशन उस समय दो बार में होता था जो बड़ी परेशानी का कारण था। सोवियत सरकार के निमंत्रण पर मास्को में यह आपरेशन सफलतापूर्वक हो गया।

यशपाल अभी मास्को में स्वस्थ हो ही रहे थे कि उनकी माता सख्त बीमार हो गयीं। यह सूचना तुरंत ही मास्को भेज दी गयी। सूचना मिलते ही यशपाल अपने भाई धर्मपाल के पास यमुनानगर (हरियाणा) में पहुंच गये। मैं वहां पहले से मौजूद थी। उनका देहांत अगस्त, १९६४ में हो गया। यशपाल की माता ने जीवन में ४० वर्ष काम किया। वह बड़ी ही कर्मठ स्त्री थीं। उन्होंने बहुत आदर-सम्मान पाया।

भारत के प्रधान मंत्री लाल बहादुर शास्त्री ने अपने पद की गरिमा को बड़ी शान से निभाया और आपातकालीन स्थिति को भी गम्भीरता और समझदारी से निपटाया।

पाकिस्तान के राष्ट्रपति अयूब खाँ के समय कच्छ की सीमा-रेखा के सम्बंध में विवाद चल रहा था। सन् ६५ में बात बढ़ जाने पर पाकिस्तान-भारत युद्ध आरम्भ हो गया। युद्ध विराम के बाद दोनों देश अपनी अपनी सीमा पर वापस आ गये। समझौते का प्रयास आरम्भ हो गया। समझौते को अंतिम रूप रूस की सीमा ताशकंद में दिया गया।

समझौते की रात के तीसरे पहर दिल का दौरा पड़ने पर ११ जनवरी, सन् ६६ में शास्त्री जी का निधन हो गया।

संयोग की बात है कि इसी दिन हमारी बेटी किरण को विदेश जाना था। एक दिन पहले यानी १० जनवरी को मुझे कानपुर एयर इंडिया के दफ्तर से टिकट लेना था। प्रबंधक गुप्ता जी लखनऊ से कानपुर जा रहे थे। मैं भी उनके साथ कानपुर के लिये तैयार हो गयी। दूसरे दिन शास्त्री जी को काबुल में एक दावत देनी थी। इसके लिये गुप्ता जी ने चौक के प्रसिद्ध हलवाई रामआसरे की दुकान से मलाई की गिलौरियां उठाईं। इस दुकान को चौक की गलियों में मैंने पहली बार देखा। हजरतगंज में मेंफेयर बिल्डिंग के पास किसी पान की दुकान से पान लिये और कानपुर से देहली जाने वाले जहाज़ को सब सामान सौंप दिया। क्या पता था कि दिन चढ़ने से पहले ही यह दुखद हादसा हो ज़ायेगा। यह पान और गिलौरियाँ व्यर्थ गयीं या किसी के काम आयीं कौन जाने !

सन् ६२–६६ के बीच हमारी पांच पुस्तकों—'सच बोलने की भूल', 'खच्चर और आदमी' (कहानी संग्रह), 'बारह घंटे' और 'अप्सरा का शाप' (उपन्यास), 'जग का मुजरा' (निबन्ध–संग्रह) का प्रकाशन हो गया था। अस्वस्थ रहने के बावजूद यशपाल की कलम ने कभी विश्राम नहीं लिया।

उत्तर प्रदेश हिन्दी साहित्य सम्मेलन, इलाहाबाद के द्वादश अधिवेशन के अवसर षर यशपाल को 'साहित्यवारिधि' (डी.लिट्.) की सर्वोच्च उपाधि–सम्मान से विभूषित किया गया।

समस्त केरल लेखकों की कांग्रेस

१९६७ में केरल में कम्युनिस्ट शासन था। समस्त केरल लेखकों की कांग्रेस के निमंत्रण पर हम दोनों केरल–यात्रा पर गये। मलयालम में 'झूठा सच' के दोनों भागों का अनुवाद पुस्तक रूप में हो चुका था और तब तक पुस्तक के तीन संस्करण छप चुके थे। यह अनुवाद धारावाहिक रूप में केरल के मुख्य साप्ताहिक 'देशाभिमानी' में छप चुका था। 'झूठा सच' के कारण इसकी बिक्री बहुत बढ़ गई थी। 'देशाभिमानी' कार्यालय में हमारा बड़ा स्वागत हुआ। समस्त केरल के लेखकों के सम्मेलन में यशपाल मुख्य अतिथि थे। यह सम्मेलन बड़ी धूमधाम से मनाया गया। विचारों का आदान्–प्रदान हुआ। केरल के अन्य स्थानों पर भी स्वागत समारोहों में गये। त्रिवेद्रम, त्रिचूर, कोट्टायम घूमने के बाद कन्या कुमारी में विवेकानन्द मन्दिर देखा। यशपाल जी इस विवेकानन्द ट्रस्ट के सदस्य भी थे। श्री शंकर कुरूप से उनके निवास पर भेंट की। स्वागत के साथ घर के पेड़ों पर लगी हरी सुपारियां भेंट में मिलीं जिन्हें चूसने का अनोखा मज़ा और अनुभव था।

केरल से विदा ले हम गोवा पहुंच गये। लखनऊ से चलते समय हिन्दी के वरिष्ठ उपन्यासकार श्रीलाल शुक्ल ने गोवा देखने के लिये प्रोत्साहित किया था। उनकी बड़ी बेटी रेखा और दामाद उदयशंकर अवस्थी उस समय गोवा में थे। हम दोनों उनके मेहमान। उनका बड़ा प्यारा दो वर्ष का बेटा मनु हम से हिल–मिल गया। इस समय मनु (अनुपम) अमरीका में बी.काम. कर रहा है। बड़े प्यार, आदर और उत्साह से उनके संग गोवा भ्रमण किया। पुर्तगाली सभ्यता में पले भारतीयों के रहन–सहन, वेशभूषा और खान–पान पर पुर्तगाली प्रभाव था। शहर की दुकानों का रखरखाव भी अलग ढंग का था। गोवा के लोग पुर्तगाली सभ्यता के प्रभाव में लगभग तीन सौ पचास वर्ष रहे होंगे पर शासकों द्वारा प्रताड़ित नहीं थे। काजू की शराब पीकर नृत्य करने का बेहद शौक। वास्को की बस्ती भी देखी। पंजिम से मैंने एक गुड़िया खरीदी, जिसका सिर हिलता रहता था। गोवा के एक गिरजे में ईसाई संत फ्रांसिस ज़ेवियर का शव चार सौ साल से मसाला लगा कर सुरक्षित रखा हुआ है। विश्राम के लिए एक बेंच पर हम दोनों बैठे थे कि उठते समय वह गुड़िया वहीं छूट गयी। उसी दिन हमें जहाज़ से बम्बई वापस आना था। गुड़िया के बेंच पर छूट जाने की कलख कई दिन मन में बनी रही।

भाषा का प्रश्न

सन् १९५२ में 'अंजुमन तरक्की–ए–उर्दू–ए–हिन्द' ने उर्दू को क्षेत्रीय भाषा स्वीकार किये जाने की मांग उठायी थी। यह भाषा–विवाद किसी न किसी रूप में चला आ रहा था।

संस्कृत और फारसी दो भाषाएं हैं। हिन्दी और उर्दू भाषाएं न होकर दो भिन्न शैलियां हैं। इस प्रश्न पर सन् १९६७ में हिन्दी उर्दू के लेखकों का एक सम्मेलन लखनऊ में हुआ था। लेखकों की एक गोष्ठी 'शामे अदब' रवीन्द्रालय हाल में आयोजित की गयी थी। इस गोष्ठी के स्वागताध्यक्ष यशपाल थे। उर्दू के लेखक ख्वाजा अहमद अब्बास ने इस गोष्ठी में पढ़ी अपनी कहानी में उर्दू को एक 'वेश्या की लड़की' और 'हरामी की औलाद' के प्रतीक में पेश किया था जो यशपाल को नागवार गुज़रा और वह स्वागताध्यक्ष के पद को छोड़कर चले गये। दूसरे दिन यशपाल द्वारा लिखित 'शामे अदब' पेपर अमृतलाल नागर की अध्यक्षता में सूचना केन्द्र, लखनऊ में हुयी गोष्ठी में पढ़ा गया। इस पेपर को सुन कर ख्वाजा अहमद अब्बास ने कहा––इस उम्दा तक़रीर के बाद मैं कभी हिन्दी–उर्दू का सवाल नहीं उठाऊंगा। इस अवसर पर हिन्दी–उर्दू लेखकों की संयुक्त विज्ञप्ति इस प्रकार थी :

- हिन्दी हमारी राष्ट्र भाषा है। राष्ट्र की सभी भाषाओं (National Languages) को अधिकतम सुविधाएं और सभी संभव अवसर उनके

विकास के लिये मिलने चाहिए।

- हमारी धारणा है कि हिन्दी के साथ उर्दू भी उसकी एक इलाक़ाई ज़बान है। अतः हिन्दी–उर्दू दोनों के सर्वाधिक विकास के लिए हम प्रयास करेंगे।
- हम उर्दू के विकास और उर्दू लिपि के प्रयोग में पैदा किये जा रहे गतिरोध का विरोध करते हैं। हम हिन्दी और उर्दू के उचित विकास तथा हिन्दी–उर्दू साहित्य की दोनों शैलियों को शिक्षा स्तर पर शैक्षणिक संस्थानों की पाठ्य पुस्तकों में सम्मिलित किये जाने की ज़ोरदार शब्दों में सिफारिश करते हैं।
- हम हिन्दी को उत्तर प्रदेश की एक मात्र राज भाषा स्वीकार करते हैं मगर साथ ही इस बात पर ज़ोर देते हैं कि किसी प्रासंगिक और व्यवसायिक उद्देश्यों तथा उर्दू के प्रयोग और विकास के लिये सभी अनुकूल सुविधाएं दी जायें।
- भाषा के प्रश्न पर उभरने वाले तनाव के किसी प्रयास को चाहे वह जिस खेमें में हो तीव्र भर्त्सना करते हैं।

इस विज्ञप्ति के साथ हिन्दी–उर्दू के लेखकों की गोष्ठी सौहार्दपूर्ण वातावरण में समाप्त हुई।

हिमाचल प्रदेश के मुख्यमंत्री तब यशवतंसिंह परमार थे। उनका निमंत्रण प्राप्त हुआ। हिमाचल भ्रमण के अदमनीय उत्साह से मैं बेचैन हो उठी। कांगड़ा, धर्मशाला तो मैं दो–तीन बार घूम आयी थी। अपनी ससुराल के गांव को नहीं देखा था। हमारा नाती सिद्धार्थ हमारे पास ही पल रहा था। अभी अढ़ाई वर्ष का ही था। उसकी आया और उसे साथ ले हम दोनों हिमाचल की ओर चल दिये थे। मैं पहली बार यशपाल के गांव को देखने 'भूम्पल' जा रही थी।

हमारे आने की सूचना शासन की ओर से सब स्थानों पर पहुंच गयी। हमारे आराम, यात्रा की व्यवस्था जिला अधिकारी पर थी। नागरिकों से भेंट–स्वागत की भी व्यवस्था होती। नागरिकों से हमें बड़ा प्यार और सम्मान मिला।

कांगड़ा, हमीरपुर होते हुए हम नादौन पहुंचे। नादौन का सारा बाज़ार सजा हुआ था और हम दोनों खुली जीप में बैठे नागरिकों का अभिनन्दन स्वीकार कर रहे थे। नादौन की एक सभा में स्वागत समारोह के अवसर पर नागरिकों द्वारा मानपत्र भी मिला।

नादौन के पास ही भूम्पल गांव था। रास्ते भर छोटे गेंदे की फूल मालाएं लिये

लोग हमारा स्वागत हमें रोक–रोक कर रहे थे। गांव पहुंचते ही बहुत लोग स्वागत में वहां के स्कूल में इकट्ठे हुए। हमारे पहुंचते ही बन्दूक से हवाई फायर किये गये। स्कूल आंगन में पेड़ के नीचे चौंतरे पर मुझे और यशपाल को बैठा कर लोगों ने भेंट की। सब लोग बड़े उत्साहित थे और अपनी समस्याओं का भी बखान कर रहे थे। पचास वर्ष के व्यवधान के बाद भी यशपाल जी अपने गांव के लोगों से पहाड़ी बोली में बात कर सकते थे।

इस यात्रा में हिमाचल के पूर्व मुख्यमंत्री शांताकुमार हमारे साथ थे। कांगड़ा, हमीरपुर, नादौन, धर्मशाला, पालमपुर, मंडी, बैजनाथ होते, स्वागत समारोहों में भाग लेते, नागरिकों का स्नेह और आदर पाते हम कुल्लू में दशहरे का उत्सव देखने पहुंच गये।

कुल्लू में आये आस–पास के गांवों के नागरिकों और सैलानियों की अथाह भीड़ थी। हमारे ठहरने का प्रबन्ध वहां के अच्छे होटल में कर दिया गया। सांस्कृतिक कार्यक्रम देखने की व्यवस्था हो गयी। चारों ओर चहल–पहल थी। आस–पास के गांवों के लोग अपनी डांडियों में देवताओं को स्थापित कर मेले में जम गये थे। प्रातः होते ही चारों ओर घंटे–घड़ियालों का नाद प्रारम्भ हो जाता था।

इस उत्सव पर सांस्कृतिक कार्यक्रमों में कई तरह के पहाड़ी नृत्य युगल जोड़ों के देखे। पहाड़ी लोगों द्वारा बनाये गर्म कपड़े, चटक रंगों के ऊनी शाल प्रसिद्ध हैं। सुना था, पहले औरतों की खरीद–फरोख्त भी होती थी। शायद अब भी होती हो, पर लुके–छिपे। दशहरे के दिन अपने–अपने देवताओं को डांडियों में लिये तुमुलनाद करते, नाचते–गाते पहाड़ी लोगों के प्रदर्शन नयनाभिराम थे।

कुल्लू से हम घूमते हुए शिमला आ गये। यहां पर लेखकों–मित्रों से भेंट की। यशवंतसिंह परमार जी को धन्यवाद दे, मित्रों, सम्बन्धियों से भेंट करते और यात्रा का सुखद वर्णन सुनते सुनाते हमने हिमाचल से विदा ली।

लखनऊ लौटने के कुछ दिनों के बाद ही हमारे सामने आनंद के विवाह के सम्बंध में प्रस्ताव आया। सम्बंध तय होने के साथ ही २७ जुलाई, १९६८ विवाह की तिथि भी निश्चित हो गई। घर पर बहू का स्वागत कर मैंने भी चैन की सांस ली। कारण था—प्रतिदिन हीवेट रोड स्थित अपने प्रेस में जाना होता था। यशपाल जी घर पर अकेले नहीं थे। घर में नौकर–चाकर थे, माली बगीचा देखने के लिए था—हालांकि सबसे अधिक ध्यान बगीचे पर यशपाल जी का रहता था। भोजन के लिये भी असुविधा न थी। यशपाल जी से भेंट करने वाले भी आते रहते थे। मेरी बहू मीना के घर पर आने से मैं पूरी तरह निश्चिंत हो गयी। मीना साहित्य प्रेमी है और प्रायः यशपाल जी से साहित्य चर्चा होती रहती थी।

हमारे पोते अनिरुद्ध का जन्म १ अक्तूबर, १९६९ को हुआ। उसी समय विचार आया—एक दिन जल्दी यह शुभ दिन आया अन्यथा गांधी और शास्त्री के साथ नाम जुड़ता। कौन जाने, एक दिन पहले का जन्म भी उतना ही शुभ हो।

इसी वर्ष 'सोवियत लैण्ड नेहरू पुरस्कार' यशपाल जी को मिलने की घोषणा हुई और १४ नवम्बर, १९६९ को यह पुरस्कार प्राप्त हुआ।

पद्म भूषण सम्मान

यशपाल जी की दूसरी आंख का आपरेशन इसी वर्ष के अन्त में हो गया। पद्म भूषण पाने के सम्बंध में केन्द्र सरकार, दिल्ली से पत्र प्राप्त हुआ। यह सूचना आंखों के आपरेशन के दूसरे दिन प्राप्त हुयी। यशपाल जी की आंखों पर पट्टी बंधी थी। इस सम्मान के सम्बंध में केन्द्र सरकार को अग्रिम स्वीकृति की सूचना देनी होती है। समझ में न आ रहा था कि यशपाल जी को पत्र पढ़ कर कैसे सुनाऊं। बड़ी उधेड़बुन में थी। मुझे बड़ा अच्छा लग रहा था पर यशपाल जी की प्रतिक्रिया पत्र सुन कर क्या होगी, यह चिन्ता मन में थी। हिम्मत बांध पत्र सुना दिया। यशपाल जी चुप। मैंने भी दुबारा स्मरण नहीं कराया। चौबीस घंटे बीत जाने के बाद मैंने धीरे से पूछा कि शासन को क्या उत्तर दूं ? स्वीकृति का उत्तर मिलते ही सूचना दिल्ली भेज दी।

पद्म भूषण सम्मान २१, अप्रैल १९७० को प्राप्त हुआ। शासन ने दावत भी दी।

इस अवसर पर एक और दावत का निमंत्रण भी मिला, प्रधान मंत्री इंदिरा गांधी द्वारा उनके घर पर स्वागत के लिये। इस मिलन के अवसर पर घर के एक छोटे कमरे में बहुत थोड़े से सम्भ्रांत व्यक्ति उपस्थित थे। प्रिंसिपल सेक्रेटरी श्री हक्सर और श्रीमती हक्सर, अमृता प्रीतम, अली सरदार जाफरी, डाक्टर कर्णसिंह, हरिवंशराय बच्चन और उनकी पत्नी तेजी तथा दो चार अन्य व्यक्ति। एक व्यक्ति और था जो संस्कृत के श्लोक बड़े सुसंस्कृत ढंग से पढ़ रहा था। इन श्लोकों की वह व्याख्या भी कर रहा था।

हमारे पहुंचते ही इंदिरा गांधी स्वयं उठ कर आयीं। हमसे आमिष–निरामिष के सम्बंध में पूछा। घंटा भर इस गोष्ठी का आनन्द ले और जल–पान कर हम दोनों वापस लौट आये। डाक्टर हरिवंशराय बच्चन की पत्नी तेजी के चेहरे पर जो खुशी और मुस्कराहट थी वह अनोखी थी। लगता था वहां आने का उनका अधिकार तो है और शेष लोग घाते में यानी फालतू ही आये हैं। इंदिरा गांधी का व्यवहार साधारण पर शालीन था।

पद्म भूषण सम्मान पाने के बाद तुरन्त ही शारीरिक जांच के लिये यशपाल जी 'आल इंडिया मेडिकल इंस्टीट्यूट' में भरती हो गये। यशपाल जी बहुत दुबले होते जा रहे थे। श्वास की नली में कष्ट के कारण हांफ जाते थे। डाक्टर जांच करते थे और यशपाल

जी का केस दिखाकर विद्यार्थियों को श्वास की नली के सम्बंध में बताते भी थे। पर इलाज के सम्बंध में साफ कुछ न कहते थे। बस कम्पोज़ या ऐसी ही अन्य औषधि खाने को कह कर छुट्टी कर देते थे।

नये देश नये लोग

दिल्ली से लौटे अभी एक मास भी न हुआ था कि 'सोवियत लैण्ड नेहरू पुरस्कार' पाने वालों को सोवियत संघ आने का निमंत्रण मिला। शिष्ट मंडल का लीडर यशपाल जी को चुना गया। यशपाल जी के साथ मैं भी गयी थी क्योंकि अकेले भ्रमण में उन्हें बड़ी असुविधा होती थी।

१९७० के मई मास में शिष्ट मंडल मास्को पहुंच गया। स्वागत के बाद रूस में सब कुछ देखा जो पहले नहीं देखा था और देखा भी था। रूस के लेखकों, संगीतज्ञों, कलाकारों के उन भवनों को देखा, जिन में कभी वह रह चुके थे। लेनिन की समाधि तथा कई नयी कलाकृतियों के संग्रहालयों को भी देखने गये। पुश्किन का घर देखा और उनकी समाधि पर श्रद्धांजलि अर्पित की। वहां के कलाकारों, लेखकों द्वारा आयोजित समारोहों में भाग लेकर विलनस पहुंच गये।

विलनस के ट्यूलिप्स

मई-जून का महीना होने के कारण लिथूनिया की राजधानी विलनस में इस समय सड़कों के किनारे और बागों में कई रंग के ट्यूलिप्स खिले हुए थे। मीलों तक सड़कों के किनारे बिछी क्यारियों में रंगों के कालीन बिछे थे। कई वर्ष बाद कनाडा की राजधानी ओटावा में भी यही दृश्य देखने को मिला, लेकिन इस विस्तार से नहीं। इस बहार और सुन्दरता को देख मन और आंखें तृप्त हो गयीं। ढेर से ट्यूलिप्स खरीद कर मैंने होटल के कमरे में सजा दिये। मन में आता था, इन सुन्दर सजी ट्यूलिप्स की क्यारियों के पास खड़ी रहूं।

विलनस के नागरिकों, लेखकों, कलाकारों का अभिनन्दन स्वीकार कर हम मास्को लौट आये। अगला पड़ाव था लेनिनग्राद। १९९२ में लेनिनग्राद का नाम बदल

कर सेण्ट पीटर्सबर्ग का दिया गया है, पर मेरे लिये यह नगर सदा लेनिनग्राद ही रहेगा। हिटलर की सेनाओं से तीन वर्ष जूझ कर अपने नगर की रक्षा की कहानी यहां के निवासी कैसे भूल सकते हैं ?

लेनिनग्राद में अपने पुराने परिचित मित्रों—नताशा ताल्सताया, कातेनिना, बारान्निकोव, रीमा, सबसे बड़े प्यार से मिले। शिष्ट मडंल के साथ फिर ज़ार का महल देखा। नेवा दरिया के किनारे सैर कर ज़ार के ग्रीष्म उद्यान में भी घूमे। दूसरे विश्व युद्ध के समय नाज़ियों ने इस उद्यान में लगी पत्थर की सुन्दर मूर्तियों के नाक-कान काट कर उन्हें खंडित कर दिया था। इंसान के जानवर बनने की यह जीवित मिसाल है। अपने देश में भी पढ़-सुन चुकी थी और कुछ स्थानों पर देखा भी कि विदेश से आये लुटेरों ने लूट के साथ मूर्तियों को खंडित ही नहीं किया इन्हें तोड़ा भी था।

सन् १९६४ में और उससे पहले १९५८ में भी यशपाल जी को काफी रूबल रायल्टी के रूप में मिले थे। छपाई की दो सिलेंडर मशीनें खरीदने के बाद कुछ रूबल एक मित्र ने बैंक में जमा करा दिये थे वे ले लिये गये। यह जान कर कि हम इतने रूबल से अमरीका आने-जाने का टिकट खरीद सकते हैं हमें बड़ी प्रसन्नता हुयी। कुछ खरीद फरोख्त भी की। कुछ रूबल मित्रों को भी आवश्यकता पड़ने पर दिये।

अमरीका यात्रा

मास्को स्थित भारतीय राजदूत श्री धर से हम दोनों को भोजन के लिये निमंत्रण मिला। वे यशपाल जी के नाम से परिचित थे। भेंट के समय अमरीका जाने का विचार बताया और यह भी बताया कि हमें संदेह है कि अमरीकी दूतावास वीज़ा नहीं देगा। धर साहब ने आश्वासन दिया कि वीज़ा मिलेगा और आप अपना प्रोग्राम अमरीका जाने का बना लें। हमारे राजदूत ने फोन करके अमरीकन दूतावास में दूसरे दिन प्रातः जाने के लिये कहा। हम दोनों दूसरे दिन नौ बजे वहां पहुंच गये। हमारा पासपोर्ट देखकर अमरीकी अधिकारी ने कहा—अगर हमारे पास फोटोग्राफ हैं तो ठीक है। अगर नहीं हैं तो चिन्ता न करें। इस उदारतापूर्ण व्यवहार से हम बड़े प्रसन्न हुए। हमें बड़े आदर से बैठाया गया और दस मिनट के अन्दर ही वीज़ा मिल गया। यह हमारी नहीं हमारे राजदूत की जीत थी। हम दोनों ने उसी समय अमरीका के लिये टिकट खरीद लिये। न्यूयार्क रवाना होने से पहले धर साहब ने हमें अमरीका फोन करने की सुविधा भी दी। हमने बेटी किरण से फोन पर बात कर न्यूयार्क पहुंचने की सूचना दे दी।

न्यूयार्क के हवाई अड्डे पर किरण और उसका परिवार हमें लिवाने आये हुए थे। न्यूयार्क के एक बड़े महंगे होटल में हमारे एक रात ठहरने का प्रबन्ध था। दूसरे दिन शिकागो के लिये रवाना हो गये। एक-दो दिन शिकागो की सैर करने के बाद इंडियाना

राज्य में परड्यू यूनिवर्सिटी पहुंच गये। किरण इसी यूनिवर्सिटी के कैम्पस में रहती थी। यहां रहते समय कई मित्रों के निमंत्रण पर उनके घर भी गये। मुझे याद है, एक मित्र ने जब सुना कि हमारा विवाह जेल में हुआ था और वह दिन सात अगस्त आ रहा है तो हमारी शादी की सालगिरह पर हमें दावत दी। यह दावत बड़ी शानदार थी।

हम दोनों ने अमरीका के शहरों को देखने के लिये कार से भ्रमण किया। होटलों–मोटलों में ठहरते नियाग्रा प्रपात पहुंचे। कनाडा अमरीका की सीमा पर स्थित इस प्रपात को हमने अमरीका की ओर से देखा। कई वर्ष बाद यह प्रपात कनाडा की ओर से भी देखने का मौका मिला। केन्टकी राज्य की लम्बी सुरंग (मैमथ केव) के अन्दर भी मैं गयी। यह सुरंग भी दुनिया का आठवां आश्चर्य मानी जाती है।

परड्यू यूनिवर्सिटी में कोरिन फ्रेंड मिलने आयीं। श्रीमती फ्रेंड ने यशपाल जी के लेखन पर डाक्टर की उपाधि प्राप्ति की है और तीन पुस्तकें भी लिखी हैं। पहली पुस्तक है Yashpal : Author and Patriot। यह पुस्तक यूनिवर्सिटी आफ पेनासिल्वेनिया प्रेस से प्रकाशित हुई है। इसे Essence of Love नाम से आर्नल्ड हाईनमैन, दिल्ली ने भी प्रकाशित किया। दूसरी पुस्तक Yashpal Looks Back यशपाल जी के क्रान्तिकारी जीवन के संस्मरणों 'सिंहावलोकन' पर आधारित है। इस पुस्तक को विकास प्रकाशन, दिल्ली ने प्रकाशित किया है। श्रीमती फ्रेंड ने 'अमिता' उपन्यास का अनुवाद भी किया जो यूनेस्को के माध्यम से प्रकाशित हुआ।

जीवन भर समाजवादी समाज और आदर्श के लिये जूझने वाले यशपाल जी के लिये पूंजीवाद के गढ़ अमरीका की यात्रा मामूली बात न थी। विचारधारा भिन्न होने के बावजूद वे अमरीकी समाज में प्रजातांत्रिक परम्पराओं तथा भेदभाव मिटाने और स्त्रियों के लिये समान अधिकारों के लिये चल रहे आन्दोलनों से बहुत प्रभावित हुये थे। अनौपचारिक बातचीत में प्रायः सोवियत और अमरीकी उपलब्धियों की तुलना भी करते। बेटी, दामाद और नाती के साथ कुछ और स्थानों का भ्रमण कर हम मास्को लौट आये। अपने पहुंचने की सूचना तार से भेज चुके थे। दो दिन मास्को में ठहर कर विदा ली और भारत लौट प्रेस–प्रकाशन संभाला।

आफ्रो-एशियन कान्फ्रेंस

मास्को से लखनऊ लौटे अभी कुछ दिन ही हुए होंगे कि अफ्रीका और एशिया के प्रगतिशील लेखकों की कान्फ्रेंस दिल्ली में होने की सूचना मिली। लखनऊ के बहुत लेखक इस कान्फ्रेंस में सम्मिलित हुए। यशपाल जी इस कान्फ्रेंस में नहीं जा सके। इस कान्फ्रेंस में जो कुछ हुआ उसकी चर्चा ज़रूर सुनी।

इस कान्फ्रेंस के अवसर पर प्रगतिशील परम्परा के अनुसार किसी भारतीय

लेखक को 'लोटस' पुरस्कार मिलना था। इस पुरस्कार समिति के तीन सदस्य थे : अध्यक्ष हरिवंशराय बच्चन, सेक्रेटरी सज्ज़ाद ज़हीर, सदस्य भीष्म साहनी थे। समिति की मीटिंग त्रिवेन्द्रम (केरल) में रखी गयी। लेखकों की समझ में नहीं आया कि मुख्य तीनों सदस्य दिल्ली में ही रहते थे तो यह मीटिंग त्रिवेन्द्रम में क्यों रखी गयी। न तो सज्ज़ाद ज़हीर और न भीष्म साहनी इस मीटिंग में, जिस में पुरस्कार का निर्णय लेना था, पहुंच सके। बच्चन ने स्वयं ही अपने नाम का निर्णय ले लिया जब कि वे इस परम्परा में आते ही नहीं थे। वे तो रोमानी कवि थे न कि प्रगतिशील। बहरहाल इस पुरस्कार की घोषणा कर दी गयी और इस कान्फ्रेंस में यह पुरस्कार बच्चन को दिया जाना था।

इस पुरस्कार को प्रदान करने के लिये श्रीमती इन्दिरा गांधी को निमंत्रित किया गया था। मुद्राराक्षस इस सम्मेलन में, जिसमें पुरस्कार दिया जाना था, मौजूद थे। इस पुरस्कार की घोषणा के सम्बन्ध में और पुरस्कार प्रदान करने के सम्बन्ध में जो लिखित बताया है वह इस प्रकार है। मुद्राराक्षस के अनुसार :---

सेवा में
श्रीमती प्रकाशवती पाल
लखनऊ

आदरणीया भाभी जी,

आपकी जिज्ञासा के उत्तर में मैं बताना चाहता हूँ कि दिल्ली में हुए एफ्रो एशियाई लेखक सम्मेलन के अवसर पर लोटस पुरस्कार भी दिया जाना था।

इस पुरस्कार समिति के तीन सदस्यों में से एक बच्चन जी इसके अध्यक्ष थे। उन्होंने हड़बड़ी में शायद त्रिवेन्द्रम में पुरस्कार समिति की बैठक बुलाई। जाहिर है वहाँ सिर्फ बच्चन ही पहुँचे थे।

पुरस्कार की घोषणा हुई तो लोटस एवार्ड बच्चन जी को ही मिला घोषित हुआ।

इस पर मैंने एक पर्चा छपाया - एम्बेज़लमेन्ट ऑफ लोटस एवार्ड।

यह सम्मेलन में वितरित किया गया और जब श्रीमती इंदिरा गाँधी बच्चन को पुरस्कार दे रही थीं तब हाल में शेम शेम के नारे भी लगे थे।

मुद्राराक्षस
20.11.92.

हिन्दी साहित्य सम्मेलन, प्रयाग द्वारा 'झूठा सच' उपन्यास के लिये मंगलाप्रसाद पारितोषिक की घोषणा काफी दिन पहले हो चुकी थी पर यह पुरस्कार सन् १९७१ के आरम्भ में प्रदान किया गया। हज़रतगंज के सूचना केन्द्र हाल में यह पुरस्कार देने की व्यवस्था श्रीनारायण चतुर्वेदी जी ने की। उस समय शासन के मुख्य मंत्री कमलापति त्रिपाठी थे। यह पुरस्कार त्रिपाठी जी ने यशपाल को प्रदान किया।

'मेरी तेरी उसकी बात' का सृजन

'मेरी तेरी उसकी बात' का सृजन आरम्भ हो चुका था। यशपाल का स्वास्थ्य साथ न दे रहा था। लगातार मेज़ पर बैठने में भी असुविधा होती थी पर लिखे बिना भी रह न पाते थे। बोल कर लिखाना उन्हें कभी रास न आया। बार–बार हवा से ठंड पकड़ सांस का कष्ट बढ़ जाता था। कुछ समय बाद 'मेरी तेरी उसकी बात' उपन्यास धारावाहिक रूप में धर्मयुग में ६ मास तक छपा। मैं स्वयं और आनन्द दोनों ही यशपाल की सहायता करते रहते थे। सांस के कष्ट के कारण वह जल्दी ही थक जाते थे। उन्हीं का लिखा उन्हें पढ़कर सुनाते थे और कहीं काटना या सही करना हो तो करवाते रहते थे।

'मेरी तेरी उसकी बात' का कैनवेस भी 'झूठा सच' के समान विशाल है। १९४० और १९४२ की राजनीतिक गतिविधियों और 'भारत छोड़ो' आन्दोलन की पृष्ठभूमि के इस उपन्यास को लिखते समय यशपाल जी ने 'झूठा सच' के लेखन जैसे ही रिसर्च की थी। लखनऊ के चौक मुहल्ले में रहने वाले कई खत्री परिवारों से उनके रीति–रिवाज़ों, स्त्रियों के पहनावे और रहन–सहन के बारे में कई दिन तक बातचीत की। स्वास्थ्य साथ दे तो दिन भर लिखते थे और संध्या उपन्यास के सम्बंध में जानकारी बटोरने के लिये लोगों से मिलते थे। अस्वस्थ होने पर कई बार लोग उनसे मिलने हमारे निवास पर भी आ जाते थे। इसी प्रकार बलिया और पूर्वी उत्तर प्रदेश में चले आन्दोलन का प्रामाणिक वर्णन करने के लिये श्री जगन्नाथ उपाध्याय और गांधी शांति प्रतिष्ठान के श्री रामप्रवेश शास्त्री से और इनके द्वारा परिचय कराये व्यक्तियों से कई दिन लम्बी–लम्बी वार्तायें कीं। देश–काल को सही रूप से चित्रित करने और घटनाक्रम में असंगति न आये इस ओर यशपाल जी विशेष रूप से ध्यान देते थे। मज़े की बात तो है कि 'गांधीवाद की शव परीक्षा' का लेखक गांधी शांति प्रतिष्ठान से जुड़े लोगों से उतनी ही अंतरंगता और सहायता पा सकता था जितनी किसी और से।

'मेरी तेरी उस की बात' उपन्यास समकालीन इतिहास के मानव अनुभवों का एक ऐसा दस्तावेज़ है जिसमें सिर्फ व्यक्ति की अनुभूतियों और संवेदनाओं की लीला ही नहीं है बल्कि उन सब सामाजिक, राजनैतिक और आर्थिक ताकतों का भी खेल है जो इस मानवीय अनुभव को रूपायित और निर्देशित कर रहा है। मेरी आपकी, सब की

ज़िन्दगी की किसी भी स्थिति, त्रासदी और नियति को बनाने वाली चीज़ों, घटनाओं, प्रसंगों, परिवर्तनों, उद्वेलनों की अन्तर्क्रिया और मेरे, आपके, सब के आचरण, चरित्र, आपसी रिश्तों और व्यक्तित्व को कितना जोड़ती-तोड़ती है यही इस की पहचान है। इसीलिये इस महाकाव्यात्मक, प्रस्तुति को माध्यम अपनाया गया है।

लेखक ने समकालीन इतिहास के मानवीय प्रभावों की विविधता को अनुभव बिम्ब बनाकर वक्त की नैतिक और राजनैतिक ज़िन्दगी से जोड़कर चरित्रों में मूर्त किया है। व्यक्ति,परिवार, समाज, सम्प्रदाय और जाति के आचरण और व्यवहार में राजनीति का कितना आतंक है इस की पहचान 'मेरी तेरी उसकी बात' कराती है।

यशपाल अपनी रचनाशीलता में तथ्यों और घटनाओं के वस्तुपरक यथार्थ को स्वीकार कर वास्तविकता के अपने सहज स्वाभाविक अर्थ को मूर्त कर देते हैं। उनका सरोकार सिद्धान्त और मत रूपायित होते हैं। उनकी और उनके विकास की अहमियत यह है कि मौजूदा हालात और सचाइयों से वे उपजे हैं और उनसे ही बदलाव की भूमिका बनती है। वे घटनाओं की दिशा, गति और प्रवाह का नतीजा होते हैं और बदलाव की संभावनाओं को उत्तेजित करते हैं। 'मेरी तेरी उसकी बात' बदलाव की इसी सम्भावनाशील उत्तेजना की रचना है।

इसी वर्ष सन् १९७२ के अन्त में मारिशस आने का निमंत्रण वहां के प्रधान मंत्री सर रामगुलाम की ओर से प्राप्त हुआ। जनवरी आरम्भ में ही हम दोनों मारिशस पहुंच गये। हवाई अड्डे पर शासन और नागरिकों की ओर से स्वागत हुआ। यह वह समय था जब मारिशस और भारत के आपसी सम्बन्ध बढ़ने आरम्भ हो गये थे। अब तक वहां के भारतीय बंधुआ मजदूरों की संतान, रामायण की चौपाइयों के सहारे ज़िन्दा थी। विगत वर्षों में वे केवल हिन्दी साहित्य सम्मेलन, प्रयाग की परीक्षाएं देकर अपना और अपनी सन्तानों का हिन्दी ज्ञान बनाये रख कर संतुष्ट थे। कुछ विद्यार्थी देहली, लखनऊ, आगरा के मेडिकल कालेजों में और अन्य तकनीकी कालेजों में उच्च शिक्षा प्राप्त करने के लिये आने लगे। कुछ विद्यार्थी हमारी देखरेख और दो विद्यार्थी लखनऊ में हमारे साथ रहकर उच्च शिक्षा प्राप्त करने भी आये।

मारिशस पहुंचते ही विशेष अतिथि के रूप में हमारे बड़े-बड़े फोटोग्राफ महत्वपूर्ण चौराहों पर लग गये और स्वागत समारोहों की तैयारियां आरम्भ हुयीं। हाल खचाखच भरे होते। एक बार में इतने फूल मिलते कि हमारी गाड़ी का आधा भाग फूलों की भेंट से ही भर जाता और रेडियो-टेलीविज़न पर हमारे स्वागत-समारोहों के सम्बन्ध में चर्चा होती रहती। प्रधानमंत्री सर रामगुलाम से भेंट हुयी। उनके लिये हम अपने साथ भारत की धरती का प्रतीक स्वरूप गंगाजल और यशपाल जी की कुछ पुस्तकें, विशेषकर

'सिंहावलोकन' तीनों भाग ले गये थे। प्रधान मंत्री ने बड़े स्नेह और आदर से हमारा स्वागत किया। हमारे स्वागत में प्रधान मंत्री की ओर से एक काकटेल पार्टी का आयोजन भी हुआ। इस पार्टी में मारिशस के लगभग सभी सम्मानित व्यक्तियों ने भाग लिया। सर रामगुलाम वहां के एक-एक सम्भ्रान्त व्यक्ति से हमारा परिचय करा रहे थे।

लगभग एक मास हम मारिशस में रहे। समुद्र की जलवायु से यशपाल जी के स्वास्थ्य, खास कर सांस के कष्ट को चमत्कारी लाभ हुआ। मारिशस के दर्शनीय स्थानों को देखा और वहां भी हमारा स्वागत हुआ। भारतीय भाषाओं, साहित्य और संस्कृति के अध्ययन और शोध कार्य के लिये भारत सरकार के योगदान से स्थापित 'गांधी इन्स्टीट्यूट' में एक बहुत बड़ी सभा का आयोजन किया गया था। हिन्दी साहित्य में जनता की रुचि और हिन्दी के प्रति उनके प्रेम का इससे बड़ा प्रमाण क्या हो सकता था कि अच्छा बड़ा हाल पूरा भर जाने पर जगह न बची तो लोग खिड़कियों के बाहर भी जमा हो गये। मुख्य वक्ता के रूप में यशपाल जी के भाषण का विषय 'भारतीय साहित्य की मुख्य प्रवृत्तियां' था। भाणण के बाद श्रोताओं के प्रश्न साहित्य और संस्कृति तक सीमित न रह कर भारत की सामाजिक और राजनीतिक समस्याओं के विषय में भी थे। सभा में उपस्थित राजदूतों और उच्चायुक्तों ने भी बहस में भाग लिया। पाकिस्तान के उच्चायुक्त ने भारतीय समाज में सेक्युलर प्रवृत्तियों के बारे में कई प्रश्न किये।

हिन्दी साहित्य संघ, त्रियोले की ओर से यशपाल जी के सम्मान में आयोजित वहां के लेखकों और कलाकारों की गोष्ठी में भी भाग लिया। उसी दिन शिवरात्रि के अवसर पर शोभायात्रा को देखा और 'परी तालाब' जिस का महत्व गंगा की तरह है उसके दर्शन भी किये। मारिशसवासियों की धारणा है कि परी तालाब की मान्यता से मन के सब संकल्प पूर्ण होते हैं।

सन् १९७३ के आरम्भ में हम दोनों मारिशस यात्रा की सुखद स्मृतियों को साथ लिये अपने देश वापस लौटे थे। मारिशस यात्रा से सम्बन्धित पुस्तक 'स्वर्गोद्यान बिना सांप' का प्रकाशन हुआ। यह पुस्तक मारिशस में हिन्दी के विद्यार्थियों को पढ़ाई जाने लगी।

'मेरी तेरी उसकी बात' उपन्यास को दुहराना चालू था। उपन्यास के कई भाग यशपाल जी ने धारावाहिक छपने के बाद दुबारा लिखे। केवल यह एक पुस्तक है जो मुझे समर्पित है। १९७४ के आरम्भ में उपन्यास छप कर तैयार हो गया।

जासूस धर्मेन्द्र गौड़ का खेल

जिस समय 'यशपाल' को मज़ा चखाने का अभियान धर्मेन्द्र गौड़ नें आरम्भ किया उससे पहले वह अपनी पुस्तक 'मैं अंग्रेज़ों का जासूस था' छपने पर स्वर्गीय नागर जी का आशीर्वाद और प्रोत्साहन प्राप्त कर चुका था। नयी पुस्तक के सम्बंध में गौड़ जब नागर जी के घर गया और बताया कि वह यशपाल को मज़ा चखाने वाला है तो नागर जी ने तुरंत कहा, "मेरी सीढ़ियों से बाहर हो जाओ।" यह सूचना नागर जी ने यशपाल को फोन पर दी। तब तक यशपाल धर्मेंद्र नाम के व्यक्ति को जानते भी न थे।

मज़ा चखाने का अर्थ निकला कानपुर की 'एलगा' पत्रिका में जालसाज़ी से रचे अभियान का प्रकाशन। फिर दो पुस्तकें—'आज़ाद के गद्दार साथी' और 'आज़ाद की पिस्तौल' लिखकर धर्मेन्द्र गौड़ ने यशपाल पर झूठी साज़िश कर जो तोहमत लगायी वह राष्ट्रीय अभिलेखागार को दी गयी। आज़ाद की शहादत के सम्बंध में पुलिस रिपोर्ट और आज़ाद की पिस्तौल के सम्बंध में छपा इस प्रकार है :

आज़ाद की शहादत पर नयी जानकारी

नेशनल हेराल्ड, लखनऊ, ८ मई, १९७६

राष्ट्रीय अभिलेखागार के इस नये विवरण के अनुसार २७ फरवरी, १९३१ को सुबह के लगभग ८.३० बजे ठाकुर विशेश्वरसिंह सुबह की सैर के बाद अलफ्रेड पार्क से होकर लौट रहे थे। पार्क में उन्हें तीन व्यक्ति दिखलाई पड़े, जिनमें एक व्यक्ति बहुत हृष्ट-पुष्ट था, जो आज़ाद जैसा लग रहा था । उसने सादे कपड़े पहने एक सिपाही

को नॉटबावर के पास इसकी सूचना देने के लिए भेज दिया और स्वयं उन पर नज़र रखे रहा।

दस या पन्द्रह मिनट बाद नॉटबावर सादी वर्दी में तीन सिपाहियों के साथ वहां पहुँच गया। नॉटबावर ने उनसे पूछा कि वे कौन लोग हैं ? दोनों व्यक्तियों ने तुरन्त अपनी पिस्तौलें निकाल लीं और नॉटबावर पर गोली चला दी। जवाब में नॉटबावर और उसके साथियों ने ताबड़तोड़ कई गोलियां चलाईं जिनमें से एक-एक गोली आज़ाद के पैर और दायें फेफड़े में क्रमशः लगी।

इसी बीच नॉटबावर के कारतूस खत्म हो गए। वह कारतूस भरने जा रहा था कि आज़ाद की चलाई एक गोली नॉटबावर के बायें हाथ में लगी और कारतूस नीचे गिर गया। उसने एक पेड़ के पीछे जाकर शरण ली। इस बीच आज़ाद भी सरक कर एक पेड़ के पीछे चले गए और जिस पेड़ के पीछे नॉटबावर छिपा हुआ था उसकी ओर लगातार गोलियों की बौछार करते रहे।

इसी बीच ठाकुर विशेश्वरसिंह भी आ गया और आज़ाद पर पीछे से आक्रमण करने का प्रयास किया किन्तु आज़ाद की एक गोली उसके जबड़े में लगी और वह भी घायल हो गया।

किन्तु इससे पहले सादे कपड़े पहने एक सिपाही चक्कर लगाकर उनके पीछे पहुँच गया और अन्ततः वहां से गोली चलाकर आज़ाद की जीवन-लीला समाप्त कर दी।

चन्द्रशेखर आज़ाद की पिस्तौल

नेशनल हेराल्ड १४, अगस्त ,१९७६, लखनऊ

२७ फरवरी, १९३१ को एलफ्रेड पार्क में जिस शस्त्र से चन्द्रशेखर आज़ाद ने अपनी अन्तिम लड़ाई लड़ी है वह इस प्रकार है : यह पिस्तौल अमरीका निर्मित, धुआं रहित, बिना किनारे वाली कोल्ट आटोमैटिक कैलिबर ३२ पिस्तौल है।

यह पिस्तौल सरजॉन नॉटबावर तत्कालीन एस.पी. (सी.आई.डी.) अपने साथ इंगलैंड ले गये थे। लंदन में भारत के उच्चायुक्त द्वारा यह पिस्तौल सरजॉन नॉटबावर से वापिस ले ली गयी।

आज़ाद की यह पिस्तौल अब इलाहाबाद संग्रहालय में सुरक्षित रक्खी हुयी है।

आज़ाद की पिस्तौल के बारे में धर्मेन्द्र गौड़ ने लिखा है कि आज़ाद अपने संग माउज़र पिस्तौल रखते थे। अगर धर्मेन्द्र ने माउज़र पिस्तौल को लिखने से पहले देखा होता तो इस झूठ को वह किसी और तरह लिखता। माउज़र पिस्तौल की नली लम्बी और पीछे का दस्ता बन्दूक की तरह यानी पूरा पिस्तौल हाथ भर लम्बा होता है। इस पिस्तौल को कोई भी व्यक्ति अपने शरीर पर छिपा नहीं सकता। विशेष एक्शन के समय उसे कपड़े में लपेट कर ले जाना पड़ता है। इस पिस्तौल का इस्तेमाल १९२८ में हिन्दुस्तान समाजवादी प्रजातंत्र सेना के सदस्यों भगतसिंह, राजगुरू और आज़ाद द्वारा लाला लाजपतराय पर किये गये लाठी प्रहार का बदला लेने के लिये लाहौर पुलिस के जे.पी. साण्डर्स की हत्या में इसी प्रकार किया गया था।

यशपाल जी ने इस लेख के उत्तर में लिखा था कि यह पिस्तौल माउज़र नहीं कोल्ट थी पर धर्मेंद्र को तो झूठ साबित करना था। आखिर यह झूठ साबित हुआ। माउज़र के स्थान पर कोल्ट पिस्तौल ही चन्द्रशेखर आज़ाद के पास थी और इस पिस्तौल से आज़ाद ने पुलिस का सामना किया था। नेशनल हेराल्ड, में छपा १४ अगस्त, १९७६ का पत्र प्रमाण है।

धर्मेन्द्र गौड़ ने लिखा था कि १९४२ और १९४८ में 'कम्युनिस्टों' के भूमिगत हो जाने पर यशपाल जी ने उन्हें गिरफ्तार कराने की भूमिका निभाई। धर्मेन्द्र गौड़ उस समय अंग्रेज़ों के लिये जासूसी कर रहा था। जिस समय की बात धर्मेन्द्र गौड़ ने लिखी है उस समय कम्युनिस्टों का मिलन–स्थल 'विप्लव कार्यालय' था। साथी शिव वर्मा पार्टी सेक्रेटरी थे। इस सम्बंध में उन का छपा लेख 'यशपाल एक समर्पित व्यक्तित्व' में इस प्रकार है :–

'यशपाल कम्युनिस्ट पार्टी के एक विश्वसनीय समर्थक थे। उनकी यह स्थिति अन्त तक बनी रही। यशपाल कम्युनिस्ट पार्टी के खिलाफ सी.आई.डी. के एजेन्ट नहीं बल्कि अन्याय, अत्याचार, असमानता, शोषण और गरीबी पर आधारित वर्तमान पूंजीवादी व्यवस्था को तोड़कर एक वर्गहीन समाजवादी समाज की स्थापना में संघर्षरत, कम्युनिस्ट पार्टी के सक्रिय एवं विश्वसनीय सहयोगी थे।

यशपाल एक स्वाभिमानी व्यक्ति थे। उन्होंने पैसे के लिये कभी किसी के सामने सिर नहीं झुकाया, अपनी कलम नहीं बेची और शोषक वर्ग पर चोट करने में नरमी नहीं बरती। वह पुलिस के नहीं भारतीय जनता

के वफादार एजेण्ट थे और इसके लिए यशपाल पर हम सब को गर्व एवं अभिमान है।'

यशपाल ने तत्कालीन मुख्यमंत्री हेमवतीनन्दन बहुगुणा को गुप्तचर विभाग में रखी यशपाल सम्बंधी फाइलों को देखने के सम्बंध में पत्र लिखा। यशपाल का पत्र और बहुगुणा का उत्तर मौजूद है।

सेवा में १८ जून, १९७४

माननीय हेमवतीनन्दन जी बहुगुणा

मुख्यमंत्री, उत्तर प्रदेश, लखनऊ।

माननीय महोदय,

निवेदन के लिये मेरा संक्षिप्त परिचय है :-

मैं १९२९ में ब्रिटिश शासन के विरूद्ध सशस्त्र विद्रोह के प्रयत्न के लिये प्रथम लाहौर षड्यंत्र केस और उसी अभियोग के लिये १९३० में दिल्ली षड्यंत्र केस और फिर १९३१ में दूसरे लाहौर षड्यंत्र केस 'आतिशी चक्कर' में अभियुक्त रूप में तीन वर्ष तक फरार रहा। मेरी गिरफ्तारी के लिये शहीद चन्द्रशेखर आज़ाद के बराबर पुरस्कार की घोषणा थी। दिल्ली षड्यंत्र केस के मुखबिर कैलाशपति के अदालत में बयान के अनुसार २३ दिसम्बर, १९२९ की सुबह लार्ड इरविन की ट्रेन के नीचे बम विस्फोट मैंने ही किया था। मेरी गिरफ्तारी के लिये अन्य फरार क्रान्तिकारियों के साथ मेरे चित्र के विज्ञापन, मेरी गिरफ्तारी में सहायक सूचना देने के लिये स्थान-स्थान पर लगे रहते थे। उसकी प्रतिलिपि आज भी पेश कर सकता हूं।

फरवरी १९३१ में चन्द्रशेखर आज़ाद की शहादत के बाद दल ने मुझे ही हिन्दुस्तान समाजवादी प्रजातंत्र सेना का मुख्य सेनापति निर्वाचित किया था। २३ जनवरी, १९३२ को मैं हीवेट रोड, इलाहाबाद में पुलिस से घिर जाने पर अंतिम कारतूस तक गोली चलाने के बाद गिरफ्तार कर लिया गया था। गिरफ्तारी के बाद मुझे चौदह वर्ष जेल की सज़ा हुई थी। यह सब कोर्ट और पुलिस रिकार्ड से प्रमाणित हो सकता है।

१९३८ में प्रथम कांग्रेसी मंत्रीमण्डल द्वारा जेल से मुक्त किये जाने पर मैंने साहित्यिक जीवन अपनाया और उसी को अब तक निबाह रहा हूं। मेरे आरम्भिक क्रान्तिकारी कार्य और बाद में साहित्यिक कार्य के लिये समाज और देश ने मुझे अनेक बार मंगला प्रसाद पुरस्कार, देव पुरस्कार, नेहरू पुरस्कार, डाक्टर आफ लिटरेचर आदि से सम्मानित किया है और १९७० में राष्ट्रपति ने मेरे राजनैतिक और साहित्यिक योगदान के स्वीकृति रूप मुझे 'पद्मभूषण' की उपाधि प्रदान की है।

इधर एक वर्ष से कुछ मतभेदों, ईर्षा और वैमनस्य के कारण कुछ लोगों ने मेरे चरित्रहनन के लिये, मेरे विरूद्ध झूठा प्रचार आरम्भ कर दिया है। तनुज्ज़ली के कारण रिटायर्ड (सी.आई.डी.) कर्मचारी धर्मेन्द्र गौड़ मेरे विरूद्ध पत्रों में प्रचार कर रहा है कि मैं क्रान्तिकारी जीवन में फरारी के समय पुलिस को सूचनायें देता था। सन् १९३२ में और १९४०-४१ में, जब मुझे गिरफ्तार करके मेरा प्रसिद्ध मासिक पत्र 'विप्लव' बन्द कर दिया गया था, मैं फरार कम्युनिस्टों और दूसरे फरार क्रान्तिकारियों को शस्त्रास्त्र सहित गिरफ्तार करवा रहा था। धमेन्द्र गौड़ ने पत्रों में लिखा है कि उसने यह सूचना उत्तर प्रदेश सी.आई.डी. के मुख्य कार्यालय, लखनऊ में फाइलों से पायी है। अपनी बातों के प्रमाण स्वरूप उसने तथाकथित सी.आई.डी. की गुप्त फाइलों से प्राप्त पत्रों के दो फोटो भी, जो मेरे विश्वास में जाली हैं, प्रकाशित करवाये हैं। इस मिथ्या प्रचार से मुझे बहुत मानसिक क्लेश और हानि उठानी पड़ रही है।

मेरी प्रार्थना है कि मुझे उत्तर प्रदेश सी.आई.डी. कार्यालय में, मुझसे सम्बन्धित फाइलें देखने का अवसर शीघ्रतिशीघ्र दिया जाये और मुझे इस विषय में विभाग द्वारा प्रमाणित सूचना मिल सके ताकि सत्य का निरूपण हो सके। यह केवल मेरे वैयक्तिक सम्मान की रक्षा के लिये ही आवश्यक नहीं बल्कि राष्ट्रीय इतिहास को धांधली से बचाने के लिये राष्ट्रीय हित में भी न्याय की मांग है।

मैं आपकी अनुमति के आदेश की उत्कट प्रतीक्षा में हूं।

भवदीय

यशपाल

पुनश्च :– धर्मेन्द्र गौड़ ने उल्लिखित प्रसंग और पत्रों के फोटो 'एलगा' कानपुर और बनारस के 'गांडीव' आदि पत्रों में प्रकाशित करवाये थे। इस प्रसंग में 'एलगा' अगस्त १९७३ की फाइल मैं उपस्थित कर सकता हूं।

यशपाल जी को लिखा मुख्यमंत्री बहुगुणा का उत्तर :–

सं० F/7296/CM

लखनऊ

१३ अगस्त, १९७४

प्रिय यशपाल जी,

कृपया आप अपने पत्र व्यवहार की श्रृंखला के पत्र संख्या शून्य दिनांक १८ जून, १९७४ का अवलोकन करें, जो उत्तर प्रदेश अभिसूचना विभाग में एक भूतपूर्व कर्मचारी श्री धर्मेन्द्र गौड़ द्वारा कुछ पत्रिकाओं में प्रकाशित लेखों के सम्बन्ध में है।

मुझे इस संदर्भ में यह कहना है कि अभिसूचना विभाग में कोई भी ऐसा अभिलेख आपके विषय में उपलब्ध नहीं है जिससे श्री धर्मेन्द्र गौड़ के लेखों में उल्लिखित कथन की पुष्टि हो।

भवदीय,

(हेमवती नन्दन बहुगुणा)

श्री यशपाल,
बी ३३५ महानगर,
लखनऊ

धर्मेन्द्र गौड़

धर्मेन्द्र गौड़ ने सन् १९३९ में दूसरा विश्व युद्ध छिड़ने पर भारतीय गुप्तचर विभाग में सिपाही की नौकरी पायी। प्रोत्साहन न मिलने पर विभाजन से पहले नौकरी छोड़ दी। इसी बीच सी.आई.ए. की एजेन्टी की। १९४९ के बाद केन्द्र के गुप्तचर विभाग में नौकरी पाकर अंग्रेज़ों के लिए जासूसी की। तीन–चार वर्ष बाद केन्द्र ने फिर धर्मेन्द्र को भारतीय गुप्तचर विभाग में वापस कर दिया और एक्साइज़ विभाग की ओर से नेपाल बार्डर पर स्मगलिंग की रोक–थाम के लिए तैनात कर दिया। उस क्षेत्र में अपराध बढ़ जाने पर जांच–पड़ताल के परिणाम स्वरूप विभाग के साठ व्यक्तियों पर कार्यवाही की। धर्मेन्द्र गौड़ को फिर वापस उत्तर प्रदेश गुप्तचर विभाग में भेज दिया।

धर्मेन्द्र गौड़ ने 'अंग्रेजों के लिए जासूसी' करते समय फोर्स वन–थ्री सिक्स यानी कि अर्धसैनिक गुप्तचर संस्था में काम किया था। इस संस्था का काम था, ज़ालसाज़ी और चोरी चपाटी, जाली सिक्के बनाना, चालबाज़ी, ध्वनिहीन शस्त्रों से दुश्मन को मारना, झूठे नक्शे बनाना, गुप्त स्याहियों का उपयोग कर जाली दस्तावेज़ तैयार करना, फोटोग्राफी फोर्जरी यानी छाया चित्रों द्वारा जालसाज़ी, दस्तावेज़ों की मोहरें बदलना। धर्मेन्द्र गौड़ ने अपनी पुस्तक 'मैं अंग्रेजों का ज़ासूस था' में यह सब कुछ स्वीकारा है।

धर्मेन्द्र गौड़ ने लिखा है कि चन्द्रशेखर आज़ाद की शहादत के ३७ वर्षों बाद उन्हें यह दस्तावेज़ दीमक लगी फाइलों से सन् १९६८ में प्राप्त हुए। वास्तविकता है कि धर्मेन्द्र गौड़ ने खुफिया विभाग की कुछ पुरानी फाइलों से पत्रों के हेडिंग और नीचे के दस्तखत चुराकर मनमाने ढंग से दस्तावेज़ तैयार किये और ट्रिक फोटोग्राफी का इस्तेमाल किया। इसी फोटोग्राफी फोर्जरी यानि छाया चित्रों द्वारा जालसाज़ी के आधार पर—दो पुस्तकें 'आज़ाद के गददार साथी' और 'आज़ाद की पिस्तौल' लिखी गयी।

धर्मेन्द्र गौड़ की जालसाज़ी यशपाल की मृत्यु का कारण बनी, एनजाइना के हमले होने लगे। वे कभी स्वस्थ न हो पाये। धर्मेन्द्र का लिखा सब झूठ प्रमाणित हुआ।

मानद उपाधियां, अवसान, सहदेव सिंह द्वारा ताण्डव नृत्य

आगरा विश्वविद्यालय से डी० लिट् उपाधि

सन् १९७४ में आगरा विश्वविद्यालय के निमंत्रण पर हम दोनों आगरा गये। दीक्षांत समारोह के अवसर पर यशपाल जी को डी.लिट. उपाधि से विभूषित किया गया। इस समारोह की समाप्ति के पश्चात हम आगरा विश्वविद्यालय के उपकुलपति सी.बी.राव और श्रीमती राव के साथ फिरोज़ाबाद में चूड़ी उत्पादन, शीशे के बर्तन तथा अन्य शीशे का कलात्मक सामान बनाते हुए देखने गये। वहां के निर्माताओं ने आदर भाव से उप कुलपति और हमारा स्वागत कर बहुत कुछ भेंट में दिया।

१९७५ में केरल, कोडंगलूर में 'समस्त केरल लेखकों की कांग्रेस' में पुनः आने का निमंत्रण मिला। हृदय रोग विशेषज्ञ डाक्टर मंसूर हसन ने स्वास्थ्य के विचार से यह यात्रा वर्जित कर दी पर हम दोनों केरल गये। समुद्र तटीय जलवायु से यशपाल जी के स्वास्थ्य को काफी लाभ पहुंचता था।

केरल यशपाल जी के लिये नया नहीं था। पिछले तीस वर्षों में पुस्तकों, पत्रिकाओं में यशपाल खूब छप चुका है, अभी दो वर्ष पहले 'झूठा सच' उपन्यास का छठा संस्करण कोट्टायम से प्रकाशित हुआ है। अन्य पुस्तकें भी छपी हैं और छप रही हैं। पाठ्यक्रम में यशपाल पढ़ाया जा रहा है।

समस्त केरल लेखक सम्मेलन

लेखक सम्मेलनों में आना–जाना तो कई बार हुआ पर केरल के समस्त लेखकों

का एक स्थान पर इतनी बड़ी तादाद में इकट्ठा होना और एक ही स्थान पर भोजन और ठहरने का प्रबंध आश्चर्यजनक था। सम्मेलन–स्थल पर पंडाल बहुत बड़ा और रंग-बिरंगी झंडियों से सजाया हुआ था।

स्वागत–द्वार पर कदली स्तम्भों पर केले के बड़े गाछ लगे हुए थे। द्वार के दोनों ओर आधे कटे नारियल में प्रज्ज्वलित दीप हाथ में लिए, मार्ग के दोनों ओर कुमारियों की लम्बी कतार थी। बैंड–बाजे की भीड़ के साथ यशपाल जी का भव्य स्वागत हुआ। लेखकों का यह सम्मेलन तीन दिन तक चला। प्रसिद्ध लेखक शंकर कुरुप से फिर भेंट हुयी। इस लेखक सम्मेलन में यशपाल जी के उद्‌घाटन भाषण का कुछ अंश :

> *'केरल के प्रबुद्ध लेखको ! मुझे विश्वास है, आपके इस सम्मेलन का प्रयोजन सम–सामयिक समाज अर्थात् जनगण के जीवन की रक्षा और विकास के अवसर के लिए संघर्ष का समर्थन और उसे सबल बनाने में सहायक होना है। ऐसी चर्चा में सम्मलित हो सकने से मैं गहरा सन्तोष अनुभव करता हूं और इस विचार और प्रयत्न के लिए आपको बधाई देता हूं। हम सब इस कार्य में सहयात्री होने के नाते जानते हैं कि हमारा यह काम कठिन है। हम अपना लक्ष्य या अपने विचार से समाजहित का मार्ग विधि–निषेध या कानूनों के रूप में नहीं बता सकते, न हम जनगण को अपने विचारों के अनुसार चलने के लिए दण्ड और शस्त्रों के बल का भरोसा कर सकते हैं। साहित्यिक अथवा सर्जनात्मक लेखन का शस्त्र केवल भावोद्रेक की रसात्मक अभिव्यक्ति है। लेखक को अपनी ऐसी अभिव्यक्ति के साधन से ही जनता की भावनाओं और विचारों और विश्वासों को न्याय के लिए संघर्ष के मार्ग पर चलाना है। यह काम वास्तव में परम्परागत विश्वासों और मान्यताओं के सांचे में ढले जनगण की रक्षा और उनका सामर्थ्य बढ़ाने के लिए उन्हें समयानुसार नया मनुष्य या नया समाज बनाने का यत्न है। हम जानते हैं, यह काम बहुत कठिन है। हम यह भी जानते हैं कि यह कठिन काम हम विधि निषेध और दण्डबल से नहीं कर सकते। हमें यह काम कलात्मक आवरण में करना होगा। हमें समाज की परम्परागत मान्यताओं के अन्तर्विरोधों को स्पष्ट करके नयी दृष्टि जगानी होगी। इस नवीन समयानुकूल दृष्टि से पाठकों में आधुनिक, सामाजिक और मानवी न्याय के पक्ष में भावनाओं और रसोद्रेक से मनोबल और मत बल खड़ा करना होगा।'*

कोडंगलूर से हम त्रिवेन्द्रम आ गये। त्रिवेन्द्रम में स्वागत समारोह के समय

हिन्दी के स्नातकों को डिग्रियां, डिप्लोमा तथा मैडल देने का सम्मान मुझे प्राप्त हुआ।

इस बार भी केरल के अन्य स्थानों को देखने गये। त्रिचूर में पूर्व मिनिस्टर और वाइस चांसलर डाक्टर मुण्डासरी से मिले। डाक्टर मुण्डासरी यशपाल जी के प्रशंसक और मित्र थे। उनके साथ घर पर भोजन किया। इतने खराब स्वास्थ्य के होते हुए भी यशपाल जी की यह केरल यात्रा सुखपूर्वक हुयी। उस समय केरल के मुख्यमंत्री अच्युत मेनन थे। इस यात्रा का कुछ श्रेय उन्हें भी है।

नागरी प्रचारिणी सभा, एवं साहित्य सम्मेलन द्वारा सम्मान

इसी वर्ष १९ मई, १९७५ को डाक्टर श्यामसुन्दरदास शती समारोह के अवसर पर नागरी प्रचारिणी सभा, वाराणसी द्वारा यशपाल जी आमंत्रित हुए। सभा द्वारा ताम्रपत्र भेंट कर यशपाल जी को सम्मानित किया गया।

इसी वर्ष दिसम्बर १९७५ में साहित्य सम्मेलन, इलाहाबाद द्वारा 'साहित्य वाचस्पति' (डी.लिट्.) के उच्च सम्मान द्वारा यशपाल को विभूषित किया गया। हिन्दी साहित्य सम्मेलन के इस समारोह में बहुत से लेखक आये। साहित्यकारों के गोष्ठी–सम्मेलन के बाद खुले अधिवेशन में मुख्य अतिथि डाक्टर कर्णसिंह, सुमित्रानन्दन पंत, यशपाल जी तथा अन्य साहित्यकार भी मंच पर थे। अस्वस्थ रहते हुए भी यशपाल जी समारोहों में भाग ले रहे थे।

१९७३ का वर्ष यशपाल जी के लिये अपशकुनों के साथ उदय हुआ था। सांस का कष्ट बढ़ता जा रहा था। मानसिक तनावों के कारण एनजाईना की तकलीफ भी बढ़ गयी जो दिल के दौरे का पूर्वसूचक थी। तनाव का एक कारण बच्चन की पुस्तक थी जिसमें उन्होंने मेरे सम्बन्ध में वह झूठ लिखा जिस की दाद देनी पड़ती है। क्या पढ़ा–लिखा इंसान इतनी गलतबयानी कर सकता है ? यशपाल जी ने यह संस्मरण पढ़े और चुप हो गये। मैंने पढ़ने आरम्भ किये तो पुस्तक दीवार से मार कर पटक दी। मेरी समझ में नहीं आता था कि मैं यशपाल जी को क्या उत्तर दूं और बच्चन से सामने बैठ कैसे निपटूं। यशपाल जी के बड़प्पन और शालीनता की क्या कहूं। जीवन–पर्यन्त उन्होंने कभी इस सम्बन्ध में प्रश्न ही नहीं किया।

यशपाल जी ने जीवनकाल में अपनी कलम, समझ और व्यवहार से नाम कमाया। अंत तक सम्मान पर सम्मान पाते चले गये। हमारे कुछ राजनैतिक साथी यह सह न सके और जालसाज़ी के कुचक्र का साथ देकर उन्हें बदनाम करने की साज़िश में जुट गये। दुश्मनों के मतिभ्रम ने हमारे साथ भाग्य का विचित्र खेल खेला। इस साढ़े साती खेल

ने १९७३ से लेकर १९७९ तक सब कुछ तबाह कर दिया। यशपाल जी इस उत्पीड़न से समाप्त हो गये। प्रेस लुट कर समाप्त हो गया। हम जीविका के लिये भटकने लगे।

७ सितम्बर, १९७६। दिन के ११ बजे के लगभग यशपाल इंजेक्शन लेकर लौटे। दिल का दौरा पड़ते ही बेहोश हो गये। मैं प्रेस जाने के लिये तैयार थी। डाक्टर के पास भी मुझे साथ ही जाना था। गाड़ी पर बैठते ही डाक्टर के पास अकेले चल दिये, मैं रिक्शा से प्रेस चली गयी। बेटा-बहू बेहोश यशपाल को गाड़ी में डाल मेडिकल कालेज के इंटेंसिव केयर वार्ड में ले गये। सारा दिन दोनों वहां से हटे नहीं। चार बजे शाम कुछ सांस में सुधार होने पर प्रेस में फोन आया कि मेडिकल कालेज आ जाओ। मैं कारण कुछ भी समझ न सकी। मेडिकल कालेज पहुंच कर स्थिति समझ में आयी। अभी होश ठीक से आया नहीं था। बस चुप खड़ी स्वास्थ्य के लिये शुभकामनाएं करती रही। दूसरा और तीसरा दिन कुछ बेहतर कटा। चौथे दिन संध्या हमारी क्रांतिकारी साथी दुर्गा भाभी और मित्र सरदारसिंह मिलने आये। यशपाल चुप थे, चुप ही रहे। मिलन-समय का ध्यान रख दोनों मित्रों को कमरे के बाहर लिफ्ट तक छोड़ कर वापस पहुंची ही थी कि कुछ सैकेन्ड के बाद यशपाल का सिर तकिये पर लुढ़क गया। भाग्य की बात कि कमरे में उसी समय डाक्टर चक्रवर्ती तथा अन्य विशेषज्ञ आये थे। मेरी चिल्लाहट सुनते ही वे सब यशपाल के बिस्तर की ओर दौड़े और मुंह से सांस देना प्रारम्भ कर दिया। ४४० वोल्ट के दो शाक भी दिये। डाक्टर तथा अन्य विशेषज्ञों की मेहनत सफल हुयी। यशपाल पुनर्जीवित हुए। यह समाचार हस्पताल में तो फैला ही, दूसरे दिन पुनः जीवन मिलने के समाचार दैनिक पत्रों में छपते ही मित्रों तथा शुभचिंतकों का अस्पताल में तांता सा लग गया। कई दिन तक लखनऊ और बाहर से आये फोन संदेशों की सूचना मेडिकल कालेज के जनसम्पर्क अधिकारी हमें देते रहे।

इस हादसे के बाद यशपाल जी चार मास तक जिये। अब उन्हें इनटेंसिव केयर से प्राइवेट वार्ड में रखा गया। मित्र और सम्बन्धी भी आने लगे। भाई धर्मपाल भी आ गया। उस समय उनके मित्र और प्रशंसक श्री रामप्रवेश शास्त्री प्रतिदिन उनके पास कुछ समय के लिये आते थे और यशपाल से किसी न किसी प्रसंग पर चर्चा होती थी। कुछ समय वे पढ़ते भी थे या हम में से कोई पढ़कर सुनाता था। अपने कमरे में कुछ पैदल चलने का प्रयत्न भी करते थे ; इतने कदम सुबह और इतने संध्या समय पर दुर्बलता बढ़ने के कारण इन कदमों की संख्या धीरे-धीरे घटती जा रही थी। हम में से कोई न कोई सदा उनके साथ रहता था पर मेरी दौड़ अस्पताल और प्रेस के बीच रहती थी। यशपाल का सब काम मैं स्वयं करती थी। वे हर समय मेरी प्रतीक्षा करते थे। उनकी सदा इच्छा रहती थी कि उनका हर निजी काम मैं स्वयं देखूं और करूं।

नवम्बर के अन्त में डाक्टर टंडन का संदेशा आया। अपने चेम्बर में बुलाकर कह

दिया, अब हम यशपाल को बचा नहीं सकते। मैं तो पिछले हादसे से समझ बैठी थी कि काल टल गया पर डाक्टर की बात सुनते ही सारा शरीर कांप गया। डाक्टर ने बताया, दिल गुब्बारे की तरह फूल जाता है और अब इसका कोई इलाज नहीं। आप इन्हें घर ले जायं। जब तक जियें इनकी देखभाल करें। जो खाना चाहें खाने को दें। जिससे मिलना चाहें, मिलायें।

नवम्बर के अंत में यशपाल घर आ गये या समझिये उन्हें ले आये। यह जानते हुए कि अब बस कुछ दिनों, घंटों का साथ है। कोई भरोसा नहीं। घर पर लाने के बाद यशपाल एक मास जिये। सम्बन्धी और मित्र आते रहते।

भगवतीचरण वर्मा का साथ

हिन्दी के प्रसिद्ध लेखक स्वर्गीय भगवतीचरण वर्मा महानगर में हमारे पड़ोसी थे। प्रायः वर्मा जी यशपाल जी से भेंट और साहित्य–चर्चा के लिये बड़े स्नेह से घर पर आते रहते थे। यशपाल और वर्मा जी के बीच बहुत खुले दिल से हंसी–मज़ाक और गप–शप होती थी। संध्या वे दोनों इकट्ठे ही काफी हाउस जाते। जहां अन्य लेखक साथी और मित्र इस जोड़े की प्रतीक्षा में रहते। काफी हाउस के वातावरण से नयी स्फूर्ति प्राप्त कर दोनों मित्र इकट्ठे ही घर लौटते। यह मिलन प्रति संध्या लगभग दो वर्ष चलता रहा। यशपाल के अंतिम दिनों तक भी वर्मा जी का साथ बना रहा। वर्मा जी प्रतिदिन संध्या आते थे, हाल–चाल पूछते थे तथा अन्य समाचार बताते थे। काफी हाउस के समाचार सुनाते। यशपाल सुनते थे, पर बोलते कम थे।

तीन दिसम्बर यशपाल का जन्मदिन। इस अवसर पर प्रतिवर्ष हमारे घर पर बड़ी चहल–पहल रहती है। इस वर्ष भी बहुत मित्र, सम्बन्धी शुभ कामनाएं देने के लिये आये। घर फूलों से भर गया। ठाकुरप्रसाद सिंह द्वारा हिन्दी संस्थान में जन्म दिवस पर आयोजित गोष्ठी के बाद बहुत लोग ठाकुरप्रसाद के साथ सीधे घर पर आये। मैंने भी सब का बड़ी प्रसन्नता और उत्साह से स्वागत किया। बेटे आनन्द ने गोष्ठी में जो कुछ हुआ सब बताया।

१५ दिसम्बर के लगभग 'मेरी तेरी उसकी बात' के लिये साहित्य एकादमी पुरस्कार की घोषणा हुयी। यह सूचना यशपाल को दी पर इसकी कोई प्रतिक्रिया उन पर नहीं हुयी। हम लोग कई दिन तक दुविधा में रहे कि पुरस्कार के लिये हां कहें या नहीं। अकादमी की पुरस्कार चयन समिति के कुछ भूतपूर्व सदस्यों ने कई वर्षों तक जानबूझ कर 'झूठा सच' उपन्यास को अकादमी पुरस्कार से वंचित रखा था। यशपाल जी को जितने सम्मान और उनकी पुस्तकों को जितने पुरस्कार और मान्यता मिल चुकी थी, उसके बाद अकादमी पुरस्कार का कोई महत्व ही न रह गया था। इस असमंजस से उबरे जब एक मित्र

ने कहा कि यह पुरस्कार दे अकादमी ने यशपाल का सम्मान नहीं अपना सम्मान किया है और हमने निर्णय लिया कि इस पुरस्कार की राशि हिन्दी के उदीयमान लेखकों को प्रोत्साहन रूपी पुरस्कार देने के लिये दान कर दी जाये। यह पुरस्कार मुझे उनके निधन के बाद बंगलोर जाकर प्राप्त करना पड़ा।

अवसान

२६ दिसम्बर, १९७६ की मनहूस घड़ी के अंतिम समय में भी डाक्टरों को पहचाना, उनसे बातें कीं। मीना के हाथों एक प्याला दूध पिया। हमारे मित्र और पड़ोसी प्रबोध मजूमदार का डाक्टर बेटा यशपाल को देख घर की ड्योढ़ी पर पहुंचा भी न था कि यशपाल सदा के लिये विदा हो गये। सब कष्टों से छुट्टी पा, लिखने की चाह लिये, हम से बिछुड़ गये। 'सिंहावलोकन' के चौथे भाग के कुल चालीस पृष्ठ ही लिख पाये थे। न जाने कितना कुछ अभी उन्हें कहना था। नहीं, यशपाल मरे नहीं। वे सदियों तक ज़िन्दा रहेंगे। उनकी ख्याति हमारे स्मृति–पटल पर, प्राणों में सदा सदा के लिये जो बनी है वह अमिट रहेगी। यशपाल अब अतीत के सहगामी हो गये परन्तु भविष्य के प्रेरणा स्रोत भी हैं। यशपाल का निधन होते ही एक तूफान सा आ गया। देश–विदेशों से शोक संदेशों की बाढ़ आ गयी। शायद ही कोई दैनिक, साप्ताहिक समाचार पत्र या मासिक पत्रिका हो जिसने हमारे दुख में साथ न दिया हो। पूरा वर्ष दुखद संदेशों को संभालने और यशपाल की चर्चा में व्यतीत हो गया।

उनकी स्मृतियों के सहारे मैं जी रही हूं तथा जीना चाहती हूं। अभी मुझे बहुत कुछ उनके लिये करना है। बूढ़े होने का आभास मुझे अच्छा नहीं लगता। सोचते ही लगता है, ज़ीवन के इतने दिन कम हो गये। मैं एक मिनट भी खोना नहीं चाहती। अभी यशपाल का बहुत काम है। उनकी आवाज़ सुनने के लिये मेरे कान सदा उनके कमरे की ओर रहते हैं। मैं कमरे में सब कुछ उलट–पलट करती, कुछ खोजती रहती हूं। कुछ नया पाने के लिये, नया जानने के लिये। उनकी स्मृतियां मुझे इस कमरे से, इस घर से बांधें हैं। देश–विदेशों के कोने–कोने से आये हजारों पत्र–पत्रिकाएं, पत्रों के संदेश मेरे दुख की थाती हैं। मेरा सम्बल हैं।

१९७७ के आरम्भ में कमलेश्वर द्वारा सम्पादित 'सारिका' मासिक पत्रिका का पूरा अंक यशपाल को समर्पित था।

इसी वर्ष केरल में 'देशाभिमानी' साप्ताहिक परिवार के निमंत्रण पर केरल जाना पड़ा। कुछ वर्ष पहिले 'झूठा सच' उपन्यास कई सप्ताह तक देशाभिमानी में धारावाहिक रूप में छप चुका था और पत्रिका की बिक्री पर अच्छा असर पड़ा था। इस परिवार ने मेरा बड़ा आदर सत्कार किया। केरल में यशपाल उतने ही प्रिय हैं जितने हिन्दी में।

इसी वर्ष यशपाल प्रतिष्ठान की स्थापना कर यशपाल परम्परा के दो साहित्यकारों को दो–दो हज़ार के दो पुरस्कार दिये गये। १९७८ में भी पुरस्कार का यही क्रम रहा।

इसी वर्ष ३ दिसम्बर, १९७७ को यशपाल के जन्म–दिवस के अवसर पर हिमाचल यात्रा करनी पड़ी। हिमाचल के मुख्यमंत्री शांताकुमार के यशपाल जी से पुराने प्रिय सम्बंध थे। यशपाल जन्मदिवस समारोह यशपाल के गांव 'भूम्पल' के पास हमीरपुर में पहली बार मनाया जाना था। शांताकुमार जी ने यह निमंत्रण हमारे परिवार के लिये, हमारे मित्रों और हिमाचल में रहने वाले सब सम्बन्धियों के लिये भी दिया था। इस सब की व्यवस्था शासन कर रहा था। बड़े सुन्दर विश्राम गृह में हम सब के लिये विश्राम स्थान था। मेरे साथ तीस–पैंतीस व्यक्ति थे। हमारे स्वागत में शहर के जिलाधिकारी और पुलिस अधिकारी व्यवस्था के लिये मौजूद थे।

यशपाल जन्मदिवस समारोह के अवसर पर पूरे हमीरपुर शहर में छुट्टी का एलान कर दिया गया था। लाउडस्पीकरों द्वारा समारोह के सम्बन्ध में सूचना दी जा रही थी। बहुत बड़ा पण्डाल इस समारोह के लिये सजाया गया। हिमाचल प्रदेश के लेखक और कवि वहां मौंजूद थे। दिल्ली से भी लेखकबन्धु आमंत्रित थे। प्रभाकर माचवे, मन्मथनाथ गुप्त तथा कुछ अन्य लेखक। पूरा पण्डाल अतिथियों, नागरिकों से भरा था। स्थानाभाव के कारण लोग आस–पास के पेड़ों पर भी चढ़े थे। यह समारोह उस स्कूल कम्पाउंड में हुआ जो यशपाल जी के नाम पर खोला जा चुका था। इस अवसर पर मैंने यशपाल पुस्तकालय का उद्घाटन किया। इसी संध्या कवि सम्मेलन हुआ। यह सम्मेलन रात भर हुआ और दूसरे दिन भी चला। हिमाचल के कवि लगातार यशपाल पर लिखी कवितायें पढ़ रहे थे। पूरा समारोह भव्य, व्यवस्थित, कुशल और समझदार व्यक्तियों द्वारा आयोजित किया गया था।

अगले वर्ष १९७८ में यह जन्म दिवस समारोह शिमला में मनाया गया। इस वर्ष आनन्द मेरे साथ था। हिमाचली लेखकों द्वारा विचारगोष्ठी हुयी और यशपाल–लेखन पर लेख पढ़े गये। संध्या समय 'रिज' पर स्थित बड़े हाल में हिमाचल के कलाकारों द्वारा 'नशे नशे की बात' पुस्तक में छपे नाटक 'गुडबाई दर्देदिल' का मंचन हुआ। इस नाटक का मंचन इतनी सफलता से करने के लिये हिमाचल के कलाकार सचमुच बधाई के पात्र हैं। अब यह जन्मदिवस समारोह, तीन दिसम्बर के अवसर पर हिमाचल प्रदेश के किसी न किसी भाग में मनाया जाता है। १९९१ में सुजानपुर में और १९९२ में यह समारोह कुल्लू में मनाया गया था।

१४ जनवरी, १९७८ के दिन यशपाल जी द्वारा लिखित 'नशे–नशे की बात' का मंचन उनकी स्मृति में लखनऊ नाट्य संस्था संकेत की ओर से हुआ। हमारी पोती वन्या

ने भी अभिनय किया था।

अप्रैल, १९७८ में कलकत्ता की प्रकाशन संस्था मणिमय द्वारा निमंत्रण प्राप्त हुआ। कलकत्ता में यशपाल स्मृति में लेखकों की गोष्ठी का आयोजन रवीन्द्र सरणि में हुआ। इस अवसर पर 'यशपाल व्यक्तित्व और कृतित्व' पुस्तक का विमोचन हुआ। प्राक्कथन कलकत्ता विश्वविद्यालय, हिन्दी विभाग के श्री कल्याणमल लोढ़ा ने लिखा और सम्पादन श्री रामनिवास पाण्डेय और श्रीनिवास शर्मा द्वारा हुआ।

कलकत्ता में उस समय हिन्दी के प्रसिद्ध कवि और लेखक नागार्जुन भी मौजूद थे। उन की देखरेख में कई अन्य आयोजन भी हुए। कलकत्ता में यशपाल स्मृति समारोह बड़े आदरभाव से मनाया गया।

सन् १९७७ से आज तक प्रतिवर्ष और विशेषकर दिसम्बर मास में यशपाल स्मृति अंक प्रकाशित होते आ रहे हैं। दिसम्बर सन् १९९१ में सूचना विभाग की पत्रिका 'उत्तर प्रदेश' का बड़ा भाग यशपाल की स्मृति में था। सन् १९९२ में उत्तर प्रदेश के प्रमुख हिन्दी दैनिक 'स्वतंत्र भारत' ने पूरा परिशिष्ट यशपाल जी की स्मृति में प्रकाशित किया था। ४ दिसम्बर, १९९२ में यशपाल जी की कहानी 'ओ भैरवी!' पर आधारित नाटक का मंचन, राय उमानाथ बली प्रेक्षागृह लखनऊ में हुआ। नाटक की प्रस्तुति कलापुंज, कानपुर द्वारा श्री सुधीर दास के निर्देशन में हुयी। १९९१ में ओ भैरवी! नाटक की प्रस्तुति कानपुर में और १९९३ दिसम्बर में उरई में हुयी। अप्रैल १९९२ में 'ज्ञान शिखा' शोध पत्रिका का यशपाल विशेषांक हिन्दी तथा आधुनिक भारतीय भाषा विभाग, लखनऊ विश्वविद्यालय द्वारा प्रकाशित हुआ था। १९९३ में 'सर्वनाम' पत्रिका का पूरा अंक यशपाल को समर्पित था।

और यह दर्दनाक हादसा

१९७६ में यशपाल जी जब हस्पताल में बीमार अवस्था में थे तब एक नोटिस आया—विप्लव कार्यालय के जिस भाग में यशपाल रहते थे, वह खाली है। नोटिस पढ़ कर मैं हैरान रह गयी। उस समय की मनोस्थिति में कुछ समझ न आया। कारण था कि सारा भवन प्रेस के सामान, प्रकाशित पुस्तकों और कागज़ के स्टाक से भरा था। सोलह वर्ष पूर्व जब हीवेट रोड का मकान छोड़ा था हमारे पास उस समय पहली मंज़िल पर केवल दो कमरे आवास के लिये थे। एक कमरे में सब भोजन करते थे तथा दूसरा कमरा सोने के लिये था। इन्हीं सब परेशानियों के कारण महानगर का मकान बना। मेरी मां ने भी अपनी ज़मीन बेच आर्थिक सहायता दी। हीवेट रोड छोड़ते ही दोनों कमरे प्रेस और प्रकाशन से भर गये। बंधी-अनबंधी पुस्तकें भी ऊपर के कमरों में पहुंच गयीं। कुछ रखने को तिल भर भी स्थान न था।

कुछ मास बाद एक और नोटिस मिला कि पहली मंज़िल के कमरे खाली होने के कारण इन्हें किसी अन्य व्यक्ति को आबंटित कर दिया गया है। उस समय विप्लव कार्यालय और साथी प्रेस का मकान तीन भागों में विभाजित था :

१. सब से नीचे बेसमेंट में प्रेस मशीनें तथा कम्पोज़िंग का काम होता था।

२. सड़क किनारे (ग्राउण्ड फ्लोर) पर तीन कमरे। एक कमरे में साथी प्रेस का आफिस, दूसरे कमरे में विप्लव कार्यालय का आफिस और तीसरे कमरे में साथी प्रेस द्वारा ग्राहकों का छपा सामान, कागज इत्यादि रखा जाता था।

ग्राउण्ड फ्लोर पर ही तीन छोटे कमरे पीछे की ओर। एक में आफिस से सम्बंधित रजिस्टर–बिल, कैशमेमो तथा अन्य समान। शेष दो कमरों में एक में छपे कागज़ के स्टाक तथा दफ्तरीखाना, कटिंग मशीन तथा पुस्तकों की कटाई, सिलाई इत्यादि।

३. पहली मंज़िल पर एक कमरे में बंधी पुस्तकों का स्टाक, दूसरे कमरे में यशपाल द्वारा लिखी पुस्तकों के लिये कागज़ का गोदाम, छपे फार्म। बीच के छोटे कमरे में चौकीदार रहता था। पहली मंज़िल के इन्हीं तीन कमरों के लिये हमें नोटिस मिला था।

चौकीदार लगातार प्रेस में चोरियां कर रहा था। रात में अपने दोस्तों को अंदर बुला लाता था। हम इन सब हरकतों से बहुत परेशान थे। अचानक पता चला कि हमारे बच्चों के मास्टर जिस मकान में रहते थे उस कमरे की छत वर्षा के मौसम में गिर गयी है। सिर छिपाने के लिये उन्हें एक कमरे की आवश्यकता थी। उनके साथ उनकी एक छोटी बहन भी थी। हमने तुरंत चौकीदार को निकाल कर उन्हें कमरा दे दिया और चोरियों से बच गये। वे इण्टर कालेज में पढ़ाते थे और सुबह–शाम प्रेस की देखभाल भी करते थे। इस व्यवस्था से हमें सहूलियत हो गयी।

इसी चौकीदार के एक कमरे और दो गोदामों को कहा गया कि यशपाल यहां रहते थे और वे कमरे अब खाली हैं जबकि पुस्तकों का एक गोदाम हमारे रहते भी था और अब भी मौजूद है। सामान रखने के रैक वैसे ही लगे हैं। मकान खाली बताने पर मुकदमा चला। मुकदमा चल रहा था कि नयी सरकार आते ही अधिकारी बदल गये। नये मुख्यमंत्री के समर्थकों ने ज़ोर पकड़ा, मुकदमे का रुख भी बदल गया।

सहदेवसिंह एडवोकेट द्वारा ताण्डव नृत्य

हमें १९ फरवरी, १९७९ तक स्टे मिला था। १९ फरवरी, १९७९ को हमारे वकील इस स्टे की अवधि बढ़वाना भूल गये या यूं कहिये कि उनकी लापरवाही का यह एक ज्वलंत उदाहरण था। जिस व्यक्ति के नाम इन कमरों को एलाट किया गया था, वह भी हाईकोर्ट का वकील है। इस भूल का उसने खूब लाभ उठाया। जिस आर्डर के तहत

श्री सहदेवसिंह ने पुलिस की मदद से प्रेस–प्रकाशन को तबाह कर सारा सामान नीचे बेसमेंट में फेंका था उस कार्यवाही करने की कोई सूचना हमारे वकील या हमें कार्यवाही करने से पहले नहीं दी गयी जो हमें मिलनी चाहिये थी।

संध्या पांच बजे मैं प्रेस से घर के लिये चली और हमारे केयरटेकर प्रेस की देखभाल करने वाले दिल के मरीज़ मास्टर अपनी दवा लेने ताला लगाकर डाक्टर के यहां चले गये। सहदेवसिंह ने पचास आदमियों को साथ लेकर, पुलिस की मदद से ताला तोड़ कर उस भाग पर कब्ज़ा किया, जिस के लिये यह मुकदमा ही नहीं था। ताला तोड़ने वाले पहले ऊपर की मंज़िल, जिस के लिये मुकदमा चला था, और जहां हम रहते थे यानी चौकीदार वाले हिस्से में गये पर यह हिस्सा उन्हें सही न बैठता देख नीचे के छः कमरे, जहां हमारे आफिस और पीछे दफ्तरीखाना था, उसका कब्ज़ा पुलिस ने दे दिया। यह कार्यवाही पुलिस और सहदेवसिंह ने गलत की पर अंधेरखाते में सुनता कौन ?

इस केस को मेरा बेटा देख रहा था और इस समय वह लखनऊ से बाहर था। केस के सम्बंध में उस समय मुझे कुछ मालूम न था।

हमारी पुस्तकें, कागज़ के स्टाक, पूरा दफ्तरीखाने का सामान, कटिंग मशीन, मेजें, कुर्सियां, बिजली के पंखे, फोन सब कुछ नष्ट कर दिया गया। सब कुछ सड़क पर और बेसमेंट में फेंक दिया गया। बहुत सारा सामान लोग उठा कर ले गये।

क्यों ?

मेरा सब बिजनेस उजाड़ कर सहदेवसिंह को रहना था।

१५ वर्षों से फैसला गलत कब्ज़े का कोर्ट में है। हमारी न्यायपालिका यह फैसला अभी तक नहीं दे सकी कि उक्त कार्यवाही न्याय संगत या असंगत थी।

इस हादसे के होते ही मैं श्री आदित्यनारायण त्रिवेदी के घर पर स्थित कार्यालय में पहुंची। वकील साहब आफिस में बैठे थे। मेरी दुहाई सुनते ही बोले, यह ब्लंडर उनसे हुयी है। इस गैरजिम्मेदार व्यक्ति की ज़रा सी भूल ने मुझे तबाह कर दिया। मेरा सब कुछ लुट गया। श्री त्रिवेदी ने यह भी जानने की चिंता नहीं की कि मकान का वह भाग जिसके लिये सहदेवसिंह ने मांग नहीं की थी वह कैसे हड़प लिया गया।

श्री त्रिवेदी अपने मतब में चैन से हैं और मैं उनकी ब्लंडर की शिकार। हमारी जीविका के साधन सदा के लिये समाप्त हो गये।

शासन ने हमारी एक न सुनी। समाचारपत्रों ने दुहाई दी पर हमारे शासन और शासकों के कान बहरे थे। पूर्व मुख्यमंत्री श्री नारायणदत्त तिवारी ने विधानसभा में इस ऐतिहासिक संस्था के विरुद्ध आवाज़ उठाई पर तत्कालीन मुख्यमंत्री के कान पर जूं भी

न रेंगी।

विप्लव कार्यालय और प्रेस हमारी आजीविका का अवलम्ब था। विप्लव कार्यालय एक मकान एवं इमारत नहीं यह भारत का एक सांस्कृतिक, सामाजिक और साहित्यिक केन्द्र था। लखनऊ प्रगतिशील लेखक संघ के मुख्यालय के रूप में और यशपाल से व्यक्तिगत साक्ष्य के लिये इस इमारत में देश-विदेशों—रुस, इंगलैंड, अमेरिका, फ्रांस, जर्मनी, चेकोस्लोवाकिया तथा देश के भिन्न-भिन्न भागों से चोटी के विद्वान, साहित्यकार, मनीषी, कलाकार आते थे। उन्होंने भारतीय जीवन और विचारों से साक्ष्य किया। यह कार्यालय एक इमारत नहीं एक ऐतिहासिक अस्तित्व बन चुकी और बनी रही।

इस इमारत में हिन्दी के प्रतिष्ठित लेखक मैथिलीशरण गुप्त, रायकृष्ण दास, जैनेन्द्र, राहुल सांकृत्यायन, आनन्द कौसल्यायन, उग्र ही नहीं, हिन्दी लेखकों और पत्रकारों की एक पूरी पीढ़ी मार्ग दर्शक और प्रेरणा के लिये आयी। प्रसिद्ध कलाकार और अदाकार भी रुकना न भूलते थे। पृथ्वीराज कपूर लखनऊ में अपनी नाट्य मण्डली लेकर आये। विपल्व कार्यालय के लाल कमरे में उनके स्वागत में सभा आयोजित की। बलराज साहनी हमारे पास दो रात रहे। कम्युनिस्ट पार्टी के पूरनचन्द्र जोशी और ओमप्रकाश संगल का तो यह घर ही था। क्रान्तिकारी शिववर्मा, जयदेव कपूर और भगतसिंह के भाई कुलबीर आते जाते रहते थे। असेम्बली बम कांड के दूसरे अभियुक्त बटुकेश्वर दत्त दो वर्ष मेरे यहाँ रहे। भूमिगत राजनीतिक कार्यकर्ताओं और क्रान्तिकारियों का यह मिलन-स्थान था।

यशपाल जी ने इसी मकान के एक छोटे कमरे में बैठ कर 'विप्लव' पत्रिका का प्रकाशन कई वर्षों तक किया और ४२ पुस्तकें लिखीं। शेष पुस्तकें महानगर में लिखीं और इसी विप्लव कार्यालय से प्रकाशित हुयीं। साहित्यिक और राजनैतिक विचारों के आदान-प्रदान का यह केन्द्र था। यह सिर्फ एक इमारत नहीं यह इमारत एक जीवन्त इतिहास है।

सन १९३८ में जेल से मुक्त होने के बाद अपनी मेहनत और तपस्या से साहित्य-सृजन कर यशपाल जी ने जो कुछ अर्जित किया वह २८ अप्रैल, १९७९ के दिन नेस्तनाबूद कर दिया गया !

पन्द्रह वर्षों से यह मामला अदालत में है। न्याय की प्रतीक्षा में हूं। बेदर्द न्यायालयों को किस की चिंता है ? मुझे बरबाद करने वालों का और इस ऐतिहासिक संस्कृति और साहित्य केन्द्र को अपमानित करने वालों का नाम इतिहास के पन्नों में लुटेरों के रूप में लिखा जायेगा। इस शर्मनाक हादसे के विरोध में यशपाल की स्मृति से जुड़े और देश के स्वतंत्रता संग्राम की इस तपोभूमि के महत्व को समझने वाले सैकड़ों लोगों के पत्र

मेरे पास मौजूद हैं। यह इमारत जिसे राष्ट्रीय इमारत के रूप में सुरक्षित रखा जाना चाहिए, आज राष्ट्रीय संस्कृति और साहित्य के अपमान का उदाहरण बन गई है। यह दर्द मेरा व्यक्तिगत दर्द नहीं, उस परम्परा को जीवित रखने का दर्द है जिसका हिस्सा मैं भी रही हूं और इस देश के लाखों लोग भी रहे हैं !

क्या मेरी इस आवाज़ और दर्द का साथ देने वाले इस शर्मनाक हादसे के लुटेरों को मुआफ करेंगे ? कभी नहीं। यह हादसा, यदि इसका सही निराकरण नहीं होता, तो कलंक बन कर यह याद दिलाता रहेगा कि देश की आज़ादी के लिए लड़ने वालों की स्मृति को भी आज़ाद भारत में रहने का अधिकार नहीं है !

न्यायपालिका के ठेकेदारों से इन पन्द्रह वर्षों से मुझे न्याय नहीं मिल सका। अब मैं चाहती हूं कि हमारी न्यायपालिका न्याय पाने की धृष्टता के लिये मुझ पर मुकदमा चला कर मुझे जेल की कोठरी में बन्द कर दे। शासन यही न्याय मेरे साथ करे।

अब मैं आयु का आठवां दशक समाप्त कर चुकी हूं पर इस आयु में भी हर चैलेंज स्वीकार करूंगी। अब मेरे पांव कब्र में हैं। मैं गर्व से सिर ऊंचा रखकर और सीना तान कर अन्यायियों द्वारा अन्याय की शिकार न होने के लिये कमर कस चुकी हूं। मुझ में शक्ति है शासन और न्यायपालिका के प्रहार को सहने की ताकि इतिहास इस अन्याय का साक्षी रहे और अन्याय से भिड़ने की ज्वाला उत्पन्न कर न्याय की मांग की रक्षा कर सके। समाज में न्याय एवं न्यायपालिकाओं की गरिमा पुनः स्थापित हो सके तथा जन–साधारण में न्याय एवं न्यायपालिकाओं के प्रति आस्था एवं आदर जागृत हो सके और इस देश की आत्मा को यह आश्वासन मिल सके कि आज़ादी के लिए लड़ने वालों की स्मृतियां अन्याय का शिकार होकर आज़ाद भारत में भटकती नहीं रहेंगी !